基于创新管理的高新技术企业案例研究

High-Technology

唐源　陈一君　著

图书在版编目（CIP）数据

基于创新管理的高新技术企业案例研究 / 唐源，陈一君著 . —北京：中国社会科学出版社，2019.5
ISBN 978-7-5203-4580-4

Ⅰ.①基… Ⅱ.①唐…②陈… Ⅲ.①高技术企业—企业管理—研究—中国 Ⅳ.①F276.44

中国版本图书馆 CIP 数据核字（2019）第 107856 号

出 版 人	赵剑英
责任编辑	孙铁楠
责任校对	邓晓春
责任印制	张雪娇

出　　版	中国社会科学出版社
社　　址	北京鼓楼西大街甲 158 号
邮　　编	100720
网　　址	http://www.csspw.cn
发 行 部	010-84083685
门 市 部	010-84029450
经　　销	新华书店及其他书店
印　　刷	北京君升印刷有限公司
装　　订	廊坊市广阳区广增装订厂
版　　次	2019 年 5 月第 1 版
印　　次	2019 年 5 月第 1 次印刷
开　　本	710×1000　1/16
印　　张	14
插　　页	2
字　　数	219 千字
定　　价	79.00 元

凡购买中国社会科学出版社图书，如有质量问题请与本社营销中心联系调换
电话：010-84083683
版权所有　侵权必究

前　言

　　进入21世纪，经济全球化进程明显加快，世界新科技革命发展的势头更加迅猛，一系列新的重大科学发现和技术发明，正在以更快的速度转化为现实生产力，深刻改变着整个世界的面貌。科学技术推动经济发展，促进社会进步和维护国家安全的主导作用更加凸显，以科技创新为基础的国际竞争更加激烈。世界主要国家都把科技创新作为重要的国家战略，把科技投入作为战略性投入，把发展战略技术及产业作为实现跨越的重要突破口。我国也在"十三五"规划的指引下，以国家战略需求为导向，以提升自主创新能力为重点，选择生物和医药技术、信息技术、新材料技术、先进制造技术、先进能源技术、海洋技术、资源环境技术、现代农业技术、现代交通技术、地球观测与导航技术等作为超前部署的重点，坚持战略性、前沿性和前瞻性，力求突破核心技术，引领高新技术产业与新兴产业发展。因此重视高新技术产业以及处于高新技术产业领域中的高新技术企业是把握未来经济和社会发展的关键，只有提高高新技术企业业绩，壮大高新技术企业的发展规模，才能实现我国经济快速发展的目标，才能提高我国的国际综合实力，才能使我国在21世纪的竞争格局中立于不败之地。

　　那么对于高新技术企业而言，如何在激烈的市场竞争中保持竞争优势，是高新技术企业必须思考的问题。2018年美国宣布对中兴通讯实施制裁之后，中兴通讯迅速陷入了经营危机，其中一个重要原因就在于，作为高新技术企业代表的中兴通讯，在技术创新和产品创新方面仍然面临不足，导致产品供给受制于美国公司。由此可以看出，从世界范围内来看，我国的高新技术企业在创新方面仍然有较大的提升空间。本书结合创新管理的基本理论,选取国内具有代表性的高新技术企业作为案例分析对象,对这些高新技术企业的创新管理过程展开详细的分析,从中总结出对我国高新技术企业创新管理的有益经验,以给我国高新技术企业实施创新管理活动提供一定的方案借鉴,进而提升我国高新技术企业的核心竞争力。但创新管理是一项系统工程,涉及的因素较多,本书难以对所有创新管理要素和活动展开分析,只选取在战略创新管理、营销创新管理、文化创新管理、技术创新管理以及产品创新管理五个方面具有代表性的案例进行分析。若有不妥之处,还望各位读者予以批评指正!

目 录

绪言 ……………………………………………………… (1)
 一 高新技术企业的概念 ………………………………… (1)
 二 高新技术企业的特征 ………………………………… (3)
 三 高新技术企业发展的理论基础 ……………………… (5)
 四 高新技术企业创新管理案例分析思路 …………… (11)

第一章 高新技术企业创新管理的理论框架 ……………… (13)
 第一节 创新管理的基本理论 …………………………… (13)
  一 创新管理的内涵 …………………………………… (13)
  二 创新管理的主体 …………………………………… (15)
  三 创新管理的模式 …………………………………… (15)
  四 创新管理的过程 …………………………………… (18)
 第二节 全面创新管理协同理论 ………………………… (20)
  一 全员创新 …………………………………………… (21)
  二 全时空创新 ………………………………………… (21)
  三 全要素创新 ………………………………………… (22)
 第三节 高新技术企业创新管理系统 …………………… (23)
  一 创新管理系统动力学原理 ………………………… (23)
  二 高新技术企业创新管理总体架构 ………………… (25)

第二章 烽火通信服务战略创新管理之路 ………………… (30)
 第一节 案例分析背景 …………………………………… (30)

第二节 案例描述 (31)
  一 烽火通信简介 (31)
  二 烽火通信公司的盈利分析 (32)
  三 烽火通信公司市场份额现状 (33)
  四 烽火通信公司服务体系发展历程 (35)

第三节 案例分析 (37)
  一 烽火通信公司服务战略转型的外部环境PEST分析 (37)
  二 烽火通信公司服务战略转型的内部动因 (41)
  三 烽火通信公司服务战略转型的必然性 (43)
  四 烽火通信公司服务战略转型的策略 (44)

第四节 案例启示 (59)
  一 理论启示 (59)
  二 实践启示 (60)

第三章 美的空调"T+3"供应链营销创新管理之路 (61)

第一节 案例分析背景 (61)

第二节 案例描述 (63)
  一 美的集团简介 (63)
  二 美的空调业务概况 (65)

第三节 案例分析 (67)
  一 美的空调宏观环境PEST分析 (67)
  二 美的空调行业竞争环境分析 (70)
  三 传统营销模式给美的空调带来的困局 (75)
  四 美的空调"T+3"供应链营销模式的提出 (81)
  五 美的空调"T+3"供应链营销的动因 (83)
  六 美的空调实施"T+3"供应链营销取得的成绩 (92)

第四节 案例启示 (96)
  一 转变经销商营销思维，提升经销商参与"T+3"的积极性 (96)
  二 变革组织管理模式 (98)
  三 引进自动化生产线，原材料渠道多元化 (99)

四 做好科学预测，化解季候因素引发的供需矛盾 …………（100）
五 以客户为中心，培养新型供应链渠道体系 ……………（101）

第四章 东风德纳车桥文化整合创新之路 ……………（104）
第一节 案例分析背景 ……………………………………（104）
第二节 案例描述 …………………………………………（106）
一 东风德纳车桥有限公司概况 ……………………………（106）
二 东风德纳车桥有限公司企业发展和文化冲突的
具体表现 …………………………………………………（108）
第三节 案例分析 …………………………………………（112）
一 东风德纳车桥有限公司企业文化冲突的产生根源 ……（112）
二 企业文化冲突对东风德纳车桥有限公司持续
发展的影响 ………………………………………………（113）
三 东风德纳车桥有限公司企业文化整合方案 ……………（114）
四 东风德纳车桥有限公司企业文化整合的具体做法 ……（116）
五 东风德纳车桥有限公司企业文化整合的基本目标和框架 …（124）
六 东风德纳车桥有限公司企业文化整合具体方法 ………（128）
第四节 案例启示 …………………………………………（132）
一 企业文化创新管理要注重协调文化冲突 ………………（132）
二 企业文化创新管理要充分认识企业文化的功能 ………（133）
三 企业文化创新管理要尊重企业文化的特征 ……………（133）

第五章 科大讯飞技术创新管理之路 ……………………（136）
第一节 案例分析背景 ……………………………………（136）
第二节 案例描述 …………………………………………（137）
第三节 案例分析 …………………………………………（140）
一 科大讯飞发展阶段划分 …………………………………（140）
二 科大讯飞技术创新机制 …………………………………（142）
第四节 案例启示 …………………………………………（158）
一 重视企业家精神 …………………………………………（158）
二 加强战略管理 ……………………………………………（159）
三 加大创新资源投入 ………………………………………（160）

四　选择合理的技术创新模式 …………………………………（160）

第六章　华为手机产品创新管理之路 …………………………（162）
第一节　案例分析背景 ……………………………………………（162）
第二节　案例描述 …………………………………………………（163）
　　一　华为简介 ……………………………………………………（163）
　　二　华为经营状况分析 …………………………………………（164）
　　三　华为手机产品系列 …………………………………………（164）
　　四　华为研发投入 ………………………………………………（167）
第三节　案例分析 …………………………………………………（168）
　　一　华为创意阶段的产品创新管理策略 ………………………（168）
　　二　华为研发阶段的产品创新管理策略 ………………………（170）
　　三　华为生产阶段的产品创新管理策略 ………………………（172）
　　四　华为营销阶段的产品创新管理策略 ………………………（173）
第四节　案例启示 …………………………………………………（175）
　　一　注重产品创意 ………………………………………………（175）
　　二　注重技术创新对产品创新的带动作用 ……………………（175）
　　三　注重研发阶段的纵向产品创新 ……………………………（176）
　　四　注重产品品牌塑造 …………………………………………（177）

第七章　高新技术企业创新管理的机制回应 …………………（178）
第一节　注重全员创新机制构建 …………………………………（178）
　　一　全员创新的初始化 …………………………………………（179）
　　二　全员创新的制度化 …………………………………………（179）
　　三　全员创新的扩展化 …………………………………………（180）
　　四　全员创新的全面化 …………………………………………（182）
第二节　面向可持续发展的技术创新实现机制 …………………（183）
　　一　构建技术创新实现模块 ……………………………………（183）
　　二　注重技术创新绩效评价 ……………………………………（185）
　　三　构建可持续的技术研发投入机制 …………………………（198）
第三节　生命周期不同阶段的创新静态匹配机制 ………………（200）

一　初创期 …………………………………………………（200）
　　二　成长期 …………………………………………………（202）
　　三　成熟期 …………………………………………………（203）
第四节　高新技术企业自主创新管理能力培养机制 …………（204）
　　一　建立支持创新的组织结构 ……………………………（204）
　　二　建立支持创新的组织文化 ……………………………（205）
　　三　建立支持创新的组织战略 ……………………………（205）

参考文献 ………………………………………………………（207）

绪　言

一　高新技术企业的概念

高新技术企业这一概念是20世纪80年代被提出来的，现已获得学术界和企业界的广泛认同。但是由于各个国家在社会、经济发展水平方面有所差异，各个国家对高新技术企业的认定标准有所不同。在美国，有两种界定高新技术企业的标准，即按人员构成和产业加以界定。从人员构成角度，美国科学基金会认为，高新技术企业是指每1000名职工中有25名以上科学家或工程师，并且将销售收入的3.5%用于进行研究与开发企业所生产的产品。[①] 从产业角度而言，美国劳工统计局认为高新技术企业中，其研究与开发的科技人员占职工总人数比例比整个制造业高出1倍以上，按此种方法定义高新技术企业相对要更加严格一些，相应地更具有动态性特征，更符合技术不断发展变化的一般规律。

我国高新技术企业的界定标准原则上采用研发费用占制造业销售额的比重及研发科技人员占职工总人数的比重两个主要指标。同时，根据我国国情提出界定的其他辅助性指标，形成具有中国特色的高新技术企业界定指标体系。在原国家科委1991年出台的《国家高新技术产业开发区高新技术企业认定条件和办法》中，从研发经费投入的密集程度、科技人员的密集程度、产品技术的复杂程度等方面对高新技术企业的认定作了一系列的规定，之后根据最新状况对此进行了修订。由于各个国家在社会、经济发展水平方面有所差异，各个国家对高新技术企业的认定

[①] 陈海声、周维参：《高新技术企业研发投入与内部资金相关性的实证分析》，《财会通讯（学术版）》2007年第3期。

标准有所不同,国际上没有统一的界定标准。一般认为,高新技术企业是以技术研发为先导,通过技术成果转化提供产品或服务的新型企业,即指在企业生产经营过程中,研究与开发费用投入大,拥有较高比例的科技型人才,并以研究开发、生产销售创新产品或创新技术服务的企业。在学术研究上,一般是根据"研发投入占销售收入比例"和"科技人员占员工总数比例",这两个指标来界定的。

一是研发费用占企业销售收入的占比程度,可以体现出研发在企业生产经营中的重要性。

二是研发人员占企业人员总数的占比程度,可以体现出企业发展是否高度依赖研发人员。

三是企业的产品或者服务中科技含量的占比程度,高新技术企业提供的产品或服务都是科技含量较高的产品或服务。

我国高新技术企业认定工作由科技部、财政部、国家税务总局负责指导、管理和监督。这几个部门联合印发《高新技术企业认定管理办法》(国科发火〔2016〕32号)[①]及《高新技术企业认定管理工作指引》(国科发火〔2016〕195号)[②]。

《高新技术企业认定管理办法》(国科发火〔2016〕32号)第二条规定,高新技术企业是指:在国家重点支持的高新技术领域,持续进行研究开发与技术成果转化,形成企业核心自主知识产权,并以此为基础开展经营活动,在中国境内(不包括港澳台地区)注册的居民企业。

高新技术企业属于一种知识密集、技术密集的经济实体。由上述规定可知,高新技术企业必须具有如下几个显著特点:(1)企业的产品或服务属于国家重点支持的高新技术领域。(2)其产品(服务)具备较高的科技含量。(3)企业拥有高素质的科技人员。(4)企业持续进行研究(Research & Development,R&D)。(5)有核心的自主知识产权,进行技术成果转化,拥有高新技术产品(服务)(Product/Service,简称 PS)。

---

① 《科技部 财政部 国家税务总局关于修订印发〈高新技术企业认定管理办法〉的通知》(国科发火〔2016〕32号)(http://www.innocom.gov.cn/gxjsqyrdw/ztwj/201606/5e7d1f23faf547de9de2aff3ce9f434a.shtml)。

② 《关于修订印发〈高新技术企业认定管理工作指引〉的通知》(国科发火〔2016〕195号)(http://www.chinatax.gov.cn/n810341/n810755/c2200380/content.html)。

综合以上分析，本书认为，可以将高新技术企业概括为专门从事高新技术的研究、设计、开发以及高新技术产品的生产、销售、服务等活动的知识密集型企业。高新技术企业是一个有阶段性、动态性和地域性的概念，并与特定的经济、科技水平相关联。在国家或地区的不同发展时期，对高新技术企业的界定也会发生变化。高新技术企业只有面向竞争，时刻在资源配置、技术能力发展中领先于竞争对手，实现高于竞争对手的企业绩效，创造持续竞争优势，才能获得持续的发展，避免由于发展环境变化而回归于传统企业。由于本书重点是实证分析，因此本书在研究过程中，并不重点对高新技术企业的认定标准进行探讨，所选取的高新技术企业是目前国家已经认定了的高新技术企业。

二 高新技术企业的特征

高新技术企业是我国高新技术发展和成果转化的重要载体，其在推动我国社会生产力和科学技术发展过程中扮演着重要的角色。但与一般企业相比，高新技术企业具有创新能力强、创新投入多、创新效益好、成长衰退快、失败风险高等方面的特征。

第一，创新能力强。创新能力是高新技术企业发展的核心推动力，主要包括技术创新能力、管理创新能力和制度创新能力。高新技术企业通过技术研究与开发，研究成果应用与转让等技术创新活动形成技术垄断，创造和应用新的产品或资源，率先投入市场的高新技术产品没有相关替代品，垄断优势明显，市场受欢迎程度高，销售顺畅，利润丰厚，实现创新推动企业快速发展。[①] 但当相似产品相继投入市场以后，产品原有的垄断优势会慢慢消失，市场竞争也会越来越激烈，会促使企业进入下一轮技术创新，技术创新能力在循环往复的技术创新进程中不断提升。[②] 管理创新能力和制度创新能力也必不可少，主要表现在企业对技术创新所需要的人力、财力、物力、规范的制度、高效的管理等方面的投入能力，只有人、财、物的有效调配，产、供、销的合理衔接，才能合理地利用资金和资源，调动技术人才的积极性，发挥他们的最大潜力，

---

① 金玲娣、陈国宏：《企业规模与 R&D 关系实证研究》，《科研管理》2001 年第 1 期。
② 赵玉林：《高技术产业经济学》，中国经济出版社 2004 年版，第 15 页。

实现"创新—效益—创新"的良性循环，才会使高新技术企业在激烈的市场竞争中站稳脚跟，不断发展，创造更大的财富。

第二，创新投入多。高新技术企业无论是选择模仿创新、合作创新或自主创新哪种技术创新模式，企业投入研究、开发及生产的资金、人才、物的数量和质量都要高于其他企业。首先，高新技术产业涉及当代最前沿的、最尖端的技术领域，相关学科的广范围、大难度要求研究和生产只有在交叉学科专家、科研人员、技术人员协同攻关下才能完成，高新技术的研究、开发过程中不确定性因素也多，研究与开发的成功率较其他产业低，需不断研究，反复试验往往才有所进展，高新技术企业在这些活动过程中需要投入大量的人力、物力、财力以及时间不停开展技术创新。其次，企业需要不断进行生产技术的更新换代，投入大量经费去配置高、精、尖的仪器设备以及建立和供养一支高技术人才研究队伍以满足开发、生产各阶段对于人、财、物的高要求。

第三，创新效益好。高新技术企业日常最重要的活动之一就是根据企业发展需要和市场需求去从事技术创新活动，企业的劳动生产率、资源利用率和工作效率高，采用技术含量高的设计工艺和生产手段生产的产品集技术和知识于一身，性能好，附加值高，深受市场欢迎，能够给企业带来巨大的社会和经济效益。甚至许多高新技术企业开发出来的高新技术产品独一无二，一经投入便能迅速占领市场，形成市场垄断，获得高额垄断利润。高新技术企业较高的劳动生产率能够有效降低生产成本和销售成本，能够为企业带来可观的附加效益。[①] 企业的净利润、净资产收入和流动资金会随着成本的减少和销售收入的增多大幅度增长，企业效益越来越好，企业获得快速发展。

第四，成长衰退快。高新技术先进的经营管理理念，较高的资源利用率和劳动生产率，产品的市场垄断和技术创新所带来的高额利润可以使一个小公司在短短几年内实现营业收入的快速增加，发展成为结构完善、规模很大的公司，成长速度要远远高于传统企业，成长速度快是高新技术企业的一个显著特点。但是随着市场环境和政策的变化，市场竞

---

① 郑小平：《高新技术企业的经济学特征》，《西南民族大学学报（人文社科版）》2004年第2期。

争的加剧,科技知识的不断更新,技术创新成果的快速应用和产品生命周期的缩短,高新技术企业也会凸显快衰退的特点。这就要求高新技术企业在发展初期就能快速制定合理的技术创新战略,围绕技术创新战略开展企业技术创新活动,以便使企业取得长久的竞争优势。

第五,失败风险高。风险主要包含管理风险、技术风险、制造风险、营销风险和市场风险五个方面的风险,因为高新技术企业的研发和生产技术多是当代最前沿的科学技术,产品生产主要应用最新的技术创新成果,可以借鉴的生产与技术经验比较少,更多需要企业的自主摸索与总结,产品能否成功开发以及能否满足消费者需求都有很大的不确定性,因此高新技术企业的失败风险明显高于一般企业。研究发现,美国高新技术企业的成功、受挫和濒临破产的概率约为18%、60%和20%,成功的概率相对较低,受挫和失败的风险很高,即使取得成功的企业,高新技术产品高时效性和高市场竞争性也会阻碍企业的进一步发展壮大。美国高新技术企业平均寿命为5年,能够维持5年以上时间的企业约有30%,能够跻身于大公司之列的企业约有5%,大多数高新技术企业或被兼并或破产倒闭。①

三 高新技术企业发展的理论基础

(一) 高新技术理论

随着现代高新科学技术及其产业的迅速发展,以高科技产业、信息产业和人的智力资源为基础的知识经济已经来临。高新技术作为发展知识经济的主导要素,它不仅成为当代世界经济发展的新的驱动力,而且日益成为衡量一个国家或地区科技水平和经济实力的重要标志。高新技术是一个动态的相对意义的概念,与通常所说的一般技术或传统技术相比较,高新技术不仅是人类实践经验的积累,更主要以当代科学技术为基础,具有更高的科学输入和知识含量。某项技术是否属于高新技术,应联系当时的科技能力和经济基础加以判断。高新技术的含义,可以从以下三个方面去理解:第一,高新技术是知识高度密集的科学化的技术。

---

① H. Picker, R. R. Nelson, *High-Technology Policies-A five Nation Comparison*, American Enterprise Institute, 2004, pp. 20–26.

它的基本原理及概念建立在基础科学、技术科学、应用科学最新成就基础之上，是处于当代科学技术发展前沿上的技术。第二，高新技术是具有高经济效益和高社会效益的技术。[①] 它的研究开发一旦取得成功，就可以大幅度地改善产品结构和提高产品性能，显著提高社会生产率，并能向社会各个技术、经济领域广泛渗透和扩散，以及促进新的产业部门的发展。第三，高新技术是对于技术、经济、社会发展具有高战略价值的技术。高新技术的发展代表着一个国家的技术开拓能力、经济和竞争能力、军事及政治影响能力。高新技术的发展水平，已成为衡量一个国家综合国力的主要标志。因此，世界各国都把开发高新技术作为国家发展的战略规划。

根据联合国组织对当代高科技的分类，可将当代高科技分为八大类，即信息科学技术、生命科学技术、新能源与可再生能源科学技术、新材料科学技术、空间科学技术、海洋科学技术、有益于环境的高新技术、管理软科学科学技术。高新技术具有高战略性、高创新性、高增值性、高渗透性、高投入性、高风险性、高竞争性等特征。高新技术发展的关键在于高新技术的产业化，即高新技术由产品到产业的发展，以实现高新技术创新的经济效益和社会价值。纵观近些年高新技术及其产业发展，可以看出其有如下特征：各国政府都把发展高科技及其产业放在极其重要的地位；跨国公司直接参与高科技研究与开发；世界高科技领域竞争与合作日益加强；高科技更新换代加快，产业规模发展加速；各国均利用高科技进行产业结构调整，大力建设高技术园区；高新技术不断向工业领域渗透。

（二）技术创新理论

创新的理论观点，最初是由美籍奥地利经济学家约瑟夫·阿罗斯·熊彼特（Joseph A. Chumpeter）于1912年在其著作《经济发展理论》中提出来的。熊彼特认为"创新"是指企业家将生产要素和生产条件的一

[①] 叶莉、张晓云、周砚青：《高新技术企业决策风险的影响因素研究》，《企业经济》2011年第8期。

种从未有过的新"组合",引入生产系统以获得"超额利润"的过程。①1939年,他又指出"创新实际上是经济系统中引入新的生产函数,原来的成本曲线由此而不断更新"。他将"创新"的内容概括为五个方面:引入新的产品,提升产品质量;采用新的技术,创新生产方法、工艺流程;开拓原材料的新供应源;开辟新的市场;采用新的组织、管理方式与方法。

尽管熊彼特首次提出了创新概念和理论,甚至列举了创新的一些具体表现形式,但熊彼特本人并没有直接对技术创新下狭义的严格的定义。因此,继熊彼特之后,国外的许多经济学家和研究机构对技术创新的定义进行了不同的表述。技术创新是几种行为综合的结果。这些行为包括发明的选择、资本投入保证、组织建立、制订计划、招用工人和开辟市场等。弗里曼(C. Freeman)认为,技术创新是一个技术的、工艺的和商业化的全过程,其导致新产品的市场实现和新技术工艺与装备的商业化应用。是新产品、新过程、新系统和新服务的首次商业化。技术创新是企业家抓住市场的潜在盈利机会,以获取商业利益为目标,重新组织生产条件和要素,建立起效能更强、效率更高和费用更低的生产经营系统,从而推出新的产品、新的生产工艺方法、开辟新的市场、获得新的原材料或半成品供给来源或建立企业的新的组织,它是包括科技、组织、商业和金融等一系列活动的综合过程。

从这些定义可以看出,技术创新并不是一个纯粹的科技概念,对其理解可有狭义和广义之分,狭义的技术创新主要指产品、工艺、原材料等创新,而广义的技术创新,则将产品、工艺、原材料等创新过程中开展的技术改进及其相关的研究与发展活动包含进去。② 本书所指的高新技术企业的技术创新涵盖企业的整个生产全过程,包括研究开发创新、产品设计创新、工艺创新、制造创新和市场创新等。

综观这些不同的技术创新定义,我们发现它们的共同之处在于强调

---

① [美]约瑟夫·熊彼特:《经济发展理论》,王永胜译,立信会计出版社2017年版,第10—11页。

② 唐未兵、傅元海、王展祥:《技术创新、技术引进与经济增长方式转变》,《经济研究》2014年第7期。

技术的新颖性和成功的实现性。这里的新颖性是自不必言的。而成功的实现性是指经济上的、商业上的实现，也正是在这一点上把"技术创新"同一般意义上的技术发明区别了开来。因此，在综合国内外研究的基础上，《中共中央、国务院关于加强技术创新、发展高科技、实现产业化的决定》将技术创新定义为："是指企业应用创新的知识和新技术、新工艺，采用新的生产方式和经营管理模式，提高产品质量，开发生产新的产品，提供新的服务，占据市场并实现市场价值。"这一定义全面地表述了技术创新的含义，清楚地说明了技术创新是一个科技、经济一体化的过程，强调了技术创新的最终目的是知识、技术的商业应用和新产品的市场成功。

（三）产品创新理论

学术界对产品创新至今没有严格而统一的定义。技术创新学中的"产品创新"泛指技术上有变化的产品的商业化，它可以是完全的新的产品，也可以是对现有产品的改进。联合国经济合作与发展组织对产品创新的界定是"为了给产品用户提供新的或更好的服务而发生的产品技术变化"。浙江大学许庆瑞教授认为，凡是技术创新活动引向开发新产品的，称之为产品创新。清华大学傅家骥教授认为，产品创新的目的是要得到新的或某种改进、完善的产品，包括工艺设备。武汉汽车工业大学胡树华教授认为，根据美国科特勒博士对产品的定义，产品应该包括核心、形式、附加三个功能，它们构成了产品整体，现代企业产品创新是建立在产品整体概念上的以市场为导向的系统工程。从本质上来看，产品创新是企业技术创新的核心内容，是新产品在经济领域的成功运用。它是企业为了在市场竞争中取得优势并获取生产经营利润，以开发和改进产品为目标，对现有的生产要素重新组合，从而实现新产品在经济领域的成功运用。产品创新是一个全过程的概念，它包括新产品从研究开发到试制、生产和销售的全部过程。企业要赢得市场、获得生存和发展，就必须不断地进行产品创新。

产品创新的内容可以概括为三个方面：一是产品技术条件的创新；二是产品整体性能的创新；三是产品外围创新。这种概述，与有的理论所阐述的产品创新是功能创新、形式创新、服务创新的观点基本是一致的,虽然表述不尽一致,但大体内容是交叉相似的。[①] 产品创新有以下几个特征:(1)产品创新收益的非独占性;(2)产品创新的不确定性;(3)产品创新的市场性;(4)产品创新的系统性。产品创新的目标是适用性、安全可靠性、经济性、和谐性、工艺性和社会性,产品创新的未来方向是开发绿色产品和智能型产品。

(四)创新能力理论

创新理论产生以来,创新能力研究一直是学者们关注的问题。多年来,创新始终是学术界和企业界关注的焦点之一。最初的创新研究主要是从经济学的角度开展的,从宏观上将其视为在产业层次上引起生产增加和经济增长的因素。熊彼特(1912)首次提出创新的概念是把生产要素和生产条件的"新组合"引入生产体系,以获得潜在的利润。随着环境的变化和组织理论的兴起,自 20 世纪 60 年代起,对创新的研究开始从宏观层次转向了组织和个人层次。目前对创新的理解已不仅仅局限于观念创新,Ven(1986)提出了一个对创新的广泛的定义发展和实施各种新思想,包括技术、产品、工艺和管理创新。Damanpoux(1991)认为创新包括新思想或行为的产生、发展和实施,创新是一个新的产品或服务、一个新的生产工艺技术、一个新的组织结构或管理系统,或者是包括组织成员的一个新的计划或程序。[②] 熊彼特在提出创新基本理论时,即对企业家的创新能力做出精彩的阐述。厉以宁教授(1993)归纳的熊彼特关于企业家的三个基本条件,实际上就是提出了企业家有别于一般企业经营者的三项基本的创新能力:创新机遇的发现能力,能看到别人看不到,或看不清的潜在利润机会、冒风险的能力和卓越的创新组织能力。[③] 张建华在阐述熊彼特定义的企业家精神时,把熊彼特关于企业家具有的能抓住机遇的"敏锐"列入企业家精神的五个要素之一。但准确的说,这种"能抓住机遇的敏锐",也应该纳入熊彼特界定的企业家创新能力之内。熊彼特以后的创新研究学者对创新能力进行了长期、持续的探讨,积累

---

① 魏江、张妍、龚丽敏:《基于战略导向的企业产品创新绩效研究——研发网络的视角》,《科学学研究》2014 年第 10 期。

② F. Damanpour, "Organizational Innovation: A Meta-analysis of Effects of Determinants and Moderators", *Academy of Management Journal*, 1991.

③ 厉以宁:《企业家与市场经济》,《财贸经济》1993 年第 4 期。

了大量的研究文献。

虽然国际上对创新研究已近一个世纪，但对于创新能力的讨论，却是起源于20世纪80年代对第三世界作为技术引进方如何获得自主技术的研究。Burgenman认为企业创新能力是企业组织实施创新战略的综合性能力，包括资源获得与配置能力，产业与技术发展预测能力，企业组织结构和创新文化基础、战略管理能力。该定义侧重于从战略管理的角度对企业技术创新能力做了分解，具有一定的借鉴意义，但作为一个定义，则过于抽象笼统，缺乏可测性，而且从支持企业创新战略实现要素看，还应包括制度创新能力、文化创新能力等多个方面。Barton（1992）认为企业创新能力的核心是掌握专业知识的人、技术系统、管理系统能力及企业的价值观，这一定义揭示了创新能力的核心内容，但作为定义却缺乏整合观点而且过于宽泛。

持续创新能力转化为企业持续竞争优势的过程是复杂的，是一个包括多因素和多层次，并相互影响相互制约的综合性创新能力体系。本书认为企业持续创新能力是一个包含三个层次、四个方面相互联系、相互影响的有机系统，即战略创新能力、核心创新能力与基础创新能力，另外还包括支持性的外围创新能力等，企业产品、市场创新能力是企业持续创新能力的外在表现。战略创新能力主要是产业预见能力、网络能力和战略变革能力等，主要目标是保持企业独特资源、知识、能力积累的一致性，以及为适应新的技术与市场竞争环境进行创新能力的跃迁。核心创新能力主要为技术创新能力及组织整合能力，是企业持续创新和持续发展的中介和实现途径。基础创新能力主要为知识战略管理与革新能力，是技术创新速度、效率和实现能力的保证，其目标是为核心创新的持续提供基础与条件。而支持性的外围创新能力主要包括制度创新能力、文化变革能力、财务管理创新能力等方面，主要目标是为创新能力的实现提供物质与信息资源支持。这些不同层次、不同类型的创新能力通过系统整合形成了一个包含内部因素与外部因素，从过去到将来的系统的、可持续的创新能力体系，在相互协调和配合中形成了竞争优势的长久性和持续性。从持续创新能力在维持企业持续发展的逻辑上看，由外到内可分为产品、市场创新能力层，技术创新能力层和基础知识系统创新能力层三个层次，均处于企业战略创新能力的指导之下和支持性创新能力的支撑之下，由外到内其价值创造性和持续性逐渐增强。持续创新能力的这些构成因素之间通过利润分配、知识积累与提升以及企业资源、知识、技能的支撑相互影响、相互促进，从而形成了一个持续增强的循环系统。① 基础知识系统创新能力是核心创新能力、战略创新能力的内部原因，其积累与激活状况决定了它们发展的高度和水平，是竞争优势的潜在来源。核心创新能力是基础创新能力的中介，只有通过核心创新能力创造出的低成本、高价值的产品与服务才能体现出基础创新能力的价值。而产品与服务创新能力是基础创新能力与核心创新能力的市场表现，它们所带来的雄厚利润又强化和促进了基础创新能力与核心创新能力的增强与提升。从持续性的本质来讲，内层创新能力是使外层创新能力长久保持下去的性质和趋势，是外层创新能力的规定性和支持性，并为外层创新能力提供平台与基础，在降低外层创新风险、提高创新效率和成功率等方面具有重要的作用，需要较长的时间才能形成和创新。而内部创新能力的形成、发展和价值创造性则主要依靠外层创新能力的积累和激活来实现，忽视任何一个方面都将影响创新能力的持续性。

四 高新技术企业创新管理案例分析思路

案例研究方法比较适合研究实际问题并且回答"怎么样"及"为什么"。本书的研究对象是高新技术企业管理创新案例，解决的是管理创新过程是什么和企业采取"怎么样"的策略进行管理创新的问题。因此，本研究选用案例研究方法。案例研究方法主要有单案例研究方法和多案例研究方法，通常情况下，应该鼓励使用多案例研究提炼理论，因为单案例研究由于案例数目过少，且描述更加像故事，因而得出理论的可信度较低。案例研究主要是为了理论归纳而非频率计算，因此只需要案例本身具有足够的特殊性和典型性，样本选择无须遵循抽样法则。不同的高新技术企业发展经历了不同的阶段，在激烈的市场竞争环境之下，高新技术企业如何在技术、资金、人才、市场实力等方面存在差异的情况下，采取合适的创新管理策略组合获取竞争优势，选用多案例的研究方

---

① 向刚、汪应洛：《企业持续创新能力：要素构成与评价模型》，《中国管理科学》2004年第12期。

法分析与研究这些策略，对于高新技术企业创新有较大的借鉴意义。本书基于创新管理的基本理论，选取在战略创新管理、营销创新管理、文化创新管理、技术创新管理以及产品创新管理五个方面具有代表性的案例进行分析，从中总结出这些高新技术企业创新管理的具体经验，以给其他高新技术企业开展创新管理活动提供一定的经验借鉴。

第一章

高新技术企业创新管理的理论框架

第一节 创新管理的基本理论

一 创新管理的内涵

创新具有风险性,尤其对高新技术企业来说更是如此,它充满着高度不确定性和复杂性。同时,企业的成功不是一次创新就能一劳永逸的,企业必须持续不断地创新。但是现实中的企业面对持续不断的创新活动时,往往缺乏有效的管理,不能有效地整合企业的内外部资源。企业真正的成功不仅来自企业的一系列创新过程,而且还来自高效的创新管理过程。

企业的创新管理不同于管理创新,管理创新的对象是管理活动,目的是使管理适应内外部条件的变化,提高管理的有效性;而创新管理的对象是一切创新活动,目的是促进创新活动的开展,提高创新活动的成功可能性。由此,我们可以引出创新管理的三种互相联系的不同含义:一是管理的创新;二是对创新活动的管理;三是创新型管理。其中,第一层含义是在较高层面或哲学层面提出的,是指一种价值判断和追求,即如何对待创新及其相关的问题。第二层含义是指创新管理主体如何对各类创新活动实施有效的管理。第三层含义是从管理学层面上提出的,与管理创新的内涵相近,把创新贯穿于整个管理的过程,使管理随着技术、市场等环境的变化而变化。[①] 也可以说,企业管理的创新是为了更好地实现创新管理,因为营造良好的创新环境、开发与利用人力资源的潜

---

① 陈劲:《创新管理及未来展望》,《技术经济》2013年第6期。

在能力、培育创新的主体、积极主动地引导创新活动走向成功，这既是企业管理创新的内容，又是企业创新管理的职责。在传统的创新理论中，往往围绕提高技术创新、组织创新、制度创新和管理创新展开论述。在当代经济条件下，技术、市场及组织，甚至文化的变革都存在着互动关系，单纯地研究和提高某一方面的创新已具有局限性。加强对企业创新系统的整合管理，培育具有创新特色的企业文化，建立促进创新的组织结构，开展有利于创新的人本管理，有效整合企业创新的各方面资源，以实现对企业创新的最优化管理。

创新管理具有以下几个方面的特征：第一，创新管理是以"创新"为中心的管理而不是对创新的管理，创新是不可以被管理的。第二，创新虽然不能被管理，但组织可以创建平台来支持形成创新的协调机制，这个平台包括企业家的、制度的、资金的、组织的、文化的、人员的等方面。第三，创新管理的目的就是培育创新的支撑系统，并且形成创新协同机制，创新协同一方面表现在创新支撑系统内部各要素之间的协调发展，另一方面更重要的是表现在伴随着创新的进行，创新的支撑要素自觉地发生变化，使其时刻处于支持创新的状态，可以说这种状态便是创新型组织的状态。① 第四，创新的目标体现在实现人的价值和社会福利增加两个方面，社会福利增加既可以表现为经济价值增加，也可以表现为社会公平与公正的实现。第五，创新需要协同，即创新的实现过程是一个协同过程，具有协同效应，是企业组织的新生。第六，创新管理与一般管理的维持功能不同，创新是创造性地破坏，是打破旧的平衡，建立新的结构，是一项变革，是一种进步。创新是人类存在的必然选择和结果，是通向自由与繁荣的必由之路，人类社会不断进步的历史就是一部不断创新的历史。

从整体来看，创新管理是包括国家创新管理在内的，国家创新管理体系的构建决定着创新行为者和创新行动的一系列制度限制，在这里不作讨论。本书主要从微观层次研究企业的创新管理行为。

---

① 包玉泽、谭力文、王璐：《管理创新研究现状评析与未来展望》，《外国经济与管理》2013年第10期。

二 创新管理的主体

熊彼特的创新理论指出，企业家是创新活动的倡导者和实行者。企业家敢于冒风险，敢于承担风险，富有进取精神，不因循守旧，能够不断地倡导和开展创新活动。企业家对企业的创新起着重要的作用，直接决定了企业的生存与发展。企业家成为创新管理的主体，是由三个方面决定的。企业家不同于技术人员。技术不是企业家的目标，而是其通往市场的工具。企业家具有市场导向的经营意识，他能够预见市场的趋势而在众多的技术机会中作出选择。技术人员往往因为对技术本身的热爱而脱离市场，从而使技术创新偏离了顾客的需求。企业家不同于企业经营管理人员。他能够预见经营管理人员不能预见的投资机会和创新项目，并且把设想付诸行动。企业家是站在企业和外部环境的结合点上，从更高、更远的角度来思考创新的方向。在创新的过程中，通常要求企业的生产、市场、研究、人力资源和财务等部门的通力合作，而这只有在企业家的领导下才能避免各部门的局限性，将整个企业的资源组织起来，达到创新的目标。

企业家是创新管理的主体，这种主体作用贯穿于从创新观念的产生到创新实施的整个过程。在这里，要澄清一个概念，企业家并不是针对企业最高管理者而言。其实，每一位企业员工都和企业的创新有关，因此，在某种意义上，每一位员工都可以成为企业家，都是创新管理者。企业家独有的特征是善于发现并利用竞争对手还没有看到或是没有充分利用的机会，具有独特的敏感性，对潜在的不稳定的市场机会具有特殊的洞察力。企业家精神的实质就是创造，创造新的资源、新的顾客、新的市场以及对现有资源、顾客和市场的新的整合。企业家精神管理与行政管理不同，企业家精神管理关注价值创造、机会的把握，或在今天发现明天的商机，而行政管理关注如何避免亏损和进行内部的协调。新经济的出现和不断变化的动态竞争环境，都要求企业的管理具有前瞻性和战略性，企业家精神管理已成为现代企业的必然选择。

三 创新管理的模式

创新管理围绕"创新"这一中心展开了一个动态的逻辑过程。创新管理模式如图1-1所示，这一模式构成了创新管理的基本框架。①

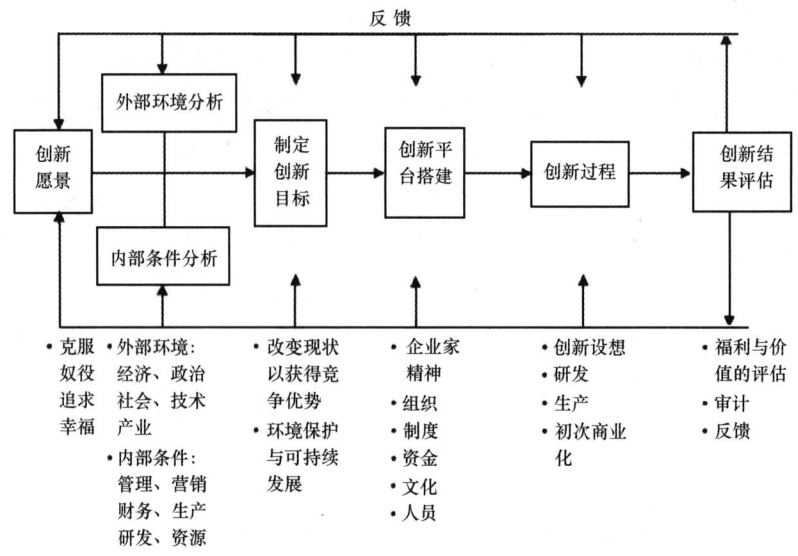

图1-1　创新管理模式

协同学研究认为，开放系统在外参量的驱动下和在子系统之间的相互作用下就会通过非线性的相互作用产生协同效应，在临界点附近通过涨落使系统以自组织方式形成宏观上的空间、时间或功能有序结构。协同学理论研究中包含三个基本原理——不稳定性原理、序参量原理和支配原理（伺服原理），其中序参量和伺服是协同学研究中的核心概念。协同学创始人哈肯认为，无论什么系统，如果某个参量在系统演化过程中从无到有地变化，并且能够指示新结构的形成，这个参量就是序参量。序参量是一个宏观参量，是大量子系统集体运动而形成的宏观整体模式，在整个系统运动过程中，子系统通过竞争和协同产生序参量，序参量反过来又支配子系统，序参量既作为描述自组织系统有序演化的机制，又作为描述自组织系统有序演化程度的一个参量，一旦通过要素的相互作

---

① 盛亚、单航英、陶锐：《基于利益相关者的企业创新管理模式：案例研究》，《科学学研究》2007年第6期。

用而产生，接着就会支配要素的行为。系统处于平衡状态或接近平衡状态时，子系统之间的联系非常微弱，子系统独立运动并呈现出无规则状态，当系统接近临界点时，稳定性被打破，此时大量的快变量迅速衰减，而少数的慢变量缓慢增长，最终少数慢变量将支配大量快变量并主宰演化的进程。企业创新管理系统是一个开放的复杂的自组织巨系统，而创新愿景是这一系统进化的序参量。① 创新愿景形成之前，企业内部部门之间以及人员之间由于尚不存在共同的追求目标，缺乏一致的思考，企业的创新活动处于无序的状态，人们各行其是，创新很难实现。但在这个过程中，有些人就会发现只要朝着一个共同的方向努力，劲往一处使就会取得较大的突破。这种意念在组织内广为传播，很多人都来追随，于是一个有序的结构逐渐形成。这种促使人们同心协力共同创新的参量就是创新管理的序参量，我们称之为创新愿景或战略意图。创新愿景序参量的形成将支配人们的创新行为，使处于其中的人们都遵循这种在创新过程中自发形成的行为模式或者叫作规则。

本书认为，创新管理模式正是围绕创新愿景这一序参量展开，创新愿景支配着创新管理系统的发展进化。模式中环境条件提供系统进化的外参量，创新管理系统必须时刻关注外部环境的变化，外部环境变化时，序参量也发生变化，当外参量达到一定阈值时，序参量达到最大值，系统跨过临界点将出现一个宏观有序的结构。这个有序的结构系统有利于创新的发生，是创新发生的支撑系统，模式中我们称之为创新平台。创新平台由企业家精神、组织、制度、资金、文化、人员等六个子系统构成，子系统之间相互合作、协同作用，共同促进创新过程的有效开展。创新过程是在创新平台上进行的，创新过程运行机制是非线性的，正是由于创新过程中的非线性运行机制，并且处于一种相干状态，使创新管理系统任一要素或子系统偶然出现的涨落引起的系统状态的微小变化，都会通过非线性反馈机制被放大，使系统发生较大的变化，导致整个创新系统有序状态的形成。创新协同是否有效将对创新绩效产生重大影响，所以最后必须对其协同效应以及创新成果进行评估，并就评估结果及时

---

① 霍艾湘、赵常兴：《基于第三方管理模式的协同创新机制研究》，《科学管理研究》2014年第4期。

进行反馈。

四 创新管理的过程

(一) 创新愿景

愿景即我们未来想要成为的状态。由于创新的发生是创新主体为了摆脱自然奴役物的奴役、精神的奴役和人们相互之间的奴役而采取的试探性对策,创新(创造)是源自人的个体追求幸福与完美人生的冲动,那么创新愿景必定是组织及组织成员为了克服自然、精神和社会等因素的束缚而对未来美好前景的向往。创新涉及组织运作的方方面面,一些成员很难放弃旧的事物接受新的事物,共同的、美好的创新愿景可以帮助组织克服这些阻力,使组织成员产生共同的目的感和使命感,也使人们得到精神上的升华。

(二) 外部环境和内部条件分析

开放的组织内部与其所处的外部环境之间有着密切的交互关系,组织外部环境分析和内部条件分析是创新管理的起点。外部环境分析的目的是跟踪环境的变化,应对环境提出的挑战,分析对象主要包括经济、政治、社会、技术等宏观环境以及企业所处产业的竞争状况等。内部条件分析是确定组织内部可利用的资源和能力,这些资源和能力是创新管理工作开展的基础保证,主要分析包括管理、营销、财务、生产、研发等职能运作状况以及各种有形资源和无形资源,尤其要分析企业的制度建设、文化、组织结构的管理理念与创新要求的适应性。

(三) 制定创新目标

创新目标不同于一般的目标,一般目标要求组织制定详细的预算方案和结果预期,但由于创新的复杂性和不确定性决定了创新目标的模糊性,创新目标不可能非常准确和完整,而是对未来较长时间想要得到的结果的模糊预期,创新者必须容忍实际情况与预期的偏离。[①] 当然为了尽量减少失误,创新目标也必须根据组织的外部环境和内部条件来制定,使其与环境条件相匹配。一旦创新源显示,企业有重大的创新机遇,就

---

① 杨百寅、高昂:《企业创新管理方式选择与创新绩效研究》,《科研管理》2013 年第 3 期。

要制定具体目标，争取创新的重大突破。如人们对可持续发展呼声日高，所有的企业都面临着环境保护的挑战，保护环境，与社会和谐共存成为现代企业不断创新的来源之一。

（四）创新管理平台搭建

创新管理平台即组织为完成其使命，实现其价值而构建的由企业家精神、组织、制度、资金、文化、人员等要素组成的创新支持系统。创新管理就是在组织内部搭建支持创新的平台，使创新成为组织运作的常态。创新管理要素结构如图1-2所示。在此模型中，创新处在组织运作的中心地位，企业家精神、组织、制度、资金、文化、人员等要素构成创新管理支持系统，这些要素都围绕创新这一主题展开，而且要素之间是相互联系的，体现了要素之间的全面协同。创新管理平台的搭建是使企业在企业家精神、组织、制度、资金、文化、人员等要素方面处于支持创新的状态。更主要的是随着创新的进行，要求实现创新协同。当企业实现了创新协同的时候，也就是实现了以创新为中心的管理。

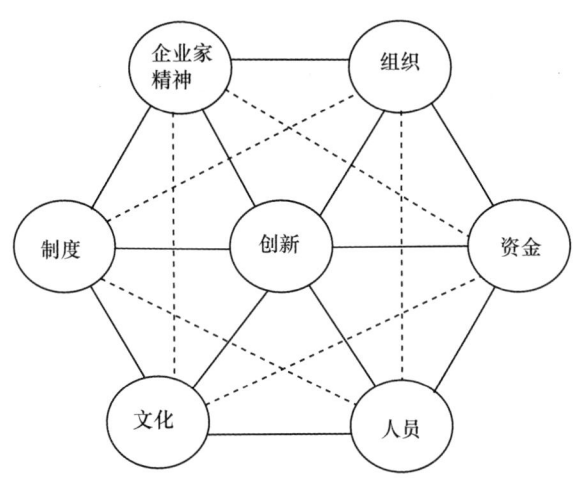

图1-2　创新管理要素结构

（五）创新结果评估与考核

创新成果商业化后并不代表创新管理过程的完结，完整的创新管理过程还包括对创新业绩的评价和考核。创新业绩的评价和考核之所以重要，是因为组织面临的外部环境和内部条件是不断变化的，组织必须根据环境和条件变化及时作出相应的调整。对创新业绩的评价和考核的标准体现在经济价值实现和人的价值实现两个方面，单一的、高度功利的创新要求违背了创新系统本身发展的规律。评价和考核的内容主要包括创新平台是否有效，创新成果是否达到，创新目标及时反馈并采取有效的纠正措施，必要时对创新管理过程进行全面的审计。

创新管理模式的逻辑过程是一个动态的过程，图1-2中任何一个节点要素的变化都可以导致其他要素的变化，甚至是所有要素的变化。单从创新过程来看，本书作为一个研究框架的介绍，为了简明起见，只是描述了一下创新的线性过程，但事实上，创新过程是一个非常复杂的过程，其运行机制是非线性的，是一个非线性系统。非线性系统决定了创新系统内基本要素、子系统之间非线性作用机制以及在此机制下的动态随机过程，决定了创新结果的不可预测。创新过程的开放性、自组织性特征体现了创新系统与外部环境的交互关系以及要素之间的动态协同、促进作用。以上框架还表明创新管理是动态的和不断发展的。

第二节　全面创新管理协同理论

企业管理创新的目的在于以下方面：通过对若干指标的追求实现企业可持续发展、企业长青的发展目标；在相对较长的一段时间内有效提高本企业的行业竞争力；实现企业对内外部资源的有效整合；更好地整合资金、人、资产间的管理和协作；运用绩效管理、激励机制建设来激发企业潜能；借助信息化工具，科学化、数字化管理企业，提高企业抗击风险的能力，提高企业面对市场变化的敏捷度；全价值链、全员、全时空、全流程、全球化的创新建设及巩固；进行适合本企业、本行业、本环境区域的企业有效管理探索。① 全面创新管理是三全一协同，指的是全员创新、全时空创新、全要素创新三个全面创新与全面协同，以下分

---

① 许庆瑞、郑刚、陈劲：《全面创新管理：创新管理新范式初探——理论溯源与框架》，《管理学报》2006年第3期。

别阐述其含义及建设方法。

一 全员创新

全员创新是指组织内部人人是创新者,在激烈的市场竞争中,创新不再只是研发部门的事情。企业只有充分发挥管理、研发、销售、生产、后勤等在内的所有员工创新的积极性和主动性,充分挖掘员工的创新潜力,实现全员创新,才能持续有效地提高创新绩效。[①] 企业应充分发挥全公司员工的创新积极性,保证他们的创新成果得以承认,培育鼓励创新的企业文化、推行合理化建议和建立跨职能工作团队等。

20世纪60年代鞍钢集团的"干部参与劳动,群众参与管理"就是国内著名的早期全员创新案例。在每个企业里,每个员工都有着不同的职能分工和职责,都至少对手头或者某些方面比较熟悉,是这个企业的"专家"。组织这么多专家,而且是特别了解这个企业实际情况的专家,本身就是"用最优秀的人做最优秀的事",同时也是做到了人尽其才。在努力向人尽其才方向发展的同时,也是给以每个员工上升的空间和机会,激发员工的工作热情,培养员工的创造力和创意。通过有效的协同,当把这些创意作用于创新过程中时,很多时候,创意方案提出的同时各方面需要考虑的事情就已经"水到渠成"。从这点上说,减少了对创意方案进行宣讲、培训的时间,并且能够快速搜集相关可行性信息资料,以便高层做出准确判断。

二 全时空创新

全时空创新是全时创新、全地域创新、企业内外部全流程全价值链创新的统称。全时创新（24/7 创新）是指创新必须时时刻刻地进行,永不停歇。即必须力求做到 24/7 创新（即每周 7 天、每天 24 小时都在创新）。

全地域创新包括全球化、全部门、全价值链创新等。由于外包、竞合、战略联盟和虚拟团队等组织形式的出现,使得企业的边界跨越了地

[①] 杨志蓉、谢章澍:《企业全员创新运作机理的结构方程分析》,《科研管理》2008 年第 4 期。

区、行业甚至国家的限制，促进了研发、制造和营销等的全球化。因此创新也要在全地域进行。许多跨国企业在全球各地设立了研发中心或基地，以整合全球科技资源进行创新。

企业内部全流程、全价值链的创新是指通过持续优化业务单元及其相互关系，加强企业内部 R&D 与制造、营销间的有效整合，可为员工创意的产生、评估和实施提供新的解决方案。这样，员工不断产生的创意以及企业对内外部资源的重新整合，将通过流程和价值链创新所产生的解决方案得以进一步具体化。

企业自身的资源以及可以争取的资源是有限的，同时，企业的生存环境本身也是变化的，在应对市场变化的同时，要时刻保持着与外部的联系和合作，因此，企业不是封闭的，更不是万能的。既然企业不是封闭的，也不是万能的，企业的创新就不能闭门造车，而应当是开放式的、持续的。鉴于此点，创新的主体自然也是多样性的。比如企业在根据设计院创新设计的方案进行产品加工、生产、供货的过程中，本身也涉及技术、工艺、生产、质检等各个方面的创新。同样，企业也可以创新出产品，比如常见的发明专利、改进型专利，并被设计院、用户、社会所认同。企业根据客户需求进行改进设计的本身也使得创新的思路提出者可能不是企业而是客户。由此可以看出，创新主体的多样性是全时空创新的关键之举。

三 全要素创新

全要素创新是指组织中的技术、文化、战略、市场、组织和制度等所有要素都进行创新。企业本身是一个复杂的系统，其内部各个要素的非线性作用促进企业的稳定和进化，因此技术、文化、市场等要素进行创新及协同创新共同提高了企业的创新绩效，促进了企业核心能力的积累和发展。[①] 企业围绕技术创新这个核心，以文化创新为先导，战略创新为方向，市场创新为途径，组织创新为保障来进行协同创新。

全要素创新的本质特征是将创新看作一个系统工程。全面、系统地

---

① 刘智全、冯英浚：《科学评价企业全要素创新管理绩效的理论与方法研究》，《自然辩证法研究》2009 年第 2 期。

协调各要素之间的关系是保证创新成功的重要条件。全要素创新主要指包括技术（产品、工艺及其组合）与非技术（战略、文化、组织、制度等）在内的各创新要素的协同创新，如图1-3所示。

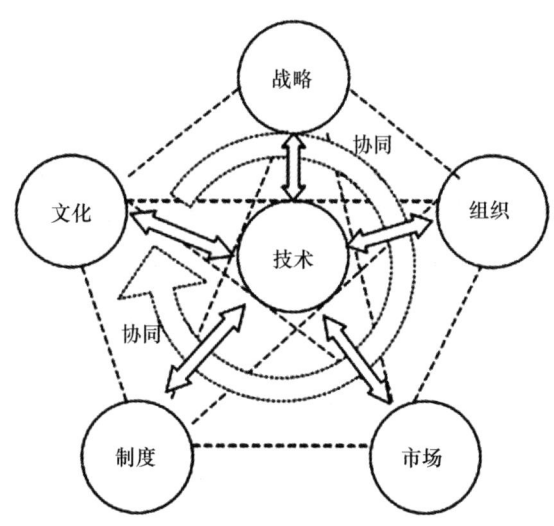

图1-3　全要素的协同创新管理

其协同主要表现为：一方面，技术创新是企业创新的关键，其势必会影响各非技术要素的创新，使之适应其发展；另一方面，非技术要素创新是企业对生产资源的重新整合和配置，进而进一步推进技术创新。因此，全要素创新管理的关键在于协调好技术创新和非技术创新两者的关系，使其相互适应、相互促进，共同发展。由于技术、市场、文化、战略、组织、制度等要素之间的协同从各自不同角度都可以进行深入分析，考虑到在企业创新过程中技术要素的基础和中心地位，因此以技术要素为中心全面协同其他非技术要素。

第三节　高新技术企业创新管理系统

一　创新管理系统动力学原理

系统动力学是以美国麻省理工学院（MIT）的福瑞斯特（J. W. Forrester）

教授为首的系统动力学小组于20世纪50年代创立和逐步发展起来的一门学科。它将结构的方法、功能的方法和历史的方法融为一个整体,运用定性与定量、系统整体思考与分析、综合与推理相结合的方法,来研究处理复杂的系统问题。① 目前这种方法正被广泛地应用于城市经济发展、企业经营管理、宏观经济管理和能源规划等领域。

系统动力学强调系统结构对系统行为的决定作用,即通过系统行为与内在机制间的相互依赖,从系统内部的要素结构、物质流动、信息流动以及它们所形成的反馈结构出发,构建系统的动态数学模型,逐步发掘出产生变化形态的因果关系,进而解释系统的动态行为。

所谓系统结构,是指组成系统的各个单元之间相互作用与相互关系的秩序。而在系统的结构中,其基本单元就是反馈回路。正是这些反馈回路之间的相互作用、相互融合才形成了系统的总体功能。

按照反馈过程的特点,反馈回路可划分为"正反馈"和"负反馈"两种,如图1-4所示。当反馈回路中所包含的连接全部是"同向连接",或者包含的"反向连接"个数为偶数时,该回路为"正反馈回路";当反馈回路中所包含的"反向连接"个数为奇数时,则该回路为"负反馈回路"。

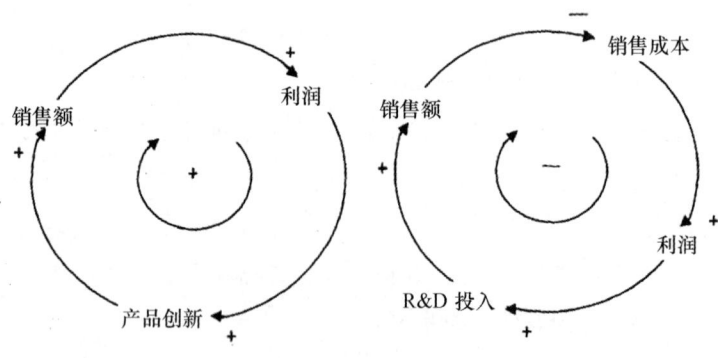

图1-4 正反馈与负反馈

---

① 陈国卫、金家善、耿俊豹:《系统动力学应用研究综述》,《控制工程》2012年第6期。

本书借鉴动力学系统结构中形成的正反馈回路及其因果关系的原理，构造高新技术企业核心能力系统动力学模型来反映它们之间的物质流动、信息流动以及它们所形成的反馈结构，从而说明高新技术企业创新管理系统的形成机理以及各个子系统的动态发展。

二 高新技术企业创新管理总体架构

高新技术企业创新管理系统是由若干相互影响相互作用的不同子系统构成的，本书在构建系统总体结构模型时主要引入了高新技术企业核心能力系统中至关重要的四个子系统，即产品创新子系统、战略子系统、管理子系统以及市场拓展子系统。[①] 本书认为，基于产品创新的高新技术企业的核心能力系统中，产品创新子系统应居于整个系统的核心地位，正是其他各子系统与产品创新子系统之间及其他各子系统之间等多重复杂的交互影响才决定了高新技术企业的整体行为特征。鉴于此，我们按照核心能力系统和高新技术企业系统的本质，构建如图1-5所示的基于高新技术企业创新管理系统动力学模型。

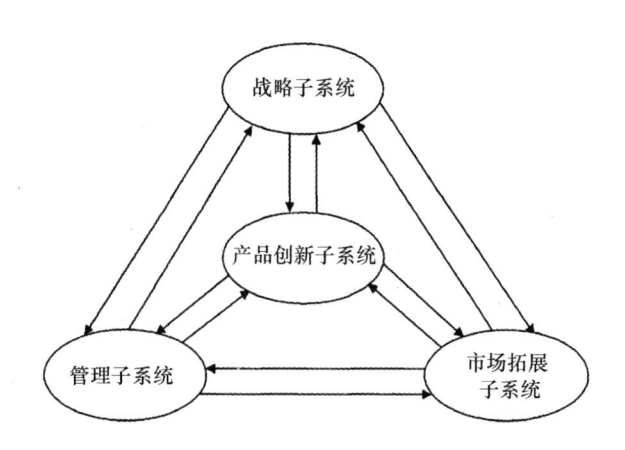

图1-5 高新技术企业核心能力系统动力学总体模型

（一）产品创新子系统

将产品创新子系统置于整个系统的核心，是考虑到它对任何高新技

---

① 陈文案：《创新工程学》，立信会计出版社2002年版，第14—15页。

术企业来说都是至关重要的，它包括产品创新的研发能力和制造能力两个主要因素。其中，研发能力主要包括投入、研发队伍的交叉与互补能力、产品改进能力、新产品的价值、新产品的差异化功能、新产品的延展性、新产品的优势地位、新产品较大的比重能力等。产品创新的制造能力主要体现为制造工艺设备的更新、制造系统较强的柔性与应变能力、新产品较强的质量控制能力、稳定的交货期等。高新技术企业的产品创新又主要以技术创新能力作为手段，主要包括产品创新的自主技术含量、新产品的技术发展前景、新产品技术掌控力、新产品的技术创新能力以及技术整合能力等。

（二）战略子系统

战略子系统主要包括战略整合能力、战略创新能力、高层领导能力、战略创新水平、战略适应水平、战略执行水平等主要因素。① 战略创新水平由战略整合能力的高低来体现，靠高层领导能力即企业家素质和高管团队素质能力来提高，其成功与否则由战略创新能力来度量。而战略创新能力又受战略整合能力、高层领导能力和管理能力的影响。战略创新子系统一方面会影响到战略整合能力、战略创新能力的提高，另一方面又会将其战略创新思想和意图传递给其他子系统如产品创新子系统、市场开拓子系统等以及各个二级子系统如产品创新子系统的研发、制造等，以提高其战略执行水平和战略适应水平。战略子系统在整个系统中对其他子系统各种能力的提高起着重要的决策标准的作用。

（三）管理子系统

管理子系统包括组织管理能力、人力资源管理能力、财务管理能力以及企业文化管理能力等主要因素。其中，组织管理能力主要包括子公司等职能的整合能力、组织结构的优化程度、组织效率、组织与职能创新能力等；人力资源管理能力主要包括核心人才管理能力、组织集体学习能力、员工的激励公平度、员工培训计划的制订与落实、选拔技术骨干继续脱产深造的能力、员工平均受教育的程度、员工的归属感的强度、全员劳动生产率的大小以及人力资本的开发投入力度等；财务管理能力

---

① 徐礼伯、施建军、张雪平：《企业战略转型的思维突破与路径依赖超越》，《江海学刊》2014年第2期。

主要包括财务决策能力、资本运营能力、财务盈利能力等；企业文化管理能力主要包括企业和谐文化延展能力、跨文化管理能力、文化氛围创新力度以及企业文化的社会认同程度等。管理子系统与其他子系统之间以及管理子系统内部的各主要因素之间相互影响相互作用共同推动着管理子系统及其他子系统的不断完善和发展。

（四）市场拓展子系统

市场拓展子系统包括环境整合能力和新产品的市场营销能力两个主要因素。其中，环境整合能力包括政策整合能力、产业环境适应能力、公关协调能力、合作共赢能力、企业形象美誉度、企业资信度等；新产品市场营销能力则主要包括新产品市场预测能力和应变能力、营销网络覆盖能力、新产品快速导入市场的能力、新产品的品牌知名度和美誉度、新产品的市场容量与市场占有率及其增长趋势、新产品的售后服务质量和用户满意度等。市场拓展子系统中的这些因素除了相互影响和依存外，它们又受到其他子系统如产品创新子系统、管理子系统、战略决策子系统等的影响，同时又反作用于其他子系统。反映新产品市场拓展能力的主要指标是新产品的市场容量与市场占有率，两者又决定着企业的销售额，而销售额的大小又影响着企业的经营成果，而企业的盈利状况又进一步影响着新产品研发的投入，同时也是企业战略执行水平的体现。

（五）各子系统之间反馈回路的建立及其作用机理

在图 1-5 中，四个子系统相互影响，不断替代与交互，构成众多的企业价值增强回路，共同形成了企业的核心能力。我们可以建立任意两个子系统所形成的六个反馈回路，通过各反馈回路中各子系统之间的互相影响、互相促进，来具体分析和反映高新技术企业核心能力的形成过程。另外，也可以通过三个或四个子系统的反馈回路建成较为复杂的反馈回路，例如，产品创新子系统的活动→管理子系统的活动→市场拓展子系统的活动→产品创新子系统的活动。这里，我们重点以任意两个子系统构成的反馈回路为例重点剖析四个反馈回路，来说明基于产品创新的高新技术企业核心能力的形成机理。需要指出的是，任何事物的发展都离不开正反力量的较量，当正向力量超过了反向力量时，事物内部的平衡关系便被破坏，并得以前进。企业的发展同样也离不开正反力量的较量，企业核心能力之所以能够形成也正是正、负反馈回路相互作用的结果,其中,正反馈回路对核心能力的形成具有强化的作用机制,而负反馈回路对核心能力的形成则具有抑制的作用机制,正是负反馈的这种抑制作用才导致了企业成长到一定时期会处于稳定状态之中。在正常情况下,正反馈回路的增强效应会起主导作用,并最终促使核心能力的形成,但当负反馈回路的负效应越来越明显时,负反馈回路便会压倒正反馈回路的效应,使得企业核心能力逐渐减弱,但经过一定时期采取一系列相关的措施后,正反馈回路的效应又会起主导作用。正是由于这种正、负反馈回路的周期性振荡,企业的成长才会出现生命周期的现象。但因本章旨在分析各主要因素的增强作用是如何促使企业核心能力形成的,因此,以下所有反馈回路的分析均是正反馈回路的分析,对于企业成长过程中,企业的资源欠缺、调控决策变量以及其他制约因素对企业核心能力形成所产生的负反馈回路,本部分暂不作分析。

反馈回路1:产品创新子系统的活动→市场拓展子系统的活动→产品创新子系统的活动。一方面,高新技术企业的产品创新活动为企业积极开拓新的市场、满足市场上消费者日益变化的需求提供了可能,而企业研发的新产品在市场上能否真正占有重要地位并迅速得以升华,还需要产品创新活动从产品外观、功能、质量等方面提供保障。另一方面,在市场开拓活动中,通过产品售后服务不断收集和获得客户反馈的信息,并将这些信息传递给产品创新职能部门,改进产品创新活动,为市场中的客户进行量体裁衣,以便在市场更广泛的领域内满足客户的需要,为客户提供更大的价值。只有这样,才能不断提高企业经营活动的价值。

反馈回路2:战略子系统的活动→产品创新子系统的活动→战略子系统的活动。一方面,在战略子系统的活动中,高层领导必然会将其战略创新的意图、战略目标层层分解到产品创新的职能部门如研发部门和制造部门,依靠产品创新活动来实现其短期或长期战略目标,以推进其战略执行力。另一方面,随着战略意图和战略思想在产品创新活动中的实际应用,其理想与现实的差距逐渐暴露出来,通过产品创新活动中这种差距信息的反馈,高层领导又会不断地修正其战略创新思想和战略目标,通过这种方式不断提高其战略对现实的适应能力,进而达到提高其战略整合能力的目的。

反馈回路3:战略子系统的活动→管理子系统的活动→战略子系统的

活动。具有独特胆识和谋略的企业家，他能以独特的方式和方法培养员工劳动的积极性和对企业的忠诚感，他懂得吸纳优秀的人才，他同样懂得资源的优化和配置、组织结构的优化等，企业高层领导的这一切战略决策能力无不推进着企业的组织、人力资源、企业文化和财务等管理能力的提高。而杰出的高层领导独有的战略能力，又需要依靠企业管理层借助于企业现有的优势条件和力量，协调管理和指挥各个关键职能机构，并在关键环节上造就出优势，从而一举推动企业的发展进程。

反馈回路4：产品创新子系统的活动→管理子系统的活动→产品创新子系统的活动。一方面，产品创新活动有利于管理活动的逐渐优化，有利于企业盈利能力、劳动生产率、组织集体学习能力、组织与职能创新能力等管理能力的提高。另一方面，产品创新活动需要在不同职能部门和环节实施，这又有赖于管理部门的管理协调能力来解决和达到目的。两者相辅相成，共同促进企业的发展与壮大。其他的反馈回路，原理和作用与上面四种类似，它们之间都有着一种相互影响、相互促进的正反馈作用。从上述的反馈回路中我们可以看出，各子系统对企业创新管理能力的形成均具有增强作用。

第二章

烽火通信服务战略创新管理之路

第一节 案例分析背景

随着信息科学技术的飞速发展，通信设备制造业生产效率得到极大提升，各家厂商在设备质量上的差异越来越小，"同质化"现象普遍存在，设备实体本身所具有的卖点价值逐渐下降。但与此同时，产品的附加价值却逐步上升到一个重要的地位，服务作为附加价值重要的构成因素，已逐渐演变成各制造企业进行竞争的有力手段。实体产品越来越需要服务作为支持，通过服务一方面增加产品的竞争力，提升企业竞争力和企业品牌，同时也为企业带来丰厚的利润及发展机遇。

党的十八大关于信息消费等系列政策的出台，以及 LTE 的商用、国家宽带战略的发布等政策环境的变化，整个信息通信产业有望继续保持平稳发展的态势。但我们也看到由于营改增政策实施，通信资费下调加之互联网企业侵蚀，各大运营商利润增长压力变大。为此，运营商在设备投资上趋于谨慎，将重点聚焦在降低运营成本、业务增值方面。这也迫使设备制造商提升服务，适应运营商的战略发展。

由此可见，服务在整个通信信息行业价值链中的重要性越来越明显，服务也越来越成为企业核心竞争力一个最重要因素。如何调整和改善企业的服务体系，使服务成为企业获得竞争优势的武器，为企业开拓新的利润来源也就成了一个战略问题。服务转型和服务升级将成为通信制造企业获得竞争优势和可持续发展的重要手段和必然选择。

本部分综合运用案例分析法、PEST 分析法、SWOT 分析法，立足于战略管理的相关理论，从当前通信设备制造行业的现状出发，提出了通信设备制造企业进行服务战略转型的重要性和迫切性；然后运用服务营销、组织变革等理论，对烽火通信公司战略转型的历程进行了分析。最后，立足于对烽火通信公司服务战略转型所面临的问题，结合烽火通信公司服务战略转型的举措以及取得的效果，总结出烽火通信公司服务战略转型的启示，以对我国其他通信设备制造企业进行服务战略转型提供一定的经验借鉴。

为了完成本部分写作，笔者从2016年12月开始调研，到2017年8月结束。烽火通信公司参与者包括服务体系领导经营班子、市场营销部的负责人、运营管理部的负责人、综合管理部的经理、项目交付部的经理、区域总监及产品线总监。调研共分为三个步骤：

第一个步骤是信息搜集和沟通，时间跨度为2016年12月—2017年2月，历经三个月的时间。在此期间，笔者首先搜集了企业的基本信息、历史沿革、公司战略和经营策略、现行的各项规章制度、历年的经营数据；接着通过访谈主要管理者的方式了解了当前产品营销和服务营销中所面临的实际问题和发展瓶颈以及他们认为可以改变的方向等。此外，我们参加了多次内部工作总结会和大量的非正式沟通。

第二个步骤是设计解决方案，时间跨度为2017年3—4月，整整2个月的时间，笔者根据搜集整理的材料设计案例公司可以调整的方向。

第三个步骤是持续优化解决方案，时间跨度为2017年5—8月，4个月的时间，在这个时间段内笔者听取了来自企业内不同业务层面的人员的各种建议，对方案进行了持续的调整和优化。

第二节　案例描述

一　烽火通信简介

烽火通信公司成立于1999年12月，注册总资金4.1亿元，股本共计4.1亿股，是我国通信设备制造上市公司中的佼佼者。在2001年8月，该公司8800万A股在上海证券交易所上市。烽火通信公司在科研基础和实力、成果转化率方面位于我国同行业榜首，参与过通信领域国家标准和行业标准的制定。公司注重通信网络从核心层到接入层的解决方案研发，掌握了通信领域的核心技术。通过往年来看，烽火通信公司担任了我国"863 计划""五年计划"等通信领域的多数重点课题，并且九成的研发成果已经在实践中加以运用。

从 1999 年建立到现在，烽火通信公司始终专注于民族光通信事业的进步与发展，积累了对人类信息通信生活的深刻理解和创造力。公司的主营业务立足于光通信，并深入拓展至信息技术与通信技术融合而生的广泛领域，客户遍布国内、国际和信息化三大市场，已跻身全球光传输与网络接入设备、光纤光缆最具竞争力企业 10 强。2014 年，公司实现营业收入 173.6 亿元，年均复合增长率超过 20%，销售收入和利润总额连续多年保持两位数增长。

二　烽火通信公司的盈利分析

表 2-1 为烽火通信公司 2012—2014 年的主营业务毛利状况，从该表可以看出，从 2012 年到 2014 年，烽火通信公司系统设备毛利、数据设备毛利、光纤光缆毛利以及综合毛利状况都呈现出下降的趋势，其中系统设备毛利从 2012 年的 28.15% 下降到了 2014 年的 25.72%，数据设备毛利从 2012 年的 24.36% 下降到了 2014 年的 19.61%，光纤光缆毛利从 2012 年的 43.29% 下降到了 2014 年的 40.44%，综合毛利从 2012 年的 26.67% 下降到了 2014 年的 24.85%。[1] 由此可以看出，当前通信设备领域的竞争十分激烈，彼此之间都在进行价格战，导致烽火通信公司在主要的通信设备产品方面的毛利呈现出下降趋势，这也直接反映出该公司在盈利方面的能力有所下降。

不仅如此，烽火通信公司盈利能力状况还可以从主要的盈利指标来分析，表 2-2 为烽火通信公司 2013—2014 年的主要盈利指标，从该表可以看出，与 2013 年相比，烽火通信公司的成本费用利润率、净资产收益率、营业利润率以及总资产利润率都有所下降，其中成本费用利润率下降了 0.58%，净资产收益率下降了 1.85%，营业利润率下降了 0.49%，总资产利润率下降了 0.66%。由此可以判断，烽火通信公司各项盈利能

---

[1]《烽火通信科技股份有限公司 2014 年年度报告》，东方财富网（http://data.eastmoney.com/notices/detail/600498/AN201504240009356053，JUU3JTgzJUJEJUU3JTgxJUFCJUU5JTgwJTlBJUU0JUJGGJUEx.html）。

力指标也有所下降,这反映出烽火通信公司仅仅依赖传统的产品战略,已经难以维持盈利的增长,必须适时调整战略,加快服务战略转型,才能实现盈利的目标。

表 2-1　烽火通信公司 2012—2014 年主营业务毛利状况

年份 项目	2014	2013	2012
系统设备毛利(%)	25.72	27.34	28.15
数据设备毛利(%)	19.61	20.51	24.36
光纤光缆毛利(%)	40.44	41.38	43.29
综合毛利(%)	24.85	25.93	26.67

数据来源:烽火通信公司内部资料。

表 2-2　烽火通信公司 2013—2014 年盈利能力主要指标对比

年份 项目	2014	2013
成本费用利润率(%)	8.15	8.73
净资产收益率(%)	9.51	11.36
营业利润率(%)	6.10	6.59
总资产利润率(%)	4.02	4.68

数据来源:烽火通信公司内部资料。

三　烽火通信公司市场份额现状

(一)烽火通信公司光传输设备市场份额

从目前光传输设备的市场状况来看,其主要由华为、中兴通讯、烽火通信公司三家公司占有,这三家公司所占据的光传输设备市场份额达到了 90% 以上。由此可以看出,光传输设备市场的竞争格局呈现出三足鼎立的局面。但从 2014 年的数据来看,2014 年华为光传输设备市场份额为 55.03%,中兴通讯光传输设备市场份额为 25.52%,而烽火通信公司光传输设备市场份额仅为 10.20%。虽然烽火通信公司在光传输设备方面的市场份额位居全国第三,但与中兴通讯、华为相比,其市场份额却显得较小,与华为的市场份额差距在40%以上,这从另外一方面表明烽火通信公司在光传输设备市场方面还有较大的发展空间。与此同时,也反映出其与华为相比,产品竞争力存在一定的不足,因此,采用服务提升战略,提高服务水平,进而促进客户满意度,支撑设备市场销售,进一步拓展光传输设备市场份额将是一个不错的选择。

(二)烽火通信公司通信光纤光缆设备市场份额

通信光纤光缆产品类型主要有光纤预制棒、光纤和光缆三类。受制于知识产权方面的原因,目前尖端的光纤光缆生产技术主要由日本信越、荷兰德拉克以及美国康宁等少数几家国外公司掌握,虽然烽火通信公司也研发出预制棒技术,不过其主要运用在多模光纤的生产方面。目前国内预制棒市场份额最大的厂商是长飞,烽火通信公司在预制棒方面的市场份额较小。烽火通信公司的主要竞争力产品是光纤,目前其光纤的市场份额位居国内前三,年产能约200万~220万芯公里,光缆产品年设计产能约300万芯公里。其光缆品种比较齐全,从普通光缆、电力光缆(光纤复合架空地线OPGW、全自介自承式光缆ADSS)、海底光缆、特种光缆到FTTH(光纤到户)用室内光缆都有生产。烽火通信公司在通信光纤光缆设备市场上站稳了脚跟,主要得益于其第一大控股股东邮电科学研究院的支持。但是从另一个方面看,作为中国第一根光纤的诞生地,其垄断地位在15年间逐渐被长飞、亨通光电所超越也是不争的事实,而且非常值得深思和检讨。国内光纤光缆设备市场经过15年的高速发展已经接近饱和,在此背景下,烽火通信公司按目前的发展模式是否可以继续保持并超越竞争对手还是个未知数。

(三)烽火通信公司数据网络产品市场份额

数据网络产品中最为重要的就是路由器,在很长的一段时间内,由于高端路由器的技术壁垒较高,先前只有Juniper、思科等少数国外厂商生产高端路由器产品。近年来,华为、中兴通讯等国内通信设备制造商开始研发路由器,打破了国外厂商的市场垄断。烽火通信公司也开始重视数据网络产品的研发,数据网络产品的市场份额实现了从无到有的突破,现在产品主要涉及路由器、以太网交换机、多业务分组平台、综合接入平台、EOS接入设备、CWDM、光纤收发器、IPTV系统以及FTTH系统等共九大领域。

综上所述，在成熟的通信光传输设备市场和通信光纤光缆设备市场中，尽管烽火通信公司掌握了不少先进的科研成果，拥有先进的制造设备，但是对比于它同行业的主要竞争对手华为和中兴通讯，其市场份额却已落后。特别是在烽火通信公司引以为傲的通信光纤光缆市场，落后于后起之秀的长飞光缆，这说明烽火通信公司面临着严峻的市场竞争态势，要求其必须转变原有的发展思路，注重服务战略，才能在保持既有市场份额的同时，进一步扩大自身的市场份额。

四　烽火通信公司服务体系发展历程

（一）服务作为设备售后支撑的无偿服务阶段

2001年，随着烽火通信公司体制由全民所有向股份制转制的成功，烽火通信公司经营模式也逐步向市场化的运营转变。为更好地支撑设备销售及客户服务，烽火通信公司成立了客户服务中心，为客户提供专职的售后服务。当时，组织职能较为简单，主要由两个职能构成即开通调测部和技术支援部。开通调测部负责设备工程安装及调测，技术支援部负责提供设备售后的技术服务及支持。公司为了拓展设备的市场份额，往往采取保姆式、免费、永久性的服务。在设备销售的同时也会对客户承诺相关的技术培训，培训不会另外收取费用，培训也是随设备销售时打包赠送给客户。这一阶段的特点可以总结为以下几点：第一，永久、保姆式服务；第二，服务完全依附于自己的产品；第三，客户满意度是服务的唯一的标准；第四，服务不可以单独销售。

（二）实行有偿服务，服务体系进入启蒙阶段

2005年，为提升管理效率，公司开展了组织扁平化的变革，作为服务体系的客户服务中心并入市场销售总部。在各个省份设置了专门负责服务的主管，受当地办事处主任管理，实现了服务与销售统一平台。在这个阶段，烽火通信公司开始重视有偿服务战略的实施。之所以做出如此战略调整，是因为烽火通信公司意识到通信设备市场的竞争日益激烈，服务不仅仅是为设备销售提供支撑和售后，更为重要的是通过服务一方面提升客户满意度，促进设备市场再销售，另一方面，服务同时能直接产生较高的价值，为公司带来新的利润来源。因此烽火通信公司积极推行有偿服务。烽火通信公司这一阶段的有偿服务主要包括三种类型：一

是工程安装，二是用户培训，三是技术支持。由于工程安装和用户培训往往是在售出产品之后所必须提供的服务内容，因此其在这一阶段并没有直接转化成有效的服务营收，而是通过内部验收结转，实现公司内部形成服务支撑的虚拟收入。这一时期的有偿服务营收主要依靠是技术支持收费。技术支持收费主要包括设备专项服务和设备维保服务两种，其中设备专项服务主要是针对软件升级、设备更换、设备巡检等服务，设备维保服务分成铜牌、银牌、金牌三个层级，针对不同的客户实施差异化的服务内容。总体上来看，烽火通信公司这一时期的服务体系呈现出以下几个方面的特征：一是开始注重对不同客户群体实施不同的服务方案，以实现服务的有偿性目标；二是其所提供的服务基本依托于公司的自有产品；三是服务的营销工作主要由服务工程师兼职，并没有实施服务营销团队的专业化。

（三）服务体系公司化运营，有偿服务进入专业化阶段

2013年是烽火通信公司服务转型最重要的一年，为响应集团"增量"文化要求，以服务促销售，服务提升客户满意度，服务创新为主体的服务战略提上日程。服务战略的实施将推动服务体系由成本中心向利润中心的转变，为企业创造新的增长点。为此，烽火通信公司开展更加深刻的服务战略变革和转型，开始服务体系公司化运作的历程，通过组织结构优化及流程再造等管理变革，实现服务的转型。在此阶段，服务营销的地位得到进一步提升，烽火通信公司在服务体系专门设立了市场营销部，负责具体的服务营销工作，以保障有偿服务战略在全国范围内的实施。服务市场营销部对烽火通信公司全国范围内的办事处有一定的考核权，以督促一线技术服务中心及产品线积极开展各项服务项目的落地工作。服务市场营销部下设服务销售管理、销售支持、产品策划、海外营销等职能，如销售管理主要对各类服务营销合同的签订进行评审和控制，以对公司一线服务营销行为进行良好的控制；服务产品行销的主要职能是对服务项目进行监控，并对重点服务项目提供技术服务支持。通过这一系列举措，使得服务营销部成为了烽火通信公司服务体系的主要业务中心之一。

与此同时，成立了服务解决方案及服务产品的研发中心，作为各服务产品线的开发落地部门，它类似于产品开发部门，协同各服务产品线进行对服务产品的开发工作。相应的，在一线各技术服务中心也设立在

专职的服务销售主管，根据市场营销部提供的服务产品工具包落实本区域的服务产品销售落地，其主要任务是落实本地技术服务中心服务产品的销售业务的策划和开展，协调各方面资源，完成本地技术服务的各项销售指标。由此可以看出，在此阶段，烽火通信公司服务体系进入公司化运营阶段，使得有偿服务迈入专业化时期。

第三节　案例分析

一　烽火通信公司服务战略转型的外部环境 PEST 分析

PEST 分析法是分析宏观环境的核心方法之一，其中 P（Politics）指的是政治，E（Economic）指的是经济，S（Society）指的是社会，T（Technology）指的是技术，其具体内容如表 2-3 所示。PEST 分析法就从政治环境、经济环境、社会环境和技术环境四个层面对企业所面临的宏观环境进行分析，并分析这四个要素对企业战略制定和战略实施所带来的影响。① 立足于此，本书运用 PEST 分析法，对烽火通信公司所面临的外部环境进行了分析。

表 2-3　　　　　　　　　　PEST 分析法的具体框架

维度	具体内容
Politics	政治制度、政治体制、法律环境、宗教文化状况
Economic	GDP 增长状况、财政货币政策、利率水平、失业率水平、居民可支配收入水平等
Society	人口规模、年龄结构、人口分布、种族结构、社会信仰状况
Technology	科学技术、新工艺、新材料发展状况

（一）政治（Political）环境

总体而言，和平与发展仍然是当前时代发展的主题，世界各国较为稳定的政治环境，为烽火通信公司的发展提供了较为良好的政治环境。正是在这样的背景之下，烽火通信公司积极响应国家走出去的发展战略

---

① 陈海明、顾良智、演克武：《基于 PEST 分析法和平衡计分卡的澳门旅游发展因素测定》，《企业经济》2014 年第 8 期。

口号，不断拓展国际市场，这就为其服务营销创收提供了良好的条件。与此同时，在经济全球一体化的影响之下，世界各国之间的经济联系越来越紧密。但处于国内政治利益保护的角度，很多国家仍然针对某一些特殊的行业，设置了相应的贸易壁垒。这实际上增加了国际贸易的不稳定因素，特别是针对像通信设备这类涉及国家通信安全的行业而言，有些国家基于政治利益的保护，甚至禁止通信设备进口。特别是个别西方国家基于政治利益的目的，故意设置通信行业的贸易壁垒，鼓吹"信息安全威胁论"，这也就为烽火通信公司实施国际服务营销战略带来了一定的负面影响。

（二）经济（Economic）环境

在经济全球化的背景之下，世界各国之间的经济发展不可能完全独立，彼此之间相互依存、相互渗透的程度更高。经济全球化要求通信的便捷程度更高，世界经济增长格局和市场需求形势发生了深刻变化，科技创新与产业升级进一步推动国际分工和产业发展格局的优化变革，通信技术产业国际化发展的机遇增多，有利于在更广领域、更高层次参与国际合作与竞争。而随着我国与世界经济的相互联系和影响日益加深，通信技术行业已呈现出"国内市场国际化、国际竞争国内化"的新竞争格局。为适应全球产业格局的深度融合，烽火通信公司就必须进一步放眼全球，寻求更广阔的市场，整合更优质的资源，以全球化的视角来谋划未来的发展。因此，积极推进服务战略转型是烽火通信公司转型升级战略布局的重要举措，是公司融入国际经济大循环、提升国际竞争力、提高发展质量和效益的必由之路。国内经济方面，在我国"十二五"规划中，明确提出"经济结构战略性调整"的目标，要改变过去单纯以能源消耗为基础的经济发展模式，要大力发展服务型产业。而信息产业正是新时期我国服务型产业发展的重要突破口，特别是通信网络的快速更新与换代，给传统通信设备制造企业进入服务领域创造了条件，要求其给客户提供更为全面的技术服务支持。在此背景之下，烽火通信公司在服务营销方面大有可为。

（三）社会（Social）环境

当前，信息安全不仅仅得到国家的高度重视，还得到了普通民众和企业的积极关注。对于普通民众而言，期望运用不断更新的信息安全技术,保护个人隐私;而对于企业而言,期望借助先进的信息安全技术,来保障其在经营过程中的商业机密和客户隐私,进而实现企业的可持续发展。在现代互联网经济的背景之下,信息安全系统建设不可能一劳永逸,由于新的威胁出现,信息安全管理需要不断与时俱进,不断创新。这在客观上说明了对于通信设备制造企业而言,不可能依靠一个类型的产品在市场获得持续的竞争力。在我国社会对于信息安全需求越来越强烈、对于产品要求越来越高的社会背景之下,烽火通信公司只有顺应社会需求,适时调整战略,将服务作为新时期战略的重要方向,通过提供服务来满足客户对于通信安全的需求,才能在市场上立足,进而获得可持续发展的动力。

（四）技术（Technological）环境

通信产业大致经历了三个发展阶段:第一阶段是模拟通信产业阶段,第二个阶段是数字通信产业阶段,第三个阶段是宽带通信产业阶段。[①] 从当前全球的通信产业发展态势来看,通信产业正处于第二阶段向第三阶段的过渡时期,这一时期我国将新一代通信技术产业列为战略性新兴产业,旨在将其发展成为国民经济的支柱产业。在此背景之下,通信技术的创新不断提速,物联网、云计算、移动互联网、大数据等新一代信息通信技术不断取得新进展,通信技术产业不断向传统行业渗透融合。随着国家"新四化"建设的深入推进,宽带中国等信息化工程的启动实施,我国通信产业迎来了广阔的发展机遇,未来仍将持续快速增长。在通信产业大发展大变革的形势下,烽火通信公司必须加快产业转型,适时推行服务转型战略,才能把握通信技术升级换代和产业融合发展的新机遇,才能在未来的竞争格局中占据一席之地。

立足于上述关于烽火通信公司服务战略转型的外部环境 PEST 分析,可以对烽火通信公司服务战略转型的外部环境总结如表 2-4 所示。

通过对烽火通信公司服务战略转型外部环境分析可知,从政治环境、经济环境、社会环境、技术环境的角度来看,当前烽火通信公司面临着

---

① 张越、余江:《新一代信息技术产业发展模式转变的演进机理——以中国蜂窝移动通信产业为例》,《科学学研究》2016 年第 12 期。

表2-4　　　　　　　　服务战略转型的外部环境

（P）政治环境	（1）国内政治稳定 （2）中国与其他国家的外交关系密切，政治往来频繁 （3）电信运营企业实现政企分离，政府直接采购大幅减少 （4）国内专利法比较稳定 （5）税法变更，部分税收优惠可能逐步取消 （6）中国与其他国家的贸易壁垒逐步减少
（E）经济环境	（1）中国GDP将保持一定速度的增长 （2）居民的收入将保持一定速度的增长 （3）国企改革、经济转型的关键时期 （4）IT产业不景气，中国被视为避风港，进口产品增加 （5）通信设备市场竞争日趋"白热化"，产品生命周期变短 （6）5G发展、宽带提速、大数据及云计算等新模式新业态为通信行业的发展带来机遇，随之而来地为通信服务
（S）社会环境	（1）人们对于服务感知的要求越来越高 （2）人们对于信息服务的需求更加追求个性化和多样性 （3）人们对于信息安全的重视程度越来越高
（T）技术环境	（1）科技的发展降低了产品的成本，提高了产品的质量 （2）全球计算机信息技术的快速发展，缩短了通信设备产品的周期 （3）自主研发投资成本较高，收益明显 （4）国家重视信息技术的推广与应用

一定的行业机遇，在信息化和工业化进一步深度融合，国家宽带战略逐步实施，三网融合、物联网、云计算、IPv6等新技术的迅速发展，将推动信息通信行业迎来更加难得的发展机遇。与此同时，行业技术的转型与融合也将给设备制造商带来新的挑战。但我们也看到随着通信产业技术的飞速发展，生产效率极大提高，其结果是各家厂商产品在质量上差异越来越小，设备同质化现象愈发明显。以基础承载网的发展为例，IP-RAN/PTN网将逐步向未来SDN网演进，硬件设备接口和标准趋向统一，硬件设备将实现互通，CT网与IT网逐步融合，相对封闭的网络市场的格局将进一步打破。设备市场的竞争将趋于白热化。

与此同时，电信运营商设备投资趋于谨慎，网络设备的利润空间逐渐被挤压。在技术创新的驱动下，以往的通信行业与IT行业的界限越来越模糊，互联网行业大举进入到电信行业，不断地侵蚀运营商的利润空间，这迫使运营商将发展目光投向更加广阔的空间，投资对象也慢慢发生了变化。为获得竞争优势，运营商和设备制造商都将战略重点聚焦于服务，希望通过服务提升自己的核心竞争力，服务在整个产业链的价值日益突出。对于设备制造商而言，以往将服务作为自有产品的售后环节，为产品市场拓展提供支撑已不能适应"服务化"的新趋势，也难以体现服务本应该带给设备的差异性和增值性。怎样使通信设备的行业竞争力在服务业中不断提升，加强与客户之间沟通的密切度，让服务项目成为新的盈利点是设备制造企业可持续发展的迫切需求。这需要企业通过一系列的管理变革推动服务战略，实现未来发展。

二 烽火通信公司服务战略转型的内部动因

（一）服务营销收入情况

随着通信行业的快速发展，市场对通信技术服务需求持续扩大，国内总体市场规模超千亿元，且仍以超过20%的速度发展。通信服务的机会点不断涌现，通信技术服务行业长期看好。但从2014年通信服务业的经营数据来看，烽火通信公司服务整体收入无论从绝对值还是经营收入占比均远远小于业界主流通信服务及制造企业，竞争和发展态势非常严峻。表2-5为烽火通信公司与主要竞争对手2014年服务营销收入状况。

表2-5　烽火通信公司与主要竞争对手2014年服务营销收入状况

	爱立信	华为	中兴	烽火
服务营销收入	2014年全球服务843亿元	2014年全球服务620亿元	2014年全年营收100亿元左右	2014年全年营收4亿元
相关资讯	2014年爱立信的收入中，包括管理服务、支撑方案在内的其他业务收入占比提升到了50%	华为服务年复合增长率超过70%，占比20%以上，已成为全球增长最快的通信科技公司	中兴全球服务业务已占系统总收入的30.2%，一半以上来自海外	整体营收占母公司的3%

资料来源：根据爱立信、华为、中兴、烽火2014年度报告整理而成。

其竞争对手通过不断的服务转型和创新，增强其核心竞争力，争得更大的市场空间：（1）烽火通信公司竞争对手——华为公司。华为公司近年来持续加大对服务解决方案和平台工具的投资建设，在全球构建起完善的产业化、本地化服务交付组织和平台。通过与运营商进行战略协同，加大了与运营商联合创新的投资以及能力中心的建设，包括印尼雅加达业务运营中心（SOC）、爱尔兰都柏林大数据能力中心、中国北京全球网络演进和体验中心（GNEEC），这为其实施服务营销战略创造了条件。①（2）烽火通信公司竞争对手——中兴通讯公司。中兴通讯公司作为全球领先的综合通信解决方案提供商，2014年4月与深圳市城市规划设计研究院展开了合作，双方合作将主要围绕智慧城市顶层设计相关的城市总体规划、专项规划、工程设计等内容。同时中兴通讯公司旗下子公司进军虚拟运营业，虚拟运营业对通信行业而言，是改变格局还是凑个热闹，中兴视通先行一步，成功与中国移动达成转售合作协议。

由此可以看出，烽火通信公司面临的竞争环境还是比较激烈的。那么，该公司在充分发挥自身优势，抓住全球通信产业发展机遇的同时，如何通过服务转型，迎接对手的挑战，是公司不得不深入思考的问题。

（二）旧有服务战略存在诸多问题

从前面的论述可知，烽火通信公司服务营销战略起步较晚，经过一段时间的实践，已经暴露出了一定的问题。具体来看，这些问题包括以下几个方面：（1）服务的盈利能力不足，客服部门仅仅作为设备售后服务部门，主要负责设备的开通、维护以及与之相配套的客户技术服务和满意度的工作，未能真正发挥服务本身的内涵和价值。（2）随着在网设备量的增大，烽火通信公司技术服务人员规模也不断地扩大，人力成本越来越大，在一定程度上加重了企业的运营成本。（3）随着"增量"文化的深入，服务创收成为烽火通信公司战略发展的要求，原有的管理体系已不能适应发展的需求，优化服务体系，实现售后服务向服务营销的转型成为发展的必然。（4）服务产品设计单一，产品价格体系单一无法

---

① 邱俊铭：《竞合模式下华为公司服务营销策略分析》，硕士学位论文，北京邮电大学，2011年，第10页。

体现服务差异性，服务价值没有充分体现，服务产品化设计能力不足。(5) 在信息化产业快速发展的时代，为服务提供许许多多新领域和想象，但由于烽火通信公司旧有服务模式及管理模式的创新能力不足，其在市场竞争中与同类企业相比，并无太大的优势，导致失去很多的发展机会，阻碍了企业的快速发展，这也是其在服务创收方面大幅落后于华为的重要原因。(6) 服务积极主动性不够，服务处于被动状态。在原来的服务体系中，烽火通信公司并没有注重对员工在服务过程中的激励机制建设，导致员工在服务过程中缺乏主动性，难以有效提高服务绩效，这也是制约其服务战略转型的重要原因。

三 烽火通信公司服务战略转型的必然性

在当今经济全球化的大环境下，企业正面临技术发展日新月异，市场竞争残酷惨烈的形势，这种外在环境对企业组织提出了更高的要求，企业要生存与发展，只有不断进行有效的组织变革，来适应不断变化的外部环境要求，提升企业的战略绩效，才能保障企业持续健康发展。

作为国有企业转制的公司，烽火通信公司一直以来都在探索其成长之路。从2001年至今通过不断进行管理变革，经历了十余年的稳健发展，由一个成立之初年销售收入不足5亿元的小型科研院所转制企业发展成为年销售收入近200亿元的大中型行业知名企业，可谓成绩斐然。2014年以来，全球经济逐渐走出阴霾，步入了温和复苏的通道。同时，国家宽带战略在世界范围内广泛普及，移动互联网风起云涌，4G浪潮从全球席卷至中国。在内外双重利好因素的驱动下，全球电信市场迎来了新一轮增长。然而，通信市场的竞争依旧非常激励，各大设备商巨头之间浮沉更迭，"阿诺爱中华"的格局开始动摇；在光通信市场上，国外巨头和国内众多企业瞄准宽带中国和4G商用的机遇，一场激烈的争夺战已经打响。烽火通信公司提出，要适应市场竞争，在同质化的竞争环境中脱颖而出，只能靠在理解客户需求的基础上大胆创新，通过创新形成差异化优势。烽火通信公司现在已经逐步构建了"客户导向"的自主创新机制，提升客户感知，服务增值及创新更是成了烽火通信公司近几年管理创新的关键词。

另一方面，我们也看到竞争对手华为公司发展增幅更快，年收入达

2000多亿元人民币，合计 300 亿美元。2014 年华为的销售收入首次超越爱立信，成为全球最大的电信基础设备供应商。相比之下，烽火通信公司还远远落后。在传统的设备市场领域，市场格局已大体划定。如何在趋于饱和的市场中持续赢得客户，获取新的业务增长点？转型既是形势所迫，也是势在必行的发展策略。在这种局面下，烽火通信公司想获得更大的发展，必须继续深入组织变革，全面服务升级，将服务作为实现组织整体战略落地的核心竞争力培养。

为适应发展的需要，2013 年，烽火通信公司将原作为售后服务的客服中心独立出来，实行公司化运营，从战略层面提升服务体系在烽火通信公司中的地位，强化服务职能，优化服务体系。通过服务提升客户满意度，提升竞争力，扩大市场份额；以用户需求为导向，将服务理念融入产品开发，增强产品的竞争力。力图通过服务转型和变革，全面提升服务质量，实现三个转变即"售后服务"向"服务营销"转变、"成本中心"向"利润中心"转变、"被动服务"向"主动服务"转变。使服务成为支撑集团增量发展的核心竞争力。

四　烽火通信公司服务战略转型的策略

针对公司服务战略转型过程中所存在的问题，烽火通信公司采取了一系列措施，以推进公司服务战略的转型，更好地适应市场的发展。

（一）转变营销理念，积极推行服务营销战略

在进一步探讨服务转型之前，我们需要分清两个概念："售后服务"与"服务营销"。售后服务是伴随着销售成功而产生作用的，同时，售后服务不直接产生利润。售后服务只是以产品销售为先导，企业的营销活动是围绕市场需求来做的，在这种禁锢下，企业虽然也重视产品的售后服务，但传统观念认为售后服务只是解决有形产品的售后，以此得出的结论是：售后服务部门是成本中心而不是利润中心。

服务营销是以服务作为导向的营销模式。在服务营销理念中，将服务作为产品向潜在客户推销。服务营销理念认为，服务营销并非在产品出现之后才形成的，而是贯穿于产品的设计、生产、宣传、销售、安装、

售后等多个环节。[①] 因此，在服务营销的理念中，服务部门并非成本消耗部分，而是给予产品各个环节增值的部门。服务营销可以说是烽火通信公司服务战略转型过程中的关键环节，这就要求烽火通信公司转变过去只注重产品营销的理念，开始推行服务营销的理念。

因此，理念的转变是烽火通信公司服务战略转型的前提，只有让公司的所有员工认识到服务战略转型对于公司发展的重要性，才能为服务营销理念的推行消除一系列障碍。烽火通信公司在当前我国整个社会经济结构转型的特殊时期提出服务转型是符合企业长远发展要求的，但是应该做好各方面充分准备，使得企业所有员工与本企业服务战略发展方向一致、同心协力。因此，烽火通信公司通过专题会议、简报的形式，向内部各个部门传达服务战略转型的意义、方针、路线以及具体的内容，并依据新的服务战略目标制定员工手册，严格要求员工遵守。让员工意识到当前公司服务战略转型所面临的重大机遇和挑战，以积极参与到这个过程中来。

烽火通信公司把服务作为其市场竞争的核心竞争力之一。最开始服务部门的业务仅仅是设备开通安装及售后的维护。对于客户各项需求几乎是不加条件地满足，这常常导致在处理了老问题的同时又出现新问题，如此永无止境。因此，产品到底是处于开发阶段还是生命周期管理阶段，是一件较难区分的事，对客户的服务也完全是保姆式的免费服务。此时，服务是产品紧密部分、完全服务于产品的市场拓展。

在认识到这些问题后，烽火通信公司开始构建服务营销的战略。2014 年，烽火通信公司成立了服务市场营销部，参照国内市场销售体系各项职能，将它们移植到服务体系，以强化服务的营销能力。因此，当我们分析服务营销业务体系，发现它与国内市场销售体系大体类似，如在总部设立市场销售、产品行销、商务评审、合同评审等职能环节。在各地办事处，设立服务经理岗位，负责各客户群和各区域的客户满意度维系及达成服务销售指标；服务营销工程师负责服务产品（主要是专业服务产品）的市场拓展和项目落地。

当然，建立服务营销体系，可以使服务体系和国内销售部建立更好

[①] 洪亮：《烽火公司中国市场的营销战略研究》，硕士学位论文，华中科技大学，2014 年，第 20 页。

的协同关系、更好地融和，以便利用公司的市场平台实现各项服务销售指标的完成。同时，也通过不断改进服务质量，来提升设备营销的成效。

为了达到国内销售平台与服务销售平台的目标一致性，烽火通信公司拟定了服务营销业绩的考核管理办法，规定"服务营销是公司发展的战略重点之一，客户不仅仅需要高质量的设备，同时还需要与之相匹配的高质量服务。因此，通过开展专业服务，一方面能高效地满足客户的服务要求，另一方面，也能够促进设备市场再销售。为了更好地协同及整合市场销售体系与服务体系的营销资源，鼓励国内销售部和技术服务体系形成合力，共同深挖服务产品的机会点，以此提升公司的整体竞争力，为公司创造新的利润增长点。为此，针对部分服务产品及解决方案拟定合同收入双算考核管理原则"。具体规定如下：为积极推动服务产品公司利益最大化，加深产销服的"铁三角"关系，体现公司鼓励增量发展的要求，避免在销售执行的过程中各方理解差异，打通跨产品线、销售平台、服务平台结算流程，提升内部流程效率。实行了合同收入"双算"的绩效考核办法。这为推动服务项目拓展，实现产销服联动经营起到了积极作用。服务市场营销部组织结构如图2-1所示。

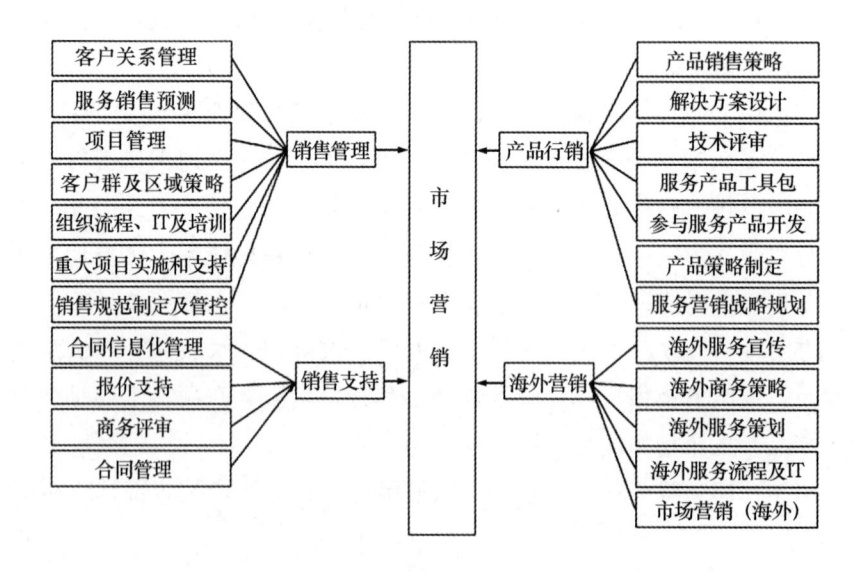

图2-1 服务营销组织职能

（二）基于服务业务需要，优化组织架构

美国著名管理学专家钱德勒提出了"目标决定企业战略，战略决定组织结构"的著名论断。变革和转型之前，烽火通信公司服务体系组织结构以直线管理为主要特征，这种职能式组织结构有利于统一领导。但随着市场的扩大，职能式组织结构的弊端逐渐显现，各部门间协调性差，难以应对用户对服务越来越高的要求。而且，这种直线式组织结构凸显束缚，资源配置与达成目标的调用机制僵化，工作推动靠"考核"，组织缺少内生动力，端到端的矩阵组织结构日显重要性。矩阵式结构的优势具体体现在如下三个方面：

第一，从应对环境不确定性角度。组织环境的不确定性来自较高的复杂性、动态性、敌对性。扁平的组织结构可以更快感知到各种环境因素的变化；由于其决策链缩短，公司可以及时对外界环境的变化做出响应，对运营管理中出现的问题及时进行调整，降低环境高度不确定性给公司造成的威胁。

第二，从响应本地市场角度。各地市场存在很大差异。由于客户对产品的需求不同，各地经济环境、政策上的差异，以同一样方式对待全球市场会错失许多市场的发展机遇。横向的组织正逐步向一线转移，有利于强化对本地市场的组织和管理，快速地发现本地市场机会，敏捷地响应市场的需求。

第三，从促进产品差异化角度。根据客户群的不同需求有针对性地开展新的产品研发，推动服务产品向多元化发展。矩阵式组织结构正好能匹配多元化的细分市场的开拓，及时根据市场需求变化，重构矩阵的组织形式以快速响应市场。它具有良好的前瞻性和扩展性，当进入新的产品或者竞争领域时，可根据组织发展的需要同步增加新的利润中心。

从前面的论述可知，服务体系原来的组织体系已经不太适应服务战略转型的需要，需积极推动组织架构的优化，以充分发挥服务支持和盈利能力。基于集团管理变革的理念，服务体系由直线式管理向矩阵式管理转变，推行产品线强矩阵管理模式。通过预算和资源下沉的方式，强化产品线责任主体意识及独立经营意识；对一线项目主管、子项目负责人、产品线营销代表、产品线研发代表、交付代表、采购代表等不同岗位，给产品线总监及所属部门设置不同的考核要求及权重，明确具体考

核指标及要求。

作为母公司的支撑平台，服务体系坚持关注增量价值，提升服务核心竞争力，提高客户满意度，促进产品再销售。希望通过服务创新和服务增值将服务变为母公司重要盈利平台之一。在2014年初，基于业务需要，服务体系在组织架构上搭建了支撑与盈利平台。

设置交付产品线（分东部区域、中西部区域、南部区域、海外一部、海外二部五个区域）、综合代维产品线、驻地网产品线、软件产品线及培训产品线等多个专项服务产品线。交付产品线承担母公司产品交付、维保、网优等传统产品服务工作，对片区工程项目管理、技术提升、客户满意度、运营周期负责；其他业务产品线承担产品线全生命周期的经营效率和盈利责任。在产品线总监和一线资源团队之间按照矩阵管理的方式进行试点，使经验可以复制、模式快速形成，资源调拨更加灵活。服务组织体系优化如图2-2所示。

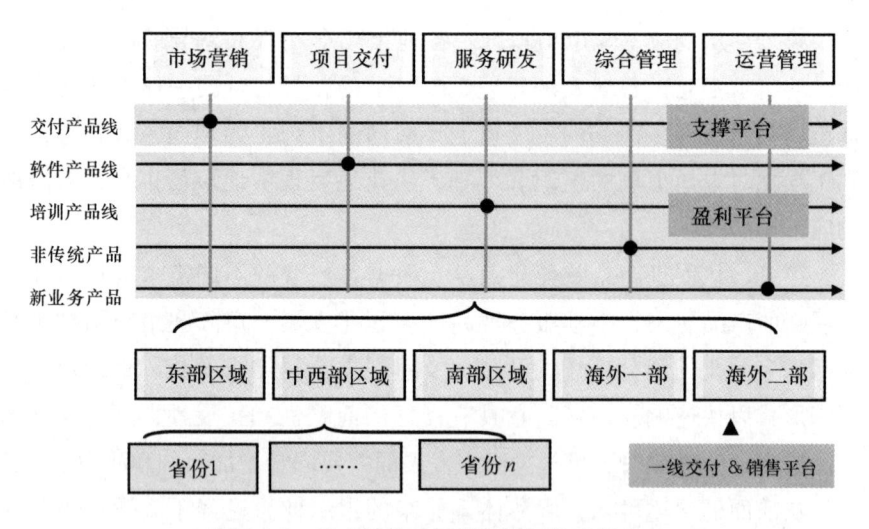

图2-2 烽火通信公司服务组织体系优化

（三）打造服务开发体系，实现服务产品多元化的体系

2013年之后，服务产品开发工作逐步趋于规范。为了理顺产品开发和交付流程，烽火通信公司参考一些先进的产品开发特点并结合自身的

特点，制定了一套基于客户需求端到端的服务产品创新管理驱动体系。[①]
全面推行 IPD 开发模式，极大地提升了产品开发的质量和效率，持续不断创新。通过"需求管理""产品规划""产品开发"等几个步骤，实现从客户中来，到客户中去，产品开发机制能够保障为客户提供契合其需求的创新成果。其核心思想是以"提升客户感知"为核心目标，努力为客户创造更大价值。紧跟客户需求，进行产品的创新和开发，提供优质的产品和服务。围绕客户的发展战略，为客户定制开发满足最终用户需求的产品和应用，为客户带来更快、更好的品牌感知。在实现光网络、线缆、宽带、配线、终端等产品全覆盖的同时，为客户网络建设和发展提供多元化服务解决方案。服务产品开发所遵循的主流程如图 2-3 所示。

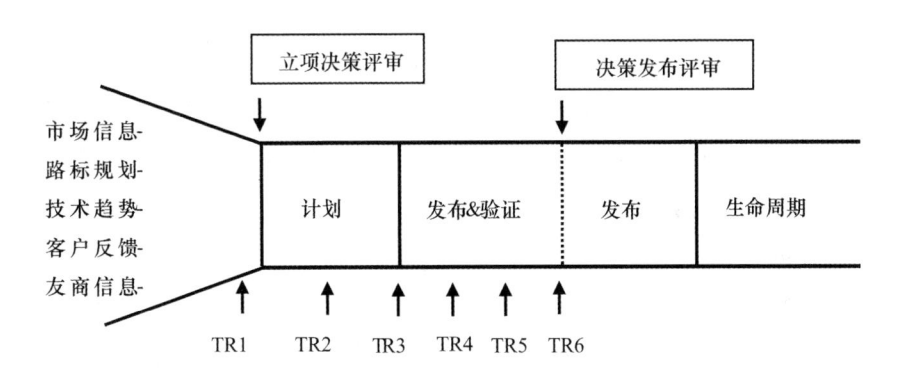

图 2-3 烽火通信公司服务产品开发规范及流程

烽火通信公司服务战略转型的目标之一就是要将"服务"作为公司的产品之一，丰富公司的产品体系，开发产品的增量价值。因此，为了实现公司的服务战略转型，烽火通信公司也积极打造多元化的服务产品体系。目前，服务产品的开发工作主要由烽火通信公司技术服务公司的各业务部门承担，各开发责任主体如图 2-4 所示。具体来看，烽火通信公司目前正在积极打造以下几类服务产品。

---

① 金家德：《烽火通信公司国际市场竞争力提升策略研究》，硕士学位论文，华中科技大学，2015 年，第 11 页。

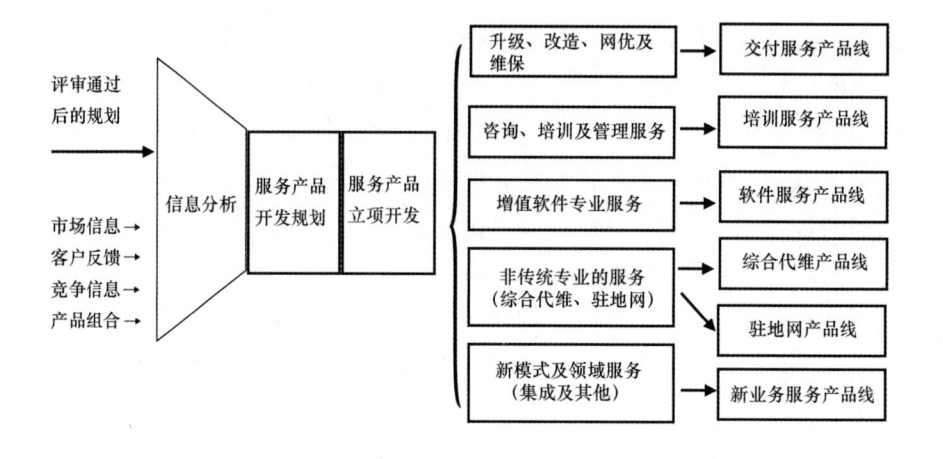

图 2-4　烽火通信公司服务产品组成及开发责任产品线关系

第一类：运营支持服务。运营支持服务又称为基础服务，指的是向客户所提供的设备运行保障服务，主要包括备件服务、技术支持以及工程服务三种类型。(1) 备件服务。备件服务主要包括设备备件的交换和维修，虽然目前烽火通信公司正在打造这类服务产品类型，但由于条件限制，目前很多区域还不能提供这方面的服务，伴随着此类型服务产品的不断开发，烽火通信公司所服务的区域将不断扩大。(2) 技术支持。技术支持类服务产品主要包括紧急恢复、设备技术升级改造、设备维修保养三种类型，其中维修保养服务根据客户的不同需求，可以提供铜牌、银牌、金牌三个层级的服务。(3) 工程服务。此类服务产品已不再是以传统的产品或系统安装服务为主，而是包括了机房建设、系统安装、网络建设、系统测试等全套服务。

第二类：专业服务。相对于运营支持服务而言，专业服务可以称为增值服务，其可以为客户带来一系列的附加价值。烽火通信公司主要开发了产品专业服务和集成专业服务两类专业服务产品：(1) 产品专业服务。产品专业服务由各服务产品线开发部负责开发，是针对本产品领域客户提供的增值服务，如交付类有网络优化、网络评估等，软件增值类有网络运维工具软件等。(2) 集成专业服务。集成专业服务又称为独立的专业服务，是烽火通信公司开发的为其自有设备和第三方设备提供整体解决方案的服务，包括企业信息规划、存储备份、系统安全建设、网络运维咨询等服务内容。

第三类：培训服务。目前烽火通信公司所开发的培训服务内容主要包括两类：（1）技术培训。技术培训是烽火通信公司培训服务的重要内容，其主要针对合作商和直接客户提供技术培训，除了针对当前市场上主流的通信设备提供技术培训之外，烽火通信公司还针对被国内各电信运营商广泛关注的 SDN 发展、LTE 发展、移动互联网等提供技术培训。（2）管理培训。在借鉴 IBM 管理培训课程的基础之上，烽火通信公司结合自身的管理实践，向国内的移动、联通、电信等运营商推出了管理培训课程，主要引导其正确实施通信设备运营管理方案。

第四类：维护托管服务。随着市场竞争格局的加剧，运营商越发聚焦核心业务，将日益复杂化、专业化的维护工作外包已成为新竞争形式下众多运营商的选择，而拥有专业的服务能力以及技术实力的厂家自然成为运营商最为可靠的外包合作伙伴。电信运营商正逐步从单纯的"设备供求关系"向"全面、长久的合作伙伴关系"转变。管理服务包括代理维护、设备维护包干、专人值守服务等。目前的管理服务种类已经非常丰富，并逐步发展成为主设备供应商的核心服务产品。管理服务的价值主要体现在通过产业合作的深入，由厂家提供管理服务，提升设备、系统的专业化水平，帮助客户从繁重的维护和细节管理中解脱出来，聚焦核心业务。

当然，在实现服务专业化后，往往伴随着产品多元化的演进。在此阶段如果盲目扩张，一旦脱离了核心竞争力，将面临绩效不佳或事倍功半情况，从一般规律来看，服务最终仍将回归归核化；因此，需始终坚持归核化管理策略就是为了少走弯路。始终围绕烽火通信公司服务核心竞争力（不可模仿）进行产业扩张。从市场规律看，市场经济鼓励优胜劣汰，只追求经济利益，不重视服务质量和客户满意，最终会被市场淘汰。

（四）注重智能化数据中心建设，支撑运维管理服务

伴随着智能手机的不断普及，其给网络运营商的运维模式带来了巨大的影响，特别是在手机数据流量快速增大的背景之下，其对网络 QOS

提出了更高的要求。① 在传统的通信运维模式中，比较关注网络的 KPI 指标，但伴随着数据业务的暴增，该指标已经不能真实地反映用户的体验状况，要求改变过去的通信运维模式。正是电信通信运维模式的改变，使得作为通信设备提供商的烽火通信公司也必须转变服务模式，通过完善智能化数据中心建设，来为客户提供更高层次的运维管理服务。为此，烽火通信公司通过以下三个举措来建设智能化数据中心：一是开发了 PON 流量分析系统、PTN 流量分析系统、OTN 流量分析系统，实现智能管理业务的可视化，以支撑管道服务的智能化。二是开发了智能宽带调整系统，以满足电信运营商对于服务业务差异化的需求，实现业务的 QOS 管理。三是构建 PTN 网络智能运维系统。PTN 网络智能运维系统项目目标包括："自动巡检、智能割接和扩缩容、故障智能辅助定位、业务资源自动分析优化、网络流量监测和管理分析"，五大运维效能工具。烽火通信公司系统提供 PTN 网络智能运维一揽子解决方案，同时具备特色功能，提升用户体验，突出运维效果。

（五）构建战略服务任职体系，完善员工发展通道

一个优秀的组织体系给予员工的不仅仅是培训，更重要的是赋予员工更多实践的机会，烽火通信公司服务转型及变革正是朝着这个方向前进，公司为员工规划更多职业生涯通道，并且给予多方面的知识培训，并鼓励员工横向流动，能够获得更多的历练，提升个人能力。任何一位有上进心的员工，只要通过个人的努力，经过严格的培训、考试，并在相应的经历取得良好的绩效，就能够拥有更宽广的舞台。同时，员工能力的提升，必将带来组织绩效的提升，没有人怀疑优秀的员工是组织取得竞争优势的源泉。

基于对公司关键业务活动及职责定位，烽火通信公司在 2014 年对直接影响公司产出的职位重新审视和梳理，并进行职位设置和调整；按照业务技术类、职能专业类、综合支撑类发布技服公司职位地图；同比 2013 年新增 29 个职位，取消 6 个职位，并根据职位设置情况，优化技术服务职位，为技术服务奠定基础。为了更好地牵引员工契合职位的要求，

---

① 蒋丽丽、梅姝娥、仲伟俊：《双边市场中移动网络运营商的定价策略分析》，《软科学》2012 年第 12 期。

从知识认证和行为认证的角度，发布 2014 年职位胜任度评估标准。同时，结合公司国际国内新业务发展的需要，按项目需要合理配置职位，通过对职位构成及职位价值分析，采取"我司聘用 + 人事派遣/第三方聘用 + 外包合作单位聘用"相结合的方式组建项目团队。如，综合代维项目采取 1 + n 式，即省级项目由一个大项目经理 + 若干地市子项目经理；驻地网项目采取 1 + 1 + n 式，即由一个大项目经理 + 一个自有人员（兼有设计能力）+ 劳务派遣或第三方聘用人员的子项目经理 n 个。

不仅如此，烽火通信公司还建立了服务人员的任职资格体系，牵引服务人员的职业化行为。在原有的基础之上，公司培育了一大批专业化的服务人才，并将这些服务型人才分成详细的类型，不同类型的服务型人才配备不同的任职资格体系。这保障了公司集团有足够的人力资源参与到服务战略的执行之中，有助于推动服务的创新。

（六）实施开放式的预核算的组织绩效，激发服务创收热情

随着外部环境的变化及内生发展状况，烽火通信公司不断地进行着管理变革以适应竞争。主体分了三个阶段：

（1）基于问题导向的变革，是为解决某一方面的问题而展开的。在阶段上都起到了积极的作用。但随着外部竞争形势的复杂化、残酷化，相对分离的、不成系统的管理变革也暴露了一些局限性，往往是开始变革效果较好，但变革难以深入，长期效果也往往偏离预期。

（2）基于市场导向的变革，建立产品线为经营核心的组织优化，产品线进行了虚拟核算，实现产品业务发展的全生命周期管理。通过此举措，提升服务产品线的产出能力，激发整个服务组织的绩效潜能。

（3）基于组织绩效提升的管理变革以结构性系统性的思想为指导，以业界经过管理实践的方法为借鉴，以改善组织为主线，以增量与增长为牵引，以提升组织产出能力为主要目标，对公司的管理体系进行系统全面的梳理、必要的改造和重建，通过观念的更新、机制的设计、再造文化，激发组织活力和潜力。将战略目标、预算、核算、组织绩效考核和经营分析连为一体，实现战略绩效目标的落地。

组织绩效提升核心思想是开放式预核算，即公司所有费用支付须与有效产出挂钩，按有效产出利润空间的一定比例提取费用包。利润空间增量越大，费用包提取比例越高。费用包额度为上年任务 × 费率 × A% +

增长任务×费率×B%（A%：小于1；B%：大于1），产品线利润空间＝费用包＋营业利润（费用包括薪酬包、非薪酬包费用）。通过这样的绩效体系，使绩效目标由"对计划进行管理"转变为"对结果动态管理"，从而使绩效责任人经营意识得到根本转变，变"要我做多少"为"我要做多少"，激发各业务单元的创收热情，继而推动公司增量发展战略的有效落地，如图2－5所示。

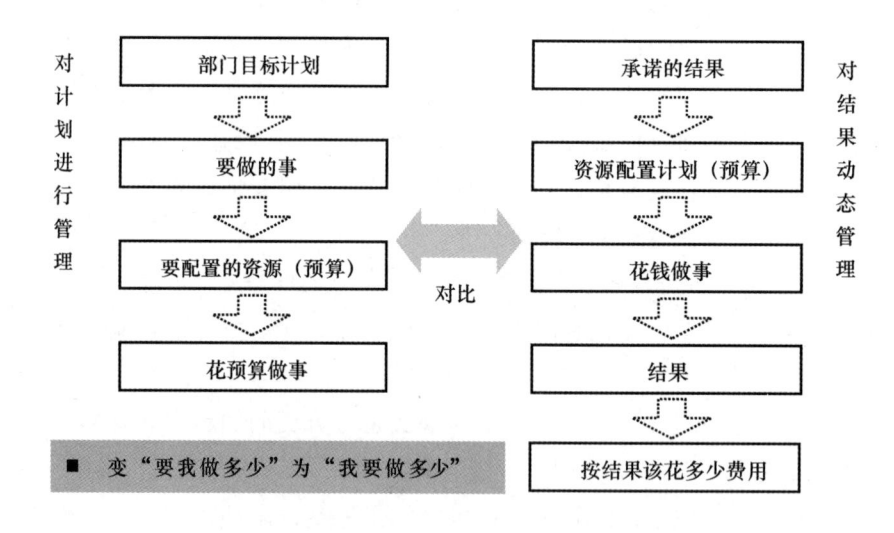

图2－5　烽火通信公司核算管理方式的优化对比

转型变革之前，烽火通信公司服务体系仍然是为设备提供售后支撑的组织，其组织结构较为单一属直线管理，任务由管理层直接下达到各单元。虽然在不断地变革中，服务创收理念越来越深入到组织的发展中，但体系还是缺少强有力的绩效激励机制。表现在各业务单元没有强化经营责任主体，任务与资源投入没有紧密结合。有偿服务合同销售任务难以达到公司增量发展的要求，而人员需求、费用投入增长快，人均产出提高的压力大；无法对各业务部门虚拟利润的目标设定和执行结果进行有效评估。

为此，烽火通信公司服务体系参照组织绩效管理体系，拟定服务产品线的开发性预核算的战略考核体系，强化各服务产品线经营责任主体，各产品线根据自身的战略发展目标规划自己支撑业务发展的资源。通过扩大产出利润空间，获得更大的费用包，以此激发各服务产品线发展的内生动力，实现整体服务战略有效落地。实施基于战略绩效发展的组织变革，在此基础上建立以客户满意和客户服务为导向的组织体系，将公司的整体战略有机地融合到各个业务单元的绩效考核，设置完整的激励体制，以结果导向和增量发展激发各个业务单元内生动力，不断进行服务创新拓展，为服务转型奠定基础。

（七）服务模式创新为服务转型战略注入活力

"创新"是一个可以让人思如泉涌的宽泛话题，更是一个足以用整个国家的现代化历程来诠释的命题。但在一个充分竞争的市场环境下，在一个高科技企业的语境中，如何理解为何创新以及掌握创新的评价标准，对于企业的成长而言注定是巨大的挑战。[①]

信息通信行业发展的形势总体向好，信息技术持续推动着人类通信方式的变革，不断催生强大的消费需求；而与此同时，市场竞争却日益激烈，产品与服务同质化，使得竞争企业很快陷入低价搏杀的"红海"。在这个局面复杂的行业里，游戏规则既残酷，又公平。残酷的是，技术水平跟不上，就谈不上行业的话语权，稍有懈怠，就有被竞争大浪吞噬的风险；公平的是，只要能以服务客户为导向，有效识别市场需求，敢于和善于投入，积极创新、形成差异，企业就能获得相对优势，终究得到市场的认可和回报。在激烈的通信设备市场，烽火通信公司集团要进一步扩大市场份额，必须打造出自己的服务产品，对客户实施不同的服务方案。为此，烽火通信公司建立服务解决方案的研发中心，专注于对新领域、新模式的探索，获得了非常显著的成效。

（1）服务模式的探索为服务开拓了一个新领域。近些年国家出台了"宽带中国"战略，希望新增FTTH覆盖家庭超过3000万户，新增宽带行政村13800个，使用8M及以上宽带接入产品的用户超过30%。原有的战略实施，全部由国内三大运营商整体落实实施，烽火通信公司只是通过传统的模式向运营商进行设备销售。

从国内三大运营商来看，整体固、移两个维度难两全，资金流向4G，

[①] 侯先荣、吴奕湖：《企业创新管理理论与实践》，电子工业出版社2003年版，第57—58页。

固网投入下降明显。不论是从 ARPU（固网宽带平均每用户收入）还是从市场竞争情况看，三大运营商整体的运营效率不高，只收取宽带接入费，沦为管道商。从现有的集采份额看，业务终端与光配线集采份额下降，也直接影响到烽火通信公司传统的直接销售模式。

为此，烽火通信公司及时推出驻地网建设及服务的整体服务解决方案，通过融资、设计、交付及维护的整包服务解决方案实现驻地网市场突破。推出了三类主要的商业合作模式，分别是分期付款、租赁和收入分成。在运营商现有的商业模式基础上，增加烽火通信公司的 OTT 终端业务以及智慧社区等增值业务。驻地网未来发展采用风险可控的分阶段进行，选择合适时间切入独立运营。如试点驻地网云管端布局，"云"方面与合作方形成战略合作，进行专业化公司运作，建立数据中心、通讯机楼建设，进行数据中心解决方案的相关开发；"管"方面，获得十万级的用户驻地网建设市场规模；"端"方面与公司终端产品线共同完善 OTT 解决方案，与 ICP 等合作方进行增值业务合作开发。通过这种服务整体打包策略，直接促进设备的再销售，当年市场规模突破5 亿元。

（2）新的业态环境下开拓新服务模式，通过服务创新实现服务转型，进入"蓝海"市场。在计算机网络技术不断发展的背景下，信息消费市场也日趋成熟。当前我国十分重视智慧城市建设，烽火通信公司抓住此机遇，在智慧城市的服务体系上，开始实施新的服务业务模式，已为智慧城市提供综合信息服务解决方案。

变销售产品为提供个性化服务。固网宽带也是当前通信领域的一大热门，但受制于资金和业务缺乏的因素，导致很多通信设备制造商难以寻找到合适的业务服务模式，来为固网宽带提供服务。从电信运营商多年的实践经验来看，在数字家庭、智慧社区建设的过程中，仅仅依靠捆绑硬件或软件产品的方式，是难以留住客户、实现盈利的。在信息爆炸的时代，要有效吸引客户，必须为客户提供差异化的信息服务，这既是电信运营商发展的重要举措，同时也是通信设备制造商必须关注的问题。立足于此点，烽火通信公司在对信息产业链深入调查的基础上，顺应智慧城市、智慧社区、宽带中国发展的时代潮流，提出了 O2O 模式智慧社区服务模式，将传统销售实体产品的模式，转变为向更多的客户、更多的社区提供个性化的信息服务,以打造自身的服务产品优势。

不仅如此,烽火通信公司还依托在光通信领域的技术优势,改变过去只销售硬件产品的模式,在硬件产品的销售过程中融入软件产品,为后期的服务营销创造条件。烽火通信公司进一步加强与各地电信运营商的合作,通过实施综合化的解决方案,在向居民提供通信设备的同时,还为其提供个性化的信息服务,并形成基于IP的统一社区网络,实现业务系统间的无缝融合。向上对接电信运营商的宽带网络;向下通过FTTH、WiFi等手段,覆盖所有用户及社区相关场所。当前,烽火通信公司这种独特的服务模式,已经获得了一部分电信运营商的认可,并在四川、新疆、河北等地开始了与烽火通信公司的合作尝试,开始布局智慧社区建设。

(3) 运营商维护托管服务解决方案为运营商解决了"最后一公里"维护,也为服务提供了新发展方向和思路。烽火通信公司不仅能提供完善的综合代维基础服务,还能为客户提供更加专业更加系统的网络评估优化增值服务,释放运营商在非核心领域的资源投入,使其能更专注于核心领域的市场开拓。助力客户转型,提升运营效率。烽火通信公司通过与各大地产开发商合作共建"最后一公里"宽带接入网络,建立了良好的伙伴关系。借助相关渠道可帮助联通在综合代维维护中解决最后一公里纷争,降低网络部署"通过"费用。降低管理网络的难度,降低OPEX(运营总成本)。综合代维服务可以助力移动运营商由粗放管理向精细管理转变。由粗放的以结果为导向的管理方式向过程与结果管控并重的精细化管理方式转变;透明可控的运营成本支出,一方面保证了通信网络质量,另一方面降低了网络成本支出。

(八) 加强企业文化建设,支撑服务战略实施

为了更好结合公司发展导向和业务战略,将公司发展动态及文化向一线传递。烽火通信公司成立了"公司发展动态及文化宣讲团",将公司"以客户满意为中心,以创新服务促产出,让员工共享增量发展收益"核心价值观和与奋斗者分享利益的激励机制传递至所有员工。要求经营班子成员,利用出差的机会对经理人进行理念的强化;要求经理人通过月度例会制度和员工关爱活动加强与员工沟通及交流。正是在这样的服务

文化引导之下，烽火通信公司在客户遇到困难的时候，总是可以竭尽所能地为客户提供服务。比如在发生重大自然灾害之后，烽火通信公司的员工克服了重重困难，在灾区运输了大量的通信设备，在保障当地通信畅通方面发挥了重大的作用。除此之外，在一些重大国际赛事以及APEC峰会的通信保障工作中，烽火通信公司要求所有参与工作的员工为客户提供精心备至的服务，不能有丝毫的马虎，这使得烽火通信公司的项目质量、服务精神获得了客户的高度评价。而烽火通信公司的员工能够做到这一点，与当前企业服务文化建设密切相关，这些服务文化建设举措，支撑了公司各项服务战略的实施。

（九）建立完备的服务质量管理体系

为了提高服务质量，烽火通信公司建立了较为完备的服务质量管理体系，如图2-6所示。在总体IT流程框架下，建立指标流程体系，比如服务产品开发流程、技术支持业务流程、服务营销业务流程、工程业务流程、培训业务流程。基于指标体系，会分解落实到具体的组织部门中，所有的质量管理活动在此基础上开展；一般质量管理分为四个环节：质量策划、质量控制、质量保证和质量改进。每个环节都在前一个基础之上进一步深入和细化，通过严格、量化、可视化的维度，确保质量管理活动有序、保质地完成。在烽火通信公司的质量体系结构中，设置了专门的质量管理部门，独立于业务部门之外，以质量保证为目标，对业务开展的过程进行管理，同时进行阶段性的审计，所有的活动在数据支撑下进行。在各个业务团队还设置专门的QA专员，开展业务部门的内审。

烽火通信公司服务工作中的质量管理活动一直跟随客户需求，直至服务实施完毕客户问题闭环。在服务过程中，通过质量管理，可以及时进行人员技能提升、流程优化、问题纠错以及案例固化等动作，其流程如图2-7所示。

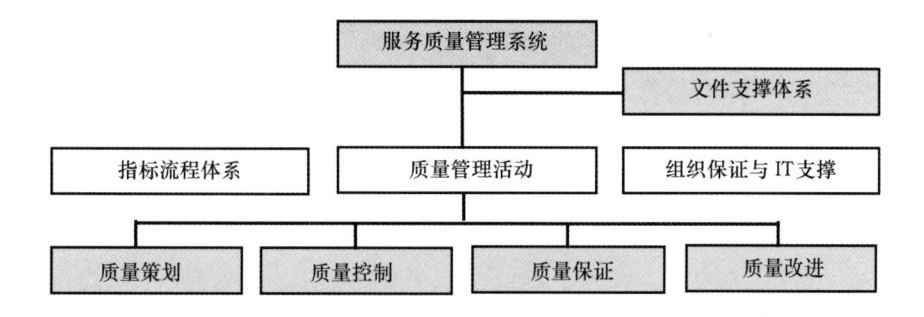

图 2-6　烽火通信公司服务质量管理体系

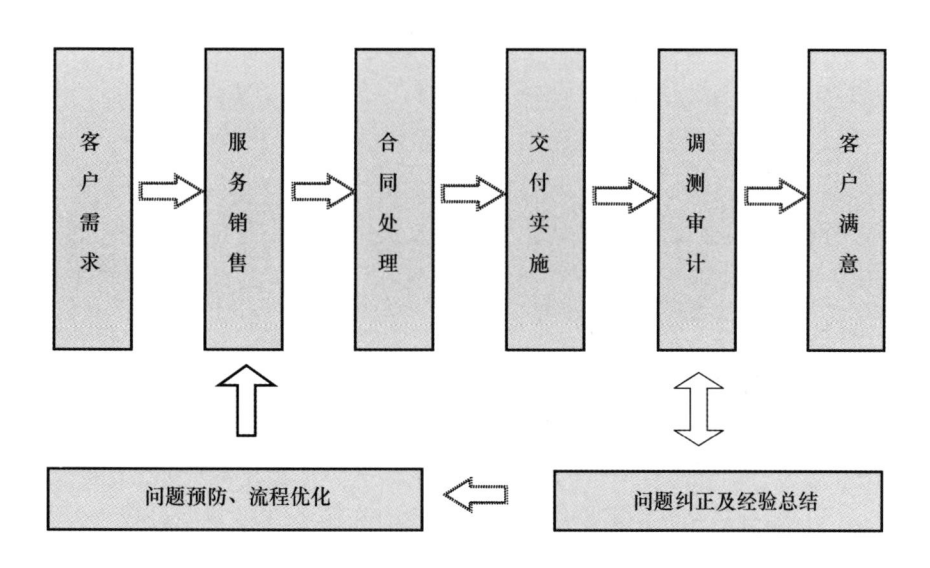

图 2-7　烽火通信公司服务质量管理流程

第四节　案例启示

一　理论启示

本书以烽火通信公司的服务战略转型为研究对象，详细阐述了其战略转型的整个历程，对于丰富当前企业战略转型具有重大的理论启示。当前通信设备制造行业的竞争愈演愈烈，作为武汉地区具有代表性的通信设备制造企业，烽火通信公司如何应对经济周期波动以及宏观竞争环境的影响，保持可持续发展的竞争优势和盈利能力，必须积极开展服务营销，将多元化的服务作为公司的新业务，实施服务营销，通过服务营销来提升公司的业绩。对于传统国企如何通过服务战略转型来实现可持续发展，目前国内的文献中并不多见，因此，本书的研究成果可以为国有企业特别是国有通信设备制造企业的服务战略转型提供有益的案例启示和参考。

二 实践启示

在全球经济形势不容乐观的背景下，国际国内通信设备制造行业的竞争异常激烈，其发展面临着更多的挑战和不确定性。对于通信设备制造企业而言，究竟如何走出一条独特的发展之路，成了当前该行业关注的焦点问题。本研究的实践启示主要体现在以下几个方面。

（1）必须将服务转型战略纳入企业整体战略之中。[①] 服务战略转型不只是某一个部门的任务，也并非依靠某个部门就能够完成，特别是针对制造行业的企业而言，必须从企业战略发展的高度去制定服务战略转型方案，并要求企业内部的所有部门都参与其中，服务战略转型才能够取得最终的成功。

（2）服务战略转型必须立足于自身的优势领域。服务战略转型需要一定的立足点，这个立足点就是企业在传统产品经营中的优势，从这个优势出发，企业才能制定合适而正确的服务营销方案，才能实现服务的增值。

（3）服务战略转型需要组织架构支持。在服务战略转型过程中，服务产品应与传统的实体产品保持一定的独立性，这就要求企业必须完善相应的组织架构，为服务产品的研发、销售提供组织平台，而这也是服务战略转型成败的关键所在。

（4）服务战略转型所涉及的各项业务，必须有流程制度和 IT 平台的保障，从而使服务战略转型工作能够顺利、有效、规范地开展。

（5）聚焦主业，做好支撑，服务促销，精品服务，避免出现为服务增值而服务增值的误区，导致过度追求服务新领域发展，而出现核心业务支撑不足的问题。

---

① 彭本红、段一群：《制造企业服务增强战略转型研究——以波音公司为例》，《管理现代化》2013 年第 5 期。

第三章

美的空调"T+3"供应链营销创新管理之路

第一节 案例分析背景

从整个家电市场的发展历程来看,我国家电生产企业经营状况出现明显分化,在家电业蓬勃发展的20世纪80年代中后期和90年代前期,家电企业几乎都在巨额利润的推动下迅速实现了规模扩张。但从20世纪90年代中后期开始,由于城市市场趋于饱和,家电产品供大于求的矛盾日益突出,特别是最近几年,随着家电市场竞争日趋白热化,多数企业的产品价格都有较大幅度的下降,企业利润水平也逐年降低,最终导致家电生产企业利润持续下滑,有的甚至已经出现了巨额亏损。[1] 事实上,家电业从1998年开始就出现了行业萎缩的现象。而到了2000年,则更有厦华、夏新等一大批亏损企业浮出水面。在行业整体不景气的同时,我们也注意到还有一批企业仍在不断发展壮大,海尔、美的便是其中的代表。海尔依靠其多元化产品组合、国际化营销思路和完善的售后服务体系在激烈的市场竞争中赢得了主动,实现了业绩稳步增长、规模不断扩大的目标,在不太景气的家电行业中成了一个醒目的亮点。美的则凭借其先进的管理模式和卓越的管理团队以及不断丰富的产品组合,一举在白色家电和小家电领域取得了巨大的成功,成了家电行业内最具发展潜力的企业之一。

---

[1] 蒋文怀:《三四线家电市场创新营销案例分析》,《商业经济研究》2016年第5期。

但是，我国家电行业的发展并非一帆风顺。受城乡二元化的结构性矛盾影响，一方面，城市市场主要家电产品容量普遍接近饱和，另一方面广大农村地区却始终保持着较低的家电保有水平，家电产品的边际需求也长期得不到提高。在农民购买力严重不足的条件制约下，家电生产企业只能将精力集中于竞争已非常激烈的城市市场，结果便造成了城市市场供给进一步过剩的现象，价格大战、概念炒作、囤积居奇等现象成了家电行业特有的风景。表3-1为2016年部分家电品牌的市场售价状况，从该表的统计数据可以看出，目前我国家电行业之间的价格战十分激烈，各个家电品牌都通过积极的价格策略来占领销售市场。可以说，价格战是传统家电品牌营销过程中的常用策略。

表3-1　　　　2016年部分家电品牌市场售价水平分布

空调		冰箱		洗衣机		吸油烟机	
品牌	价格指数	品牌	价格指数	品牌	价格指数	品牌	价格指数
格力	112	海尔	107	海尔	95	老板	153
美的	99	容声	82	小天鹅	95	方太	161
海尔	97	美菱	80	三洋	100	华帝	99
志高	78	美的	80	松下	131	美的	80
奥克斯	81	西门子	164	西门子	207	万和	55
海信	102	新飞	77	美的	75	帅康	127
长虹	76	海信	77	惠而浦	109	西门子	161

资料来源：中商情报网《2016年家电市场调查报告》。

在传统的营销策略过程中，所有的家电企业都必须面临同一个问题，即库存量大，库存管理成本高，而这实际上也正是各个家电企业在销售旺季，不惜采取价格促销策略的重要原因。[1] 因为只有如此，才能降低库

---

[1] 郑长娟、鞠芳辉、谢子远：《中国家电市场营销渠道变革与家电制造企业的渠道关系选择》，《财贸经济》2006年第9期。

存，进而降低经营成本。一旦库存消化量太少，必然会对下一年的销售计划产生极大的负面影响。一直以来，国内白色家电产业中，大规模制造、大规模压货和大规模分销模式主导着渠道资源流转、产品的流通，但是，当市场进入存量竞争阶段、线上平台高速发展并对线下体系产生冲击、个性化消费模式不断涌现，传统的产销模式在如此环境和格局下难以给企业带来更多的市场资源。而且，效率低下、库存高企、费用增高、渠道流通迟滞等一系列负面作用也不断显露出来。由此可以看出，家电行业的营销模式急需变革。

美的空调作为家电行业的典型代表，其总销量仅次于格力，排行第二。但美的空调与格力空调的竞争一直没有停止，特别是在当前空调市场竞争空前激烈的背景下，如何采取差异化的营销策略，是当前美的空调必须考虑的问题。正是在这样的背景下，本书对美的空调新实施的营销策略，即"T+3"营销策略展开了研究，分析当前市场环境下，美的空调实施"T+3"营销策略主要面临的问题，并提出有针对性的对策与建议，以推动美的空调"T+3"营销策略的实施，从中得出对高新技术企业营销创新管理的有益启示。

第二节　案例描述

一　美的集团简介

美的于1968年成立于中国广东，迄今已建立全球平台。美的在世界范围内拥有约200家子公司、60多个海外分支机构及12个战略业务单位，同时为德国库卡集团最大股东（约95%）。美的是一家全球领先的消费电器、暖通空调、机器人与自动化系统、智能供应链（物流）的科技集团，提供多元化的产品种类，主要包括：（一）厨房家电、冰箱、洗衣机等各类小家电的消费电器业务；（二）家用空调、中央空调、供暖、通风系统的暖通空调业务；（三）以库卡集团、安川机器人合资公司等为核心的工业自动化系统业务；（四）为安得智联提供智能供应链业务。① 美的坚守"为客户创造价值"的原则，致力创造美好生活。美的专注于持续的技术革新，以提升产品及服务质量，令生活更舒适、更美好。

2015年，美的成为首家获取标普、惠誉、穆迪三大国际信用评级机构评级的中国家电企业，评级结果在全球家电行业以及国内民营企业中均处于领先地位。2016年，美的营收1590亿元，净利润146亿元，如表3-2所示。在全球有数亿的用户和各领域的重要客户与战略合作伙伴，并拥有约13万名员工。美的在2017年《财富》世界500强排名中位列第450位，利润排名第208位。从表3-2可以看出，美的集团近5年来各项财务指标都呈现出上升的趋势，发展态势良好。

表3-2　　　　　　　　美的集团近五年的主要财务数据

项目	2016年	2015年	2014年	2013年	2012年
营业收入（千元）	159044041	138441226	141668175	120975003.14	102598110
归属于上市公司股东的净利润（千元）	14684357	12706725	10502220	5317458	3259290
归属于上市公司股东的扣除非经常性损益的净利润（千元）	13492866	10911341	9476849	3903375	3027493
经营活动产生的现金流量净额（千元）	26695009	26764254	24788512	10054196	8089566
基本每股收益（元/股）	2.29	2.00	1.66	1.73	1.30
稀释每股收益（元/股）	2.28	1.99	1.66	1.73	1.30
加权平均净资产收益率（%）	26.88	29.06	29.49	24.87	23.92

---

①　张荣：《美的电器投资价值分析》，硕士学位论文，对外经济贸易大学，2017年，第3—4页。

续表

项目	2016年	2015年	2014年	2013年	2012年
总资产（千元）	170600711	128841935	120292086	96946024	87736526
归属于上市公司股东的净资产（千元）	61126923	49201852	39470499	32847431	14313530

资料来源：美的集团2012—2016年度报告。

二　美的空调业务概况

美的空调隶属于美的集团，是集家用、商用空调产品开发、生产、服务于一体的经营平台。除顺德总部外，美的空调在广州、芜湖、武汉、邯郸、重庆建有生产制造基地，产品畅销全球150多个国家和地区，连续7年出口全国第一。

在家用空调领域，美的空调围绕制冷、制热、节能等空调核心内涵，创新产品开发，产品结构持续优化，推出了一系列差异化产品。美的"智能王"系列空调，以新颖的球形外观设计，搭载语音和手势控制功能，实现智能送风及安防等智能功能，荣获2016年中国家用电器"金选奖"最佳产品奖、第十二届中国家用电器创新奖；OP系列挂机，在节能方面表现出色，可实现舒适风智能场景控制，零下30℃低温制热，获得客户的广泛好评；美的开发的北美高效节能空调产品，实现高效换热器技术、超低温制冷和制热等技术突破，获得美国空调制冷供热行业协会（AHRI）"北美最高能效房间空调器"证书；凭借深厚的技术积淀与主动的探索创新，"空调器舒适性关键技术研究及应用"项目荣获中国家用电器技术大会"2016年中国家电科技进步一等奖"；2016—2017年中国空调行业高峰论坛上，美的空调获评"2016—2017年度空调行业智能空调领导品牌"。

在中央空调领域，已拥有上千项专利技术，获得多个国际重大工程项目，包括新加坡樟宜国际机场、首都国际机场T3航站楼、阿联酋政府安居别墅、上海世博会展馆、欧洲青年奥运会、非洲运动会、阿联酋阿布扎比购物中心、广州亚运会场馆等项目。凭借全球领先的产品与优质完善的服务体系，美的已成功为京沪高铁、京广高铁、宁安高铁、沪宁高铁、沪杭城际客专、广珠城际等提供全方位的解决方案，涵盖了全国 50% 以上的高铁领域暖通项目，成为高铁行业市场占有率最高的品牌。2016 年，美的中央空调中标巴西奥运会官方所有公开招标的比赛场馆，中标广州新白云机场项目、碧桂园马来西亚森林城市、菲律宾半导体工厂、巴西里约万豪酒店、香港警察新界北总区总部、台湾桃园医院等。在本书的研究过程中，主要是对美的集团家用空调的供应链模式展开研究和分析。

表 3-3 为美的空调在美的集团营业总收入中的比重状况，从该表可以看出，空调业务一直是美的集团主要的收入来源，在 2012 年，其业务收入占整个美的集团营业收入的 75.60%。可以说，空调业务是美的集团的一项核心业务。虽然自 2012 年以后，空调业务在美的集团营业总收入中的比重有所降低，但目前仍然占据着较大的比例。这主要是因为美的集团开展实施多元化发展战略，不断提升了小家电业务的收入比重。由此可以看出，空调业务对于美的集团的发展至关重要。

表 3-3　　　　美的空调在美的集团营业总收入中的比重状况

产品种类		2016 年	2015 年	2014 年	2013 年	2012 年
大家电	空调及零部件（%）	41.99	46.58	51.32	56.32	75.60
	冰箱及零部件（%）	9.40	8.25	6.86	7.53	8.74
	洗衣机及零部件（%）	10.41	8.68	7.04	7.73	9.13
小家电（%）		27.21	25.60	23.09	25.34	—
电机（%）		4.54	4.67	5.10	5.59	—
物流（%）		3.16	2.90	2.52	2.76	—

资料来源：美的集团 2012—2016 年度报告。

第三节 案例分析

一 美的空调宏观环境 PEST 分析

宏观环境是指对企业营销活动造成市场机会和环境威胁的主要社会力量，包括人口、经济、政治、法律、自然、技术、文化等。[①] 本节采用 PEST 分析法，对国内家用空调行业做一个分析，目的是挖掘与洞察行业发展的走势及其影响因素，以便采取合适的市场营销策略。

（一）政治（Political）环境

进入 21 世纪以来，中国居民对住房的消费进入激增期，房价一路飙升，目前的房价已经超出了居民实际收入所能承受的范围，但由于房价持续上涨，一部分居民对住房的消费状态为带有投资意图的消费状态，国家多次出台政策，意图抑制房价上涨，但迫于地方政府经济的压力（地方经济对房地产的依赖度非常高）和房地产业下滑带来的经济负面压力，国家出台的政策执行度非常低。国家对待房地产是抑制房价上涨，但也不希望房价下降。同时加大提供保障性住房的供应，让低收入者能够享有和改善住房，达到基本的生活条件。在各种因素的作用下，一段时间内，住房消费会有所波动，但最终，国内的住房消费会回归于理性和稳定，消费者消费住房以居住为目的，而消费者以居住为目的的住房消费必然带来家电的消费，增加对家电的需求。同时，持续推进的城镇化进程使大量原有居住于农村的农民改变原有的生活方式，和城市居民一样生活，原有农村不依赖或较少依赖家电的生活方式被城市的较多依赖家用电器的生活方式所取代，同样增加对家用电器的需求，空调行业未来整体呈增长趋势。

（二）经济（Economic）环境

近年来，我国经济增长的速度有所减缓，但仍然有一定的增长，从图 3-1 可以看出，近年来我国 GDP 总量不断上升，2015 年全年 GDP 达到 676708 亿元，同比增长 6.9%；2016 年，全年 GDP 为 744127 亿元，

[①] 陈艳艳、罗党论：《宏观环境变化、政治关联与现金持有》，《财贸研究》2015 年第 4 期。

比上年增长 6.7%。目前中国已经是超越日本仅次于美国的全球第二大经济体，经济的快速增长给居民带来了收入的快速增长和购买能力，同时也带来了消费理念和生活习惯的改变，购买家用电器，提高生活质量和舒适度成为普遍诉求。从居民可支配收入来看，我国经济的快速发展使居民收入不断提高，为空调产品的消费创造了条件。根据国家统计局的数据，2014 年全年全国居民人均可支配收入 23821 元，比上年增长 8.4%，扣除价格因素，实际增长 6.3%。农村居民人均可支配收入中位数为 12363 元，增长 8.2%，扣除价格因素，实际增长 6.2%。在未来几年，我国消费水平将呈现平稳快速发展的态势，城镇和农村居民的购买力和消费意愿将不断加大，这将为空调行业的发展创造消费条件。

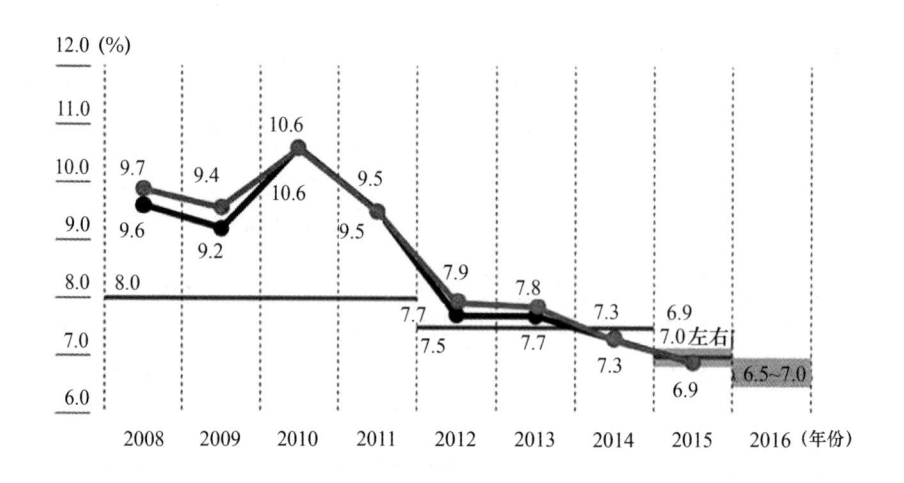

图 3-1　2008—2016 年我国 GDP 增长态势

（三）社会（Social）环境

1. 人口快速增长

1999 年，全球人口超过了 60 亿，2011 年，全球人口超过了 73 亿，且以每年增加近 5000 万人的速度在持续增长。在全球 73 亿人口中，有 18 亿是 10 岁到 24 岁的年轻人，该部分年轻人将逐渐组成新的家庭，为家电制造商提供了广阔的市场。国内人口方面，2016 年我国人口总数大约在 13.82 亿。① 而中国巨大的人口基数给中国的制造企业和众多产业带来了巨大的市场，同时也提供了巨大的劳动力，使大规模的制造生产成为可能，也使中国制造的产品具有了较强的竞争力，中国制造能力的提升，得到全球消费者的认可，中国成为全球众多产业的主要生产基地。

2. 消费观念

不仅如此，我国的人口结构发生了较大变化，文化层次、技能结构、消费意识有了较大的提升，主要的生产者和消费者，具有了较高的收入和消费能力，同时有意识地提升自己和家人的生活质量，有着较为合理的消费意识。原有的过度节约，储蓄防老防意外的意识将逐渐被取代。针对国内家用空调的消费，空调的外观、节能、质量、静音、舒适、售后服务等要素成为消费者关注的重点，价值消费已经成为空调买方市场的主流。

3. 气温变化

全球变暖导致平均温度上升天气极端化，夏天更热，冬天更冷；当全球变暖达到一定程度之后，大气环流就会发生改变，导致西南季风和台风的迁移路径发生改变，各种极端恶劣天气的出现。工业革命以来，全球温度呈持续上升状态，主要原因为碳排放带来的温室效应，全球气温变暖在一定期限内难以逆转。② 同时各种极端恶劣天气频繁出现，持续高温和极端寒冷天气增多。在这样恶劣的天气环境下，居民只有依靠空调才能适应，这在一定程度上刺激了空调消费。

（四）技术（Technological）环境

经过多年的积累和产业产品升级，我国已经有部分家电品牌初步实现了从"中国制造"到"中国创造"的跨越，例如海尔、美的等。这些企业注重技术创新、市场扩展和品牌建设，已经在全球范围内形成一定影响力。但这些创新还是个别和低端的创新，在国际竞争中的主要手段还是低价策略，比拼产品的性价比。中国企业要在国际上取得竞争优势，

---

① 《2016 年中国人口总数统计及出生率、死亡率、自然增长率分析》，中国产业信息网（http://www.chyxx.com/industry/201702/491924.html）。

② 徐文慧、李庆祥、杨溯、许艳：《近百年全球地表月气温数据的概况与初步整合》，《气候变化研究进展》2014 年第 5 期。

获取合理利润，还需要更深层次的升级，转向人性化、高科技、多功能、产品附加值等多方面诉求竞争，满足现代人们的生活和心理需求，从简单的"制造"到复合型的"创造"，完成家电行业的转型升级。在这种升级中，中国的空调制造商将面临更多的压力和机遇，不能跟随创新，将被淘汰，而迎头赶上，创新出符合市场要求，满足终端消费者需求的产品，会得到更丰厚的回报。在空调制造商的竞争中，规模、品质、创新、品牌等综合能力将成为空调企业竞争中取胜的必要因素。

信息技术的快速普及对人类社会产生了深刻的影响，互联网、电子商务平台、第三方支付，对消费者收集信息、比较、选购、信用担保和支付提供了极大的便利。① 在网络技术不断发展以及科技水平不断提高的今天，网络已深深渗入人们日常生活中，由网络衍生的网络营销作为一种新时代的营销手段，得到了人们的高度重视及认可。并且，随着网络安全系统的不断完善，以及更加便利的资金网上流转，空调销售实现网上交易成为一个新渠道，开创了一种新的销售方式。

二 美的空调行业竞争环境分析

在一般环境变化的影响下，企业战略决策者不仅要关心市场，特别是顾客需求，更需要关心行业以及与行业有关的其他因素对企业盈利与战略决策的影响。行业竞争结构取决于五个变量：潜在进入者的威胁、供应商讨价还价的权利、顾客讨价还价的权利、替代产品的威胁、行业内部竞争的特点，如图 3-2 所示。② 如果这五种力量强大，则行业盈利潜力就低，相反则高。

（一）潜在进入者的威胁

由于中国国内空调市场容量巨大，虽然现在每年的增长率不算高，但每年市场容量的净增加值也是一个可观的数字，而且中国家用空调市场需求的空间仍然比较大，局部市场如乡镇三、四级市场具有较大的发

---

① 张少杰、张雷：《中国信息技术与信息服务业国际竞争力多维分析》，《情报科学》2018 年第 6 期。

② 陆浩东：《基于波特五力分析模型的四维动态知识创新信息服务模式研究》，《图书馆学研究》2012 年第 13 期。

第三章 美的空调"T+3"供应链营销创新管理之路 / 71

```
           ┌──────────────┐
           │ 替代产品的威胁 │
           └──────┬───────┘
                  │
                  ▼
┌─────────┐  ┌──────────┐  ┌─────────┐
│ 供应商的 │→ │ 行业品牌 │ ←│ 顾客的议 │
│ 议价能力 │  │ 竞争格局 │  │ 价能力   │
└─────────┘  └──────────┘  └─────────┘
                  ▲
                  │
           ┌──────┴───────┐
           │ 潜在进入者的威胁 │
           └──────────────┘
```

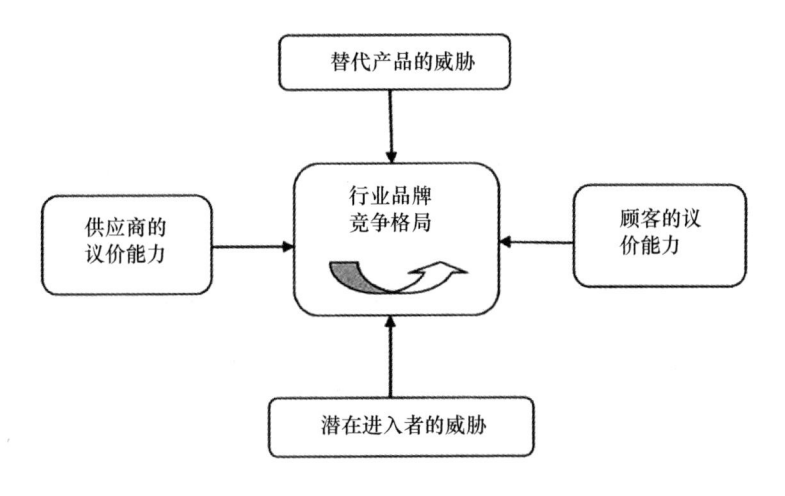

图 3-2　波特五力模型

展潜力。尽管目前有几十家空调品牌竞争得如火如荼，但仍然会吸引一些拥有技术、资金和销售渠道的企业进入空调市场参与竞争。目前一些其他品类如彩电、冰箱、洗衣机等的厂家迫于增长压力，想利用自身的销售网络优势和品牌效应进入空调行业，如新科、创维、上菱、韩电等，他们有的会自建工厂生产，但大多数都是利用各大厂家的产能过剩采取贴牌生产的方式进入。空调产品的同质化严重，产品差异化优势不大，这为新进入者消除了技术进入壁垒。各地政府为了吸引投资增加税收，还会给予这些企业许多优惠政策。

但目前空调行业格局稳定，传统的优质渠道资源已被占据，潜在进入者如果没有新的模式、新的市场，难以进入主流的销售渠道，前景不被看好，一般只能在三、四级市场等一些细分市场小规模操作，对主流厂家不会造成较大的威胁。主流品牌厂家历史悠久，品牌知名度高，高中低各层次的定位都已占据，新品牌在传统主流市场立足已非常困难。另外，由于空调行业是典型的规模经济，生产厂家规模巨大，生产成本低，质量稳定，技术水平高，由于规模经济与范围经济的门槛，潜在进入者想进入产品制造环节已经没有什么机会。所以，潜在进入者对于一二线主流厂家自有品牌的销量不会造成多大的威胁，反而可以以对外 OEM 代工的方式消化大厂家的过剩产能。

(二) 替代产品的威胁

替代品是指那些来自空调行业以外的与空调产品功能类似的产品和服务。目前空调的替代品主要有半导体制冷、电风扇、降温风扇、取暖器、热泵地热等产品。半导体制冷具有无噪音、温控精确、制冷制热速度快、无衰减、温度调节范围广的优点,是一个很有前景的技术,但由于其能效比低、制冷量小等缺点,目前还远不能替代传统的空调,只能在红酒柜、车载冰箱等产品中应用。电风扇主要由于其价格低廉,使用方便,一些低收入家庭特别是农村市场普遍使用,在有空调的家庭也会购置风扇在春秋不太热的季节使用;降温风扇主要利用水循环与电风扇相结合喷雾蒸发降温来达到少量降温,使用不大方便,对空调的威胁较弱;电暖器和热泵地热取暖只有制热功能。以上产品都只能替代部分空调功能,对空调产品的替代威胁较弱,除非气候发生大改变,大部分地区都像云南那样四季如春,但这种可能性极少。所以,目前空调尚无直接的替代品生产者威胁。

(三) 顾客的议价能力

中国家用空调市场集中度较高,客户的议价能力受到限制。大宗客户和团购客户由于采购量较大而拥有一定的议价能力。由于空调客户的转换成本较低,以价格为导向的选购者,会有比较强烈的议价意愿。空调行业是一个劳动密集型和资本密集型产业,客户无法通过后向一体化获取议价能力。

激烈的竞争以及囚徒困境博弈原理导致空调同行之间无法形成卖方联盟。但领导品牌的市场行为往往成为行业参照标杆,市场一致性行为也时常出现,客户议价能力受到限制。连锁卖场和电商的存在,使得消费者可以轻松搜集产品价格信息,客户对部分分销商之间的差价存在一定的议价能力。顾客通常在以下几个方面拥有更强的议价能力:(1) 购买数量。顾客大批量采购或团购,其议价能力就强。针对这类顾客,空调厂家通常会提供较大的折扣和优惠政策,如提货奖励、送赠品、年终通返奖励、提供促销支持等。对于大量购买的终端客户如集团用户或政府招标工程等,会以"工程机"的形式销售,价格要低得多。(2) 掌握市场信息的能力。顾客如能充分了解供求情况、实际产品价格等信息,比对信息不了解的情况更具有议价能力。空调是耐用消费品,顾客在购买空调时,都会货比三家,通过各种信息渠道了解产品的各方面信息,以提高议价能力,选择合适的品牌和型号。互联网的发展和普及,使得信息传播的效率、广度和深度都得到大大的提高,顾客掌握市场信息的能力比过去大大增强,议价能力也增强。空调厂家利用信息不对称赚钱(如利用地区差异歧视性定价)变得越来越困难,这就要求空调厂家要转换经营思路。(3)品牌众多,产品同质化导致顾客有很大的选择空间。所以空调厂家都尽力在宣传和产品上突出差异化,试图降低顾客的议价能力,提升利润。

所以,空调厂家必须根据顾客的议价能力制定多样的价格策略,以提升销量改善利润。

(四)供应商的议价能力

空调的主要原材料是钢板、铜、铝和塑胶。中国钢产能为9.4亿吨,需求量仅为7.2亿吨,产能严重过剩。中国的铜材生产企业有1200多家,产量超过10万吨的有8家,供过于求。铝材的市场与铜材类似。供求失衡削弱了供应商的相对议价能力。从产销一体的厂家角度看:(1)非核心部件,如包装、塑料件、钣金件、电控板等,供应商众多行业成熟,整机厂处于优势地位。(2)重要零部件,如电机、风叶、阀体类,虽然行业相对集中度高些,但由于同等规模的大厂家有几家,竞争激烈,且产品的标准化程度高,产品转换成本低,进入门槛不算很高。厂家与供应商处于势均力敌的地位,互相博弈。随着产量提升,整体供应价格趋于合理。(3)核心部件,如压缩机。行业集中度高,投资大,进入门槛高,且产能扩充步调相对落后于整机销量的变化,供应商相对处于优势地位,讨价还价权利高。但由于近年来,压缩机厂家产能扩充过剩,优势地位已大大减弱。总的来看,一、二线中大型空调厂家在与供应商的谈判中处于优势地位,而三线厂家由于销量少,在谈判中处于劣势地位。综上分析,美的空调目前属于国内一线大型空调厂家,其在与供应商的议价过程中,处于优势地位。

(五)行业品牌竞争格局

在国内家用空调市场,空调企业按产销量被划分为四个阵营,分别是:(1)第一阵营,也称为一线品牌阵营,产销量在800万套以上,包括格力、美的、海尔三家。2016年度,一线品牌的市场总占有率为

73.37%，其中格力为40.63%，美的为23.9%，海尔为8.84%。格力、美的渐显双寡头垄断之势。（2）第二阵营，也称为二线品牌阵营，产销量在400万~800万套之间，由志高、奥克斯、TCL、海信、科龙组成。（3）第三阵营的产销量在100万~400万套之间，由松下、长虹、格兰仕等组成。2016年第二和第三阵营的市场占有率为18.07%。（4）第四阵营的产销量为100万套以下，由大金、三菱、春兰、新科、扬子等品牌组成，2016年市场占有率为9.04%。

多年以来，一线品牌构成一直没有发生变化，而其他阵营的品牌构成此消彼长，这表明品牌争夺战发生在二、三、四阵营之间。目前国内空调行业品牌竞争呈现出以下格局：

（1）总体格局依旧稳定，一线品牌稳中有升。进入平稳发展期的中国空调行业总体格局依旧稳定。一线品牌市场占有率稳中有升，主流品牌此消彼长，不会再出现品牌频繁进出情况，即便有局部区域品牌进入市场，也不会对整体格局带来大的影响。稳定的品牌格局与三大品牌的主动调整不无关系。2016年度，格力空调在国内市场的龙头地位仍旧非常稳固，但格力迫切需要用更创新的手段来释放多年来积压形成的高负荷的渠道压力风险。两年的蓄力调整为美的在产品、渠道的强劲发力以及为其实现跨越式发展提供了强大的平台保障。海尔空调在产品研发上引领式的优势使其成为行业风向标。

（2）主流品牌活跃度增加，地方品牌区域优势明显。除了三大品牌外，其余品牌在2016年度的表现也可圈可点。总的来说，主流品牌活跃度进一步增加，中小品牌表现差异明显，地方品牌区域优势显现。海信科龙空调确定了高端、智能变频的市场定位，抢眼的市场表现令业内刮目相看。奥克斯转型升级继续深入，保持了连续五年大幅稳步增长的态势。格兰仕空调以产业电商思维牵引全渠道体系协同发展，格局渐趋成熟。以CHiQ空调推出为代表，长虹在空调智能化的发展道路上走出了自己的特色。逐步区域化的扬子、月兔、春兰等品牌虽然在全国市场表现平平，但在各自的区域市场发挥着举足轻重的作用。

三 传统营销模式给美的空调带来的困局

(一) 空调传统的供应链和营销模式介绍

深入了解供应链和营销模式之前,我们必须要了解空调产品的特性。空调是一种特性很强的商品,其操作和分销特性是家电类产品中最特殊的,操作难度也是最大的,主要原因是空调的高单价和销售的不确定性。

目前家用电器消费中,空调的价格一直处于最大的比重,中高端柜机普遍达到万元以上甚至 2 万元以上,是除家庭汽车以外第二大高单价商品,因此销售空调的经销商就要有较高的资金规模。另外作为季节性很强的产品,空调的销售经营者就面临着较高的风险。因此空调对经销商来说是一款"高投入、高风险、高收益"的产品。就是基于以上的空调产品属性,适逢 21 世纪国家现代化进程加快,人民家电需求井喷式的社会大背景,驱动了各空调厂商和经销客户在空调营销上做足了文章。属于劳动密集型企业的空调厂商在 2000—2012 年期间,以我国人口红利期为依托,引进、复制国外技术的低成本战略,进行大规模制造。

大规模制造之后,货物源源不断地流向经销渠道,因为空调消费的意识属性随季节变化比较大,厂商为了能将大批量的货物顺利地流向经销商的仓库里,就在营销手段上下足了功夫。[①] 以"类金融"属性的销售政策方式将空调大量压货到经销商的库存,从而实现大分销。这就是空调行业"大规模制造、大压货、大分销"的传统模式。

这种传统模式的主要操作思路是:因为空调是一款"高投入、高风险、高收益"的产品,淡旺季也很明显,但空调厂商的生产不能受波动很大,为了平衡全年的波动,空调厂家通过销售协议来牵引经销商在自己希望的节点进行回款提货。主要是淡季给予较大政策返利,刺激分销商回款提货;而旺季因为市场有刚性需求,即使输出较少政策也能保证经销商回款提货。这样利用销售协议政策的操作模式就解决了空调厂家对出货的把控力。例如:某年 12 月为冬季,客户 A 以 1000 元购进空调一批,空调厂家规定如果 A 客户在 3 个月后将这批空调全部销售完

---

① 张晓磊:《空调供应链系统可靠性研究》,硕士学位论文,中国矿业大学,2016 年,第 22 页。

毕，则给予 300 元的奖励，而夏季的 5 月，该厂家规定 1000 元货物的空调销售完毕后只给 100 元奖励。以上的利润差起到的作用就是显而易见的，通过销售协议奖励的方式保证了厂家货物供应链的平稳，把货物压到了分销商的库房。而分销客户则通过政策的享受，取得了利益的最大化。

在以上销售协议的基础上，随着空调行业的竞争，传统空调营销模式继续发展。因为一定区域市场的空调消费份额是一定的，分销客户的变化也不大，在厂家眼里，谁能抓住仅有的分销客户这一稀缺资源，谁就抢占了当地市场。因此为了能较大程度地挤压竞争对手的生存空间，除了以上举例的分销给予奖励以外，空调厂家在回款、提货、分销、结构等多个维度都设立了阶段性的销售政策以吸引经销商的资金投向和分销。

综合以上分析，空调行业的传统供应链和营销模式的核心就是通过政策设计实现压货，政策设计的核心就是用最低的成本达到更高的目标。因此政策设计一般情况都是台阶式设计，强调连贯性和节奏性，主要鼓励客户做出更大的贡献。

（二）传统模式给空调行业带来的利与弊

以上以政策设计来驱动整个空调供应链和营销链运作的压货机制，用在空调这一商品上，带来的主要有利之处体现在以下几个方面：（1）首先空调是季节属性较强的产品，压货能使分销客户把握产品销售旺季、对旺季促销活动做好库存准备，防止因物流滞后、产能不足而出现断货、缺货现象。（2）淡季压货越多，说明分销客户享受到的淡季政策越多，到真正迎来旺季时候，分销客户的利润就会更高。（3）从厂家角度讲，保证了整个产研销价值链的稳定，淡季不淡，旺季有货销售的和谐状态。（4）从竞争角度考虑，通过压货方式挤占渠道，防止和削弱了竞争对手吞噬自己的网络。（5）压货后，货物都进入到了分销客户的手里，无论旺季与否，这都将促使分销商销售自己的产品，迫使他们想办法进行销售。（6）压货政策还有一个特殊点在于，政策设计的奖励都是以返利或者其他方式后返给分销商的，分销商虽然拿到了奖励，但兑现时间要晚，且兑现时候一般结合当期政策设立条件，以促进新压货政策的顺利执行。即政策是一环套一环的，这样的好处是有利于锁定分销渠道，把控能力更强。

但与此同时,空调传统的供应链和营销模式也给空调营销带来了一定的弊端,主要体现在以下几个方面。

1. 经验风险增加

遇到凉夏等季节不确定性后,会导致大量货物滞销,从而使客户积压库存的同时损失了淡季政策的奖励。以美的空调张家口市的业务为例,张家口区域代理商科海电器,其张家口市场全年空调市场规模在6000万元左右,科海电器占据的市场份额约为2000万元。在2011年科海电器取得了TCL空调的张家口代理权,因为2010年夏季天气暴热,2011年科海电器就对当年行情看好且为了更多的拿到厂家的资源,科海电器在2011年3月份,在厂家政策要求的1000万元回款提货规模上,翻了两倍,做到了3000万元回款提货。直接备足了1.5倍的全年销售规模。2011年遭遇凉夏,7月结束,科海电器只分销了不到1000万元(科海电器操作多空调品牌),于是还有2000万元库存。在2011年底,TCL厂家再次要求回款的时候,科海电器基于巨大的库存,已无力继续回款,被TCL厂家取消代理权。

2. 资金、库存成本增加

因为不同阶段的政策差,促使分销客户为了拿到更大的利益,就大量地接受压货,这样就挤占了大量的流动资金,资金成本压力就加大;且相应的库存成本就随之提高,库存管理成本也水涨船高。仍然以张家口区域代理商科海电器的案例进行分析,传统的空调以压货驱动供应链,导致科海电器大量的库存,仅能实现一年1—1.5次的库存周转,这样的效率带来的是2000万元的资金成本,年化贷款利率按照12%算,一年资金成本240万元,且2000万元的货物约需要3000平方米的库房,按照张家口当地60元/(平方米·年)的库存成本,需要18万元。以上直接成本达258万元,约为货物价值的13%,还不包含经营成本。

3. 压货造成市场秩序混乱,窜货就容易发生

向渠道中压了过量的货物时,经销商一旦感觉消化困难,或者快要到效期,或者需要流动资金时,可能会以低价方式把货物窜到其他区域,造成窜货,严重窜货还会被企业处罚。过量压货,经销商为了快速周转和处理库存,就会调用一切手段和关系网络,把产品分销出去,这就很难控制产品流向。

4. 价格体系容易混乱

压货会造成经销商低价销售，扰乱价格体系。一般来说压货必须有政策，否则较难压给经销商，但是政策不当或者压货过量时，来年经销商或低价甩货、低价倾销，扰乱市场价格体系，这对当地的市场和分销商信心来说都是极为不利的。

5. 造成经销商对促销的路径依赖和抱怨

经常使用压货营销方法时，经销商就会等着你再给政策压货，扩大自己的利益。企业销售人员就再向公司要促销政策，然后把促销政策做些技术处理，让利给经销商，再进行第二次压货，就这样周而复始，造成经销商的路径依赖，即你不给政策，我就不进货，销售依靠经销商的压货来控制。另外货物只是从厂家到达了经销商层面，并没有有效地流转到消费者手中，渠道效率低下。由此可见，传统的空调营销模式带来的高库存、重资产以及经营的困境，并不是偶然，而是模式的本身就滋生和诱导了客户的非理性经营。

（三）传统模式给美的空调带来的困境

2015年，我国经济进入增速换挡期，全年GDP增长率为6.9%。同时，政府在经济管理方面提出了"供给侧改革"的新概念。《人民日报》《七问供给侧结构性改革》一文对这一概念解释为：从提高供给质量出发，用改革的办法推进结构调整，矫正要素配置扭曲，扩大有效供给，提高供给结构对需求变化的适应性和灵活性。其中，去产能、去库存、去杠杆、降成本、补短板为"五大重点任务"。① 在并不乐观的经济大环境影响下，2015年，家电行业也遭遇规模瓶颈，空调界在2016年冷年更面临天量遗留库存，达到4200万套，2015年冷年空调全年销售台数在4000万套左右，这就意味着，2016年所有的空调厂家不用生产，库存就可以满足未来一年的空调需求，空调厂家一年不生产都卖不完库存这一可怕的行业危机来临。这种背景下美的空调也进入了艰难的境地，主要有以下几个方面的困境。

---

① 《七问供给侧结构性改革》，人民网（http://politics.people.com.cn/n1/2016/0104/c1001-28006577-2.html）。

1. 高库存

压货式供应链的失效,以美的空调南京公司为例,截至 2015 年 10 月,南京公司库存超过 60 万套,其中 2015 年冷年,南京公司全年销售空调 50 万套左右。这就意味着,南京公司的库存已经足以销售未来一年的空调,但美的空调总部不会因此而放松对南京公司的要求,依然制定了南京公司 2015 年度同比销售增长 30% 的任务,即使库存里有货,南京公司依然要继续从总部进货……进而全国的美的空调销售分公司都是相似情况,整个渠道库存处于无法运转的地步。

大量货物积压在分销渠道里面,整个美的空调的分销价值链全部被空调占据,缺乏流动资金,且为了跟进政策进行贷款压货的经销商比比皆是,一方面是销售不出去的货物,一方面是银行的贷款,压得整个美的空调价值链喘不过气来,分销商层面资金链风险陡增。以美的空调重庆分公司为例,在 2015 年冷年结束的 10 月份左右,总计有 3 位代理商因为资金链断裂破产,总计客户市场规模 1.6 亿元。这就造成了重庆分公司需要重新开发、培育、维护新的代理商,这样对 3 位代理商和美的重庆分公司来说都是一个巨大的损失。

2. 产能过剩、产能闲置

面对全渠道的库存,工厂的生产肯定要停滞,因此带来产能浪费,人员工作不饱和,收入不稳定,工人流失等,供应链前端的损失逐步显现,这种损失是周期长且隐形,后期组建起来就会再一次需要巨大的资金。

3. SKU 繁多

SKU 即库存进出计量的基本单元,可以是以件、盒、托盘等为单位。当下已经被我们引申为产品统一编号的简称,每种产品均对应有唯一的 SKU 号。例:一件衣服,有红色、白色、蓝色,则 SKU 编码也不相同,如相同则会出现混淆,发错货。[①] 长期的压货式营销,造成营销价值链对一线产品需求不能真实了解和掌握,因为只要能生产出来就能通过政策设计把产品分销出去,这样脱离以消费者为中心的营销价值链,造成的

---

① 冯凯:《Multi-SKU 分类系统的设计与实现》,硕士学位论文,南京大学,2012 年,第 8—9 页。

是生产端对零售端最终需求什么样的产品不知道，需求量的大小不清楚，进而就什么都生产，什么都生产不少，导致 SKU 数量繁多。SKU 繁多带来的弊端是多重的，比如生产模具的准备要多，个性化原材料的需求多，生产线种类多，等等。所有与之配套的生产要素都是不兼容，非通用标准化的，这样带来的就是无法实现大规模采购，标准化生产，使生产成本居高不下。体现在一线前端就是，销售员不能聚焦产品，资源投入也会分散不能聚焦投入产出比高的产品。例如：截至 2016 年 10 月，美的空调所有在产 SKU 数目达到 6000 个，标准化率（能通用模具、配件和生产线）不足 5%。根据美的空调一个模具 500 万元的成本计算，一个模具能产出最多 3 个 SKU。美的空调每年要维护约 100 亿元的 SKU 模具成本，这种产能和成本浪费，不易察觉，却触目惊心。

4. 跌价反水

不断的压货模式，使分销客户的主要注意力集中在跟进政策上，而不去做分销出货的事。一但遇到销售不畅的周期，分销客户首先想到的就是通过缩减自己的利润，降价销售，以达到快速出货的目标。这样就形成了跌价反水，这种低价行为将给当地市场带来波动，打乱政策设计的利润保障，最终造成其他分销客户对政策刚性的质疑，从而影响全盘的布局。

5. 优质渠道客户的缺失

传统的空调政策压货模式，在空调行业已经实行多年，且是由格力所创造。因为政策压货模式有其套牢经销商的功能，再加上格力空调近几年品牌地位的巩固，使得跟着格力的渠道客户，都被格力紧紧套牢，且必须跟着格力壮大。强者恒强，在渠道客户上，美的和格力采取同样的压货模式，因为两个品牌都是相同的政策模式，且格力拥有行业第一的地位，致使美的始终不能得到优质的客户，在渠道客户的争夺上，美的、格力已经形成了固化分销商体系。甚至美的的部分优质客户，也逐渐开始转投格力。

6. 变化的消费习惯

以往空调作为夏季畅销品，季节性很强。然而随着国民生活水平的提高以及消费意识的改变，空调已经并不是非要等到夏天热了才买，例如 2017 年 6 月 1 日当天，京东空调品类有效订单金额超过 10 亿元，如果按照每台空调 3000 元计算，仅此一天，全国就有超过 30 万人"随手"清掉了自己购物车里的空调。另外一个例子，美的空调有一款单品，叫儿童空调，专门为小朋友们定制的空调，在尝试腾讯合作定制化，把空调的面板定制成卡通人物后，越来越多的家长和小朋友选购，这种定制化、个性化的新消费习惯，也是在对整个供应链提出新的要求。美的空调如何匹配供应链的柔性，提供给消费者不一样的产品和服务，抢占细分市场等，都是新的难点和挑战。

7. 变化的市场环境

自 2016 年以来，作为制造业典型代表的美的空调，从大宗原材料上涨、劳动力红利衰退到国家家电政策的退出，一系列的环境变化，都使美的空调对成本和市场的不可控性逐步增加。如何在新的经营环境下，减小风险，控制成本，稳健经营，是所有像美的这样的大型制造业企业亟须解决的。

8. 市场份额一直不能突破

美的使用和格力同样的策略，使用了十几年，依然没有在市场份额上实现赶超突破。美的空调该如何突破现有格局，从哪里下手，这就是美的自 2015 年开始不断摸索寻找的答案。

四 美的空调"T+3"供应链营销模式的提出

根据前文的综述，大规模制造、大规模压货和大规模分销模式主导着渠道资源流转、产品的流通，但是，当市场进入存量竞争阶段，线上平台高速发展并对线下体系产生冲击、个性化消费模式不断涌现，传统的产销模式于新经济环境和格局下难以给企业带来更多的市场资源。从科海电器的案例可以看出，科海电器因为 TCL 的高库存拖累，在 2011 年 10 月资金陷入紧张，与其合作的其他空调品牌均不能按照政策回款提货，纷纷取消其经销商资格。2011 年 12 月处于各贷款银行年底考核期，科海电器的 3000 万元贷款到期，在一边是大量的库存，一边是厂商取消经营资格后的现金流水锐减的情况下，最终科海选择了高利贷，质押了全部的货物和门店。至此科海电器在空调的经营宣告终结。2015 年，科海电器还有约 1000 万元库存无人问津。不仅如此，传统营销模式下供应链管理效率低下、库存高企、费用增高、渠道流通迟滞等一系列负面作用也不断表露出来。那么出路在哪里，美的空调在重新审视了行业在供应链和营销策略方面的传统策略后，决定以供应链变革为突破口，带动营销全价值链的升级更新。

为了改变传统的市场营销模式，增加美的空调品牌的市场竞争力，美的集团在 2015 年开始推行新的营销模式，"T+3"，这一在美的集团 2015 年报、小天鹅 2016 年半年报、美的高层中期工作会中屡屡提及的名词，全称"T+3"供应链模式。在股票交易市场，T+3 意指认购新股交割制度，T 为认购日，+3 为 3 日后。T=today。美的空调推行的"T+3"供应链模式，则是将接收用户订单、原料备货、工厂生产、发货销售四个周期（T），通过全产业链优势优化制造流程，升级制造设备和工艺，产供销联动进一步压缩供货周期，将每个周期压缩至 3 天甚至更短。

具体来看，美的空调的"T+3"供应链模式指的是，自有效客户订单下单周期开始（T 周期），经过生产物料组织周期（T+1 周期），成品生产周期（T+2 周期），物流发货周期（T+3 周期），给予客户订单满足的产销模式，其流程如图 3-3 所示。

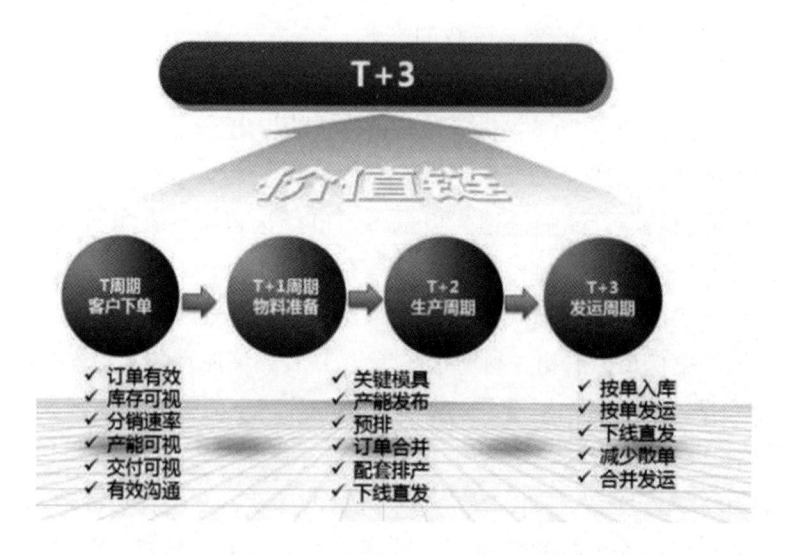

图 3-3 "T+3"供应链模式流程

从图 3-3 可以看出，在美的空调提出的"T+3"供应链模式中，下单是首要环节，只有客户完成了下单，才能算作有效客户订单。为此，美的空调对有效客户订单做出了严格的限定，必须满足以下两个条件，才能视为有效订单：（1）客户必须在美的空调系统中下达了实际有款订单；（2）客户在规划订单下达周期内，所下达的订单需达到最低起运批量要求，即省外不低于150方，省内不低于75方。除此之外，美的空调"T+3"供应链模式在订单周期方面也强调四个"3"，即3天下单，3天备料，3天生产，3天发货，订单周期计划如表3-4所示。

表3-4　美的空调"T+3"供应链模式中的订单周期计划

订单提交	1—3日	4—6日	7—9日	10—12日	13—15日
订单评审	4日	7日	10日	13日	16日
物料组织	4—6日	7—9日	10—12日	13—15日	16—18日
订单生产	7—9日	10—12日	13—15日	16—18日	19—21日
订单发货	7—12日	10—15日	13—18日	16—21日	19—24日
订单提交	16—18日	19—21日	22—24日	25—27日	28日—月底
订单评审	19日	22日	25日	28日	1日
物料组织	19—21日	22—24日	25—27日	28日—月底	1—3日
订单生产	22—24日	25—27日	28日—月底	1—3日	4—6日
订单发货	22—27日	25—月底	28—3日	1—6日	4—9日

总结来说，"T+3"供应链模式即从捕捉用户需求形成订单、原材料采购，到智能制造、货到市场四个关键流程，每个流程的时间都被压缩至3天。

五　美的空调"T+3"供应链营销的动因

"T+3"是从供应链端破除产能过剩实现供给平衡，从流通效率端切合新消费习惯实现定制个性化生产，从营销策略端建立以消费者为中心实现客户导向的新型供应链模式。这种供应链模式将直接挑战传统的空调供应链和营销模式，甚至是颠覆式的。在市场经营上从过去单纯追求压货出库，细化到入户上墙，将市场分销链条从代理商、分销商进一步衍生到零售和用户家中。

对于美的空调而言，在实施"T+3"供应链模式策略的过程中，需要投入大量的资金和人力资源，而且需要变革公司的组织管理模式，这对于美的空调传统的营销模式是一次严峻的挑战。但美的空调仍然坚持要变革传统的空调营销模式，积极推行"T+3"供应链模式，目的就是美的空调力图以"T+3"供应链模式建立以"产品流转"为核心的全价值新分销体系。企业关注的重心不再是产品从工厂进入商家的仓库，而是用户到底需要什么样的产品，从而破除传统空调产业基于"规模制造"的层层压货模式，建立起基于用户需求的"精准分销"零售模式。

（一）传统营销模式已失效

空调的操作，由于传统的营销模式和经销商认知，空调产品一直处于储备式的供应链生产。这一储备式还体现在销售协议的政策设计上，正是这种供应链的储备式和营销策略的储备式，更加加重了空调经销商备货卖空调的习惯。

储备式的流通通路是空调由工厂出发，工厂生产出产品后压给渠道，然后再由渠道进行消化。经销商传统认知，在空调的操作上将库存与备货混为一谈，根据自身能力的合理备货并不是压库存，而是激发自身市场经营能力的备货。备得多，自然卖得多；但更多的经销商，简单地陷入家电厂商的政策性压货泥潭之中，完全不考虑自身实力，只是为了吃政策占便宜去压货，结果就是"死胡同"一条。

而"T+3"项目则是从供应链的制度上就规避了以上政策性诱导的可能以及帮助客户彻底摆脱非理性经营的雷区。

首先，"T+3"项目在空调商品的供应链运转的开始，就对所有的分销体系设立了库存红线的要求。以2017年10月最新的"T+3"项目要求为例，凡是美的空调价值链的分销客户，在库存层面，客户的当期最大库存不得超过客户全年任务的9%。也就是说假如某客户A经营美的空调规模是1000万元，那美的总部要求客户A库存的货物不得超过90万元，这样下来，就是限定了客户不合理库存的可能，也从规则上要求了客户一年的周转率要达到11次之多。

其次，关于仓库，也由美的总部统一划定，要求所有的代理商必须在美的自有的安得物流租用仓库面积，且将仓库面积与库存规模匹配。继续以上面的客户A为例，A库存的货物不得超过90万元，90万元货物约占库房面积 270 平方米，则美的总部只给客户 A 划拨 270 平方米的仓库面积。通过安得物流的系统，凡是客户超过了指定的仓库占地，美的工厂就不再接受客户的订单，即使有订单也不发货，这样就形成了以库存现有量和年度任务挂钩的现状，再加上强制限定的仓库面积，双维度两方面地就将客户的库存限定在了合理的范围。

最后，基于货物的库存要求只有 90 万元和仓库面积的锁定，分销客户 A 在美的空调的资金投入势必是轻资产的状态，这相比较传统空调模式，就必须解决政策设计的影响，关键点在于使客户在"T+3"供应链的操作下获得跟压货式一样的全年利润水位。为此，"T+3"项目就继续在周转和轻资产上做文章，保证和压货式的利润水平一致。例如，传统压货模式 1000 万元成本，全年周转两次，全年利润率 10%，全年利润 200 万元；现在只要 200 万元成本，当期美的利润政策给到 10%，实际全年下来周转了 11 次，利润一致且资金成本、库存成本大幅降低。这样的政策导向，帮助客户减少了贷款，节约了资金成本。

低库存、小库房、轻资产，这些是带给分销客户的福利，也是动力。库存只有 9%，这就使得客户必须在仅有的 9% 货物上下功夫，要理什么样的货，理多少，都是要客户去思考的，这样才能保证货物能及时畅销出去。从而倒逼客户在进货下订单的时候就已经考虑好，货物要如何销售了。

以前卖一台空调平均一年周转 2 次（淡季一次，旺季一次），做得好的周转 6 次，但现在是周转 11 次，这就是渠道效率。推而广之，空调经销商开个店几百平方米，而去看看在中国香港、日本等国家和地区的门面，都比较紧凑，寸土寸金。香港一个小餐馆，点菜、开票、上菜就一个人，这就是效率。所以美的空调意识到人力资源的成本提升是必然，要做的就是一定要抓人财物效率的提升。

另外，当前空调市场处于存量竞争阶段，线上平台高速发展，消费需求更个性、多元，传统的产销模式难以满足消费者快速变化的需求，只有从供应链端的"T+3"模式，物联网思维，效率的提升才能适应新变化。

对美的空调来说，从内部变革要效率增效益才是可持续发展的根本，比价格战、口水战实惠多了。这种效率的提升，以供应链管理和营销 4P 中的渠道相结合，通过供应链的按需生产、高效流转来激发整个渠道的库存，盘活货物的流通通路，让渠道随之高效率起来，从而实现企业的竞争目标。

（二）顺应供给侧改革的要求

进入换挡期的中国经济，工业企业"供给侧改革"的新概念已经深入人心。[①] 家电行业属于充分竞争的行业，"供大于求"的现象一直存在，对于高库存的家电行业来说，供给侧结构性问题并非新问题。传统的大规模制造使工厂与用户分离，容易造成企业盲目生产和强行压货。美的空调的"T+3"供应链模式从市场导向出发，以客户订单引导生产和销售，以减少空调营销的中间环节，实现去零库存的目标。

"供给侧改革"在家电业持续推进，意在实现按需的柔性生产，通过去库存达成良性循环。消费者未必执著于所谓的消费升级，但这个过程却在实实在在地进行，内驱动力便是消费者需求的升级。对品质生活、舒适生活的向往，对健康、时尚等的个性化诉求，倒逼厂商贴近用户需求及体验，而这种贴近，恰恰是柔性生产的第一步，是"T+3"供应链模式诞生的基石。

供给侧改革和消费升级的趋势，最终要落在产品上，好的产品要更好满足用户的现有需求，尽可能满足新生需求或者潜在需求。美的不仅推出前文所说的定制型儿童空调，还针对高温制冷、噪音大、空调病、费电等消费者喊了多年的"痛点"，研发出制冷王、制热王、静音王、圆形柜机、双贯流等拥有核心技术的明星机型。尤其以2017年推出的行业首款"无风感柜机"为例，就是从网购平台的消费者留言中，关注到了消费者需要一款"不吹人""风不硬"的空调。基于客户的需求，美的的研发团队立马投入，提出了"有凉感、无风感"的空调新概念，前后做了310次试验，106次外观方案，275名客户体验等，最终推出了"无风感"这样的精品。

好产品的需求，精品的制造生产，最终产品的交付，这都需要美的空调的供应链能轻松应对，这样才能符合基于供给侧改革下的，以客户为中心的营销理念。

[①] 龚刚：《论新常态下的供给侧改革》，《南开学报（哲学社会科学版）》2016年第2期。

（三）"互联网＋"的要求

电商的迅速发展，已经使广大消费者的消费习惯发生了变化。随着互联网经济时代的到来，消费者接触产品的渠道已经发生了变化，购买的渠道由传统到电商的转移尤其明显，新"互联网＋"经济时代下的消费者更强调个性化。[①] 作为传统行业的美的，如果还提供一成不变，千篇一律的产品显然是跟不上消费者需求变化的，不去跟消费者互动，做一个有温度的品牌，必将是守在自己套子里的老者。

虽然当今空调品牌，是双寡头竞争时代（格力、美的），但这个寡头只是在传统的线下渠道。线上则不然，自2014—2017年的四年，京东作为国内知名大型电商平台，空调品类销售份额四年连续保持第一的不是格力，也不是美的，而是奥克斯，这样的业绩同奥克斯积极拥抱互联网有密不可分的关系。

从当年阿里天猫旗舰店到京东官方旗舰店，再到如今的微商城。在电商新销售渠道上，奥克斯空调一直是不遗余力地投入，最终也获得了来自市场和消费者的认可与青睐。早在多年前，奥克斯就专门成立了电商运营部门，开始实施电商渠道的专业化管理和运营。仅这一点就比很多空调业同行足足早了三年时间。除不断引进大量的电商专业化运营人才外，奥克斯还针对电商市场的消费需求，推出了一系列定制化的空调新品以及面向年轻人的时尚个性化促销活动。并且，奥克斯率先提出"产品智能化和营销娱乐化"的双轮驱动体系，其核心就是要围绕年轻一代消费者的生活方式变化，提供从产品功能到产品营销的个性化解决方案，给消费者带去了"边玩边消费"的全新体验。另外，奥克斯在与消费者互动方面的娱乐营销也是一波接一波，根本停不下来。牵手国际大片《变形金刚4》实施的跨界营销活动刚落幕，作为第三季《中国好声音》广告赞助商的奥克斯，在官方微信平台上掀起了一场"史无前例"的无门槛大乐透竞猜活动，在吸引了众多好声音粉丝的同时，也完成了奥克斯品牌在市场营销活动中与好声音的完美结合。

奥克斯的例子带给美的空调很多思考，无论从消费者需求满足还是

[①] 辜胜阻、曹冬梅、李睿：《让"互联网＋"行动计划引领新一轮创业浪潮》，《科学学研究》2016年第2期。

品牌温度互动，都让传统的美的空调有了危机的感觉。其实，不是对手改变了你，而是用户改变了你。当前的互联网浪潮，改变的正是年轻一代消费群体的生活方式，带来的正是对传统空调企业产品营销和服务方式的不满足。

随着互联网浪潮驱动下的家电消费新时代浪潮的到来，电商渠道的强势崛起将成为改变传统空调产业品牌格局的重要拐点。那仔细梳理互联网带给消费者的利益，就集中在两个点：个性的需求得以满足、产品和品牌能与消费者互动。这两个点消费者的利益满足，必将是需要整个传统空调供应链模式和营销模式的脱胎换骨才能满足。

然后就是网络的便利性，加速了产品的更新迭代，需要生产企业有较为快速的物流运转和渠道效率，"T+3"订单制供应链势在必行。除"T+3"供应链模式之外，美的空调在营销策略上还通过与小米、京东、华为等互联网企业的跨界合作，弥补美的在互联网技术、大数据分析等方面的短板，快速和准确了解消费者需求，并把产品送达到消费者手中，并且最终通过这种方式加快了企业自身价值链内所有系统的数字化改造。

（四）智能制造的推动

随着低成本、规模扩张的要素红利消减，越来越多的行业和企业谋求通过创新驱动实现转型升级。从德国的工业4.0概念，到中国制造2025计划，再到黑灯工厂，是制造业的未来发展方向。[①] 作为家电这一传统制造业，美的集团嗅觉敏锐，自2012年以来就开始对自动化、智能制造进行大手笔投入，携手安川进军机器人产业，又因并购德国库卡轰动海内外。

美的这一系列工业制造升级的举动，就是再一次把握住了当前制造工业的新红利——智能制造。关于智能制造这个课题，美的家用空调事业部总经理吴文新曾在公开场合表示，智能制造是中国制造企业的必经之路，现在不是走不走，而是如何走好的问题。在位于顺德北滘的美的制冷设备有限公司电子分厂内，一条原本需要7名工人的空调遥控器生

---

① 吕铁、韩娜：《智能制造：全球趋势与中国战略》，《人民论坛·学术前沿》2015年第11期。

产线，如今只剩下 2 名工人以及他们的新搭档——4 台六轴机器人。经过自动化改造后，这条生产线不仅节省了人手，从生产效率上看，如今这条生产线平均每小时可以生产 180 个空调遥控器，产能比过去依靠人力时提高了 1.5 倍。而整个工厂在经过整体的自动化改造后，员工数量已经从 10 年前的 2800 人减少到 800 人。

如此智能制造提升的效率和效能是不言而喻的，通过智能制造，自动化的提升，使得美的空调生产能力充足，截至 2017 年 11 月，美的空调国内空调产品线累计单月可以做到 250 万台，足以满足正常的市场需求。

另外，智能制造除了带来的效率提升之外，个性化、定制化的满足也是一大亮点，有了智能化的生产线，空调的柔性定制组装也变成了可能。例如，众所周知的苹果 iPad 产品，如果消费者通过苹果官网下单，是可以留下你想说的话，苹果工厂就会在规定的位置，通过激光技术在你的 iPad 上面雕刻上去，这样就完成了一个你私人定制的 iPad 产品。这种"个性化需求定制 + 基于工业机器人"的智能制造结合，就是智能制造带给美的空调的机会，谁用好了智能制造，谁就能将家电制造业格局重构。因此智能制造，成了"T + 3"供应链模式的推动力。

（五）智能物流体系的支撑

2017 年初，美的集团将自己定位于"全球领先的消费电器、暖通空调、机器人及自动化系统、智能供应链（物流）的科技集团"。其中安得智联就是美的的自有物流体系——安得物流，之所以美的集团如此重视物流的作用，是因为物流将在美的转型过程中承载更多战略性使命。

一直以来，传统家电产品的销售渠道存在链条过长、节点过多等问题，导致企业对市场的响应速度下降。而渠道压货又会带来如产销失衡、库存管理难度加大以及过高的资金占用成本等一系列问题。

针对这一系列供应链痛点，过去两年，美的集团通过安得公司对内销销售物流渠道进行了升级改造：从以往一共要周转七八次的"成品仓—省代理商—市代理商—实体店—消费者"的传统分销模式，变成如今的货物从区域中心仓直接对接不同类别经销商。无论你是线上还是线下，无论你是什么样的经销商，美的集团通过大数据整合和系统分析、计算以及建立模型，最后选取了110多个仓库，称之为区域中心仓，在信息系统上和不同层级、不同类别的经销主体直接对接。这样的物流改造后，美的产品从工厂到终端客户最多经历四次搬运，最少可能三次，产品销售渠道的物流效率大幅提高，成本大幅降低。

无论是京东的211物流工程，还是阿里的菜鸟网络，由电商企业主导的物流提速，已经带动了全社会物流的提速，作为生产流通企业，美的集团也努力提升物流的可靠保障，虽然空调行业需求出现爆发式增长的可能性较小，即使需求爆发，依靠安得物流也可以保证24小时运货至长江流域，48小时运货至东北地区。这样的效率提升，就为供应链改革"T+3"供应链模式提供了直接的物流体系支撑。

（六）市场地位突破的选择

随着我国加入WTO，我国空调市场受到了许多国外空调品牌的冲击，这实际上加剧了我国空调的竞争状况。表3-5为美的集团旗下主要产品的市场占有状况，从该表的统计数据可以看出，自2012年到2016年，美的集团旗下的大部分产品市场占有率都呈现出持续上升的状况。但美的空调的市场份额，虽然从2012年的19.7%上升到了2015年的25.2%，但在2016年，美的空调的市场份额却下降到了23.9%，仅仅一年的时间，市场份额就下降了1.3%。这表明美的空调目前面临的市场竞争形势十分严峻，如果不能有效地改变市场营销策略，美的空调在空调行业中的地位将受到严峻的挑战。

表3-5　　　　　　　　美的集团主要产品的市场占有状况

产品种类	2012年		2013年		2014年		2015年		2016年	
	市场占有率（%）	市场排名	市场占有率（%）	市场排名	市场占有率（%）	市场排名	市场占有率（%）	市场排名	市场占有率（%）	市场排名
空调	19.7	2	21.6	2	24.7	2	25.2	2	23.9	2
洗衣机	16.5	2	16.8	2	18.4	2	21.3	2	23.0	2
冰箱	6.59	6	7.3	6	8.2	4	9.6	4	10.5	3

续表

产品种类	2012 年		2013 年		2014 年		2015 年		2016 年	
	市场占有率（%）	市场排名	市场占有率（%）	市场排名	市场占有率（%）	市场排名	市场占有率（%）	市场排名	市场占有率（%）	市场排名
电饭煲	—	—	42.9	1	42.2	1	42.3	1	42.2	1
电压力炉	—	—	41.3	1	42.1	1	42.7	1	45.5	1
电磁炉	—	—	47.4	1	47.5	1	48.6	1	50.0	1
电水壶	—	—	28.6	1	31.7	1	32.2	1	36.9	1
微波炉	—	—	40.8	2	45.1	2	44.6	2	45.7	2
吸油烟机	—	—	6.6	4	7.8	4	8.8	3	9.5	3
热水器	—	—	8.5	3	10.8	3	12.2	3	12.7	3

资料来源：美的集团 2012—2016 年度报告。

也就是说，自 2012 年以来，美的空调并没有做错什么，一直紧随行业规律，遵循行业普遍营销策略。

仔细分析，在空调双寡头的竞争格局下，美的空调近些年的营销策略，是一直遵循行业普遍营销策略，但这可能就是问题所在。犹如前文提到的困境一样，美的和格力使用同样的策略，使用了十几年，那单纯从经销商客户来说，做美的抑或格力操作的模式是一样的，实际上两者操作的利益空间上也是大致相同的。两者在市场地位是有区别，肯定是客户都会逐步倾向于市场地位高的格力，因为格力容易销售。这样就能解释同样的策略，同样的利益空间，美的的市场份额不能有所突破的原因了。

虽然在空调领域美的品牌一直没能做到行业第一，一直被格力压制，但从美的集团和格力集团来看，美的集团的总体营收规模截至 2017 年第三季度，已经高达 1869 亿元，格力集团为 1108 亿元。对于整体营收远超格力的美的集团来说，如何提升空调的短板，超越格力拿下市场份额第一的位置，一直是美的集团对内部考核的重要指标。

营销策略采用格力的套路，并不是美的一直处于目前市场地位的根本原因，而是多年品牌经营、经销商渠道经营以及消费者经营的结果，一时半会想要改变是不现实的。那如何开始逐渐地从销售者和渠道经销商利益角度，来最终提升品牌经营的结果。显然满足消费者，以客户为中心是方向；保障经销商利益，减轻分销体系负担，剔除渠道传统营销弊端为手段，最终选择"T+3"供应链模式为方法，才是美的空调紧跟时代要求，寻求市场地位突破的制胜武器。

六 美的空调实施"T+3"供应链营销取得的成绩

2008年，美的集团开始推动供产销变革，经历了订单制→月计划周订单→"T+3"订单等模式的演进，最终实现以产定销向以销定产的转变。2015年，美的集团开始在有条件的区域试点推行"T+3"供应链模式；2016年，美的集团正式在全国范围内推行空调的"T+3"供应链模式。经过两年多的探索，目前美的空调实施"T+3"供应链模式取得了一定的成绩。

（一）库存降低

自2015年底开始美的空调开始推行"T+3"供应链模式后，根据公开的证券市场分析数据和内部公文信息，降库存效果明显。2016年1—9月，渠道库存较2015年同期下降60%，为2009年以来的最低值。对此美的空调并不满足，仍在继续推进空调库存消化。截至2017年9月，美的空调业务"T+3"供应链模式实施以来从安装情况看对销量影响不大，全渠道库存300万套，低于历史销售3个月累计销量，同时旺季生产供应300万套/月有保障。

由图3-4可以看出，2015年实行"T+3"供应链模式后，库存是直线下降的，从2015年的1200万套，到2016年下降到360万套。随着2017年继续深化"T+3"供应链模式，库存继续下降到300万套左右。而反观2017年9月的行业总库存，又高达3800万套，这与2015年行业库存4000万套时美的空调库存1200万套形成了鲜明的对比。

单位：万套

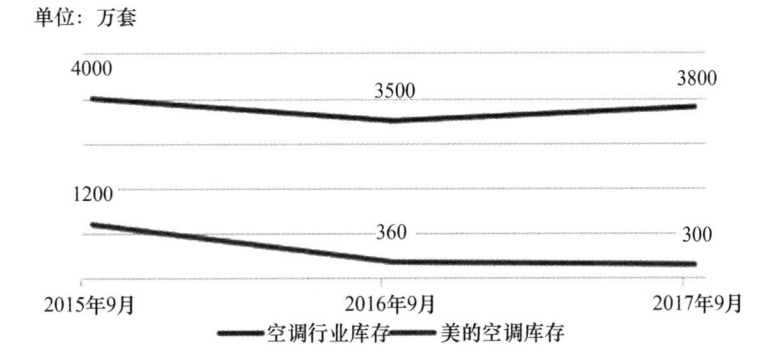

```
4000 ——————— 3500 ——————— 3800
1200 ——————— 360  ——————— 300
2015年9月        2016年9月        2017年9月
       —— 空调行业库存   —— 美的空调库存
```

图3-4　近三年空调行业和美的品牌的库存状况

资料来源：《中国家用空调行业市场竞争状况分析与投资战略咨询报告2018—2023年》。

在享受"T+3"供应链模式带来的成果后，自2018年开始，根据美的空调内部公文通知，要求全国分公司，继续推进"T+3"供应链模式实施，力争2018年实现零库存运转，即销售公司不再备货，全部清理完毕，只有分销商库存允许有货物，这样就直接减少了物流的层级，使得美的空调厂家来说，未来在全渠道实现零库存，进一步降库存。

（二）仓储成本降低

库存的减少，带来的直接效应就是仓库的减少，这是直接匹配的成本减少。美的由高峰期的90万平方米库存，下降到现在的只有15万平方米仓储面积。

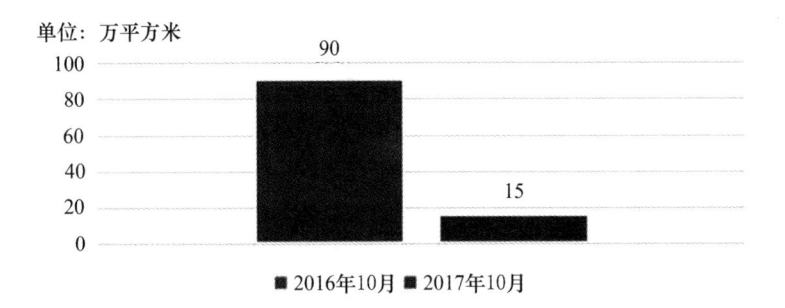

单位：万平方米

```
100
 90 ■
 80
 60
 40
 20      15 ■
  0
    ■ 2016年10月   ■ 2017年10月
```

图3-5　美的空调各省分公司库存面积

如图3-5所示,通过一年的库存压缩,从库存使用面积由2016年10月的90万平方米下降到2017年10月的15万平方米,按照1平方米库房租金,10元/(月·平方米),仅此一项就可以节省费用9000万元。

仓库面积成本直接减少之外,与之对应的还有物流和管理成本的下降。实行"T+3"供应链模式之后,空调将由工厂直发到代理商仓库,砍掉了中转分公司库房环节,减少了空调搬运的损坏,这也压缩了物流管理成本,还降低了空调仓储管理的人工成本。

(三)SKU数量下降

作为专业经营空调业务多年的美的,从国内销售市场到海外市场,从自有品牌到OEM品牌,从挂机到柜机、天花机、窗机等,这些所有的不同,就带来了空调产品SKU的不同。任何一个单独的SKU带来的是,原料的差异化,生产线的差异化,配件的差异化,这些差异化就需要有独立的成本支撑。前文我们已经了解到美的空调每年要维护约为100亿元的SKU模具成本,这种产能和成本浪费,不易察觉,却触目惊心。据2017年12月美的通报,经过持续的"T+3"供应链模式推进,美的空调工厂端SKU数量已由6489个,下降到2345个,下降了近2/3。这个下降还可以通过各美的空调分公司的库存SKU看出,如图3-6所示。

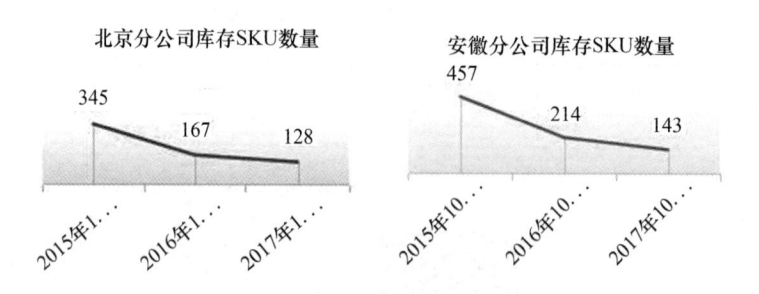

图3-6 美的空调北京、安徽分公司库存SKU数量

SKU数量下降、产品平台化和物料通用化,对美的空调全价值链发挥着重要的作用,将持续利好生产效率、综合成本和产品品质。

(四)盈利水平提升

库存下降、仓储成本降低、SKU数量下降等这些直接的效益就是盈利水平的提升。从 2011 年到 2015 年，美的空调没有花一分钱去买土地、建厂房，反而退还国家 5000 亩土地；企业的 SKU 不仅没有增加，反而减少了 50% 以上；营业收入仅增加了 40 多亿元，但利润却从 60 多亿元增加至 120 多亿元；现金流从负数，变为近 700 亿元；员工薪酬福利、纳税额都超过 100 亿元。

截至 2017 年 10 月 30 日，美的集团发布的 2017 年三季度报告显示，该年前三季度该公司实现营业收入 1869.49 亿元，同比增长 60.64%；净利润 149.98 亿元，同比增长 17.1%。2017 年销售收入突破 2200 亿元，利润突破 200 亿元，是大概率事件，这种盈利随着"T+3"供应链模式的持续推进，将会更加日渐凸显。

（五）渠道效能提升，轻资产化运作

美的空调在推行"T+3"供应链模式之后，都是由代理商下单，代理商就会根据自己需求下单，使之前多而臃肿的 SKU，都聚焦到客户主销机型，全国的销售机型就更集中。使得全国范围的 SKU 集中精致，直接效应就是客户的库存简单，客户的销售方向清晰，工厂的备料简单，工厂的模具简单，制造成本下降明显。目前美的空调库存仅有 300 余万套，空调渠道库存水平相比去年同期减少 60%，已经达到比较合理的水平。从周转效率看，美的空调 2017 年存货和应收账款周转天数为 34.1 天、26.3 天，存货周转天数减少 3.7 天，整体营业周期减少 1.6 天，周转效率和现金回收效率明显提升，这表明美的空调的产品运转效率比以往有大幅的提升。

在传统的空调营销模式中，经销商需要大量的资金来进行空调的囤货。但对于经销商而言，短时间靠自有资金是不可能完成整个空调囤货过程的，就需要向银行进行融资。在美的空调推行"T+3"供应链模式之后，由于经销商不再需要像以前那样进行大量囤货，因此大部分经销商已经不再需要进行融资来完成美的空调的营销过程，缓解了经销商的融资压力，自 2017 年初以来，美的空调分销体系已经步入了轻资产化的良性运作状态。

（六）消费者受益

除了"T+3"供应链模式给消费者带来的个性化定制功能，以及对消费者需求快速响应的制造端利益外，美的空调正在着手考虑让消费者更加明显地体验到"T+3"供应链模式的好处,例如:由于"T+3"供应链模式的高效率,使得空调从原料采购到生产制造,最后出厂后流通到消费者手中,周期已经压缩到3个月以内,为此,美的空调考虑在2018年夏季开始全国宣传"美的空调最新鲜,台台都在保质期""美的空调库存三个月八折卖,库存半年半价卖"等终端营销宣传推广。因为空调的原料主要是铜、钢铁这些金属,长时间没有使用,没有制冷剂的覆盖,暴露在空气中是会慢慢损耗的,尤其库存空调效果更是大打折扣。

除了买到手的货物新鲜保质以外,买到手的价格也会因为"T+3"带来的降成本而相应下降,这样就是从营销4P理论的产品、价格、促销三个方面都做到了让广大消费者受益。让"T+3"项目本身带来的高效率不只停留在分销商体系,而是落实到消费者身上。

第四节 案例启示

作为一种新的营销模式,美的空调的"T+3"供应链模式是一次空调营销的革命,在互联网时代个性化需求大幅增长的背景下,"T+3"供应链模式的优势将会逐步显现出来。但任何新的营销革命,面临的阻力都不可轻视,目前美的空调"T+3"供应链模式在运行过程中出现一些问题也是正常的。美的空调必须正视这些问题,积极采取措施化解这些问题,才能确保"T+3"供应链模式最终的成功。

一 转变经销商营销思维,提升经销商参与"T+3"的积极性

经销商是空调营销必不可少的参与主体,美的空调"T+3"供应链模式的实施,离不开经销商的支持和参与。但目前大部分经销商仍然习惯了传统的压货营销模式,对于"T+3"供应链模式表现出极其不适应,有的经销商甚至表态不支持"T+3"供应链模式。因此,必须采取措施,推动经销商支持和参与"T+3"供应链模式。

(一)加强与经销商的沟通与交流

早在2016年,美的集团就向各个地区的空调经销商下发了通知和文件,要求各地的经销商推进"T+3"供应链模式。但从具体的反馈来看,

目前的效果并不太好，有一些经销商仍然不愿意转变传统的营销模式，仍然通过压货的模式来进行营销。因此，美的集团必须加强与各地经销商的沟通与交流。

一方面，美的集团可以从总部派遣工作组，为各地经销商宣传和讲解"T+3"供应链模式。作为一种新的营销模式，"T+3"供应链模式还没有得到空调市场的完全检验，很多经销商对于此种营销模式的具体内容、营销方式并不理解，因此对于该种营销模式还持有怀疑的态度。要解决此问题，美的集团可以在总部成立专门的"T+3"供应链模式工作组，深入到各地经销商，向经销商讲解"T+3"供应链模式的内涵、运营方式，以及在当前的市场环境下，美的空调实施此种营销模式的必要性。通过这种面对面的沟通，让经销商对于"T+3"供应链模式有一个全面的了解和认识。

另一方面，通过市场会议积极宣传"T+3"供应链模式。美的集团会定期召开全体经销商参与的市场会议，可以在会议上积极宣传"T+3"供应链模式的相关内容，让经销商意识到转变营销模式是美的空调营销过程中不可逆转的趋势。通过强化与经销商的沟通和交流，来逐步转变经销商传统的营销思维，为"T+3"供应链模式的推广破除思想障碍。

（二）加强"T+3"供应链模式激励

在实施"T+3"供应链模式之后，经销商要负责订单申报，而且有可能面临订单生产不足，空调产品供应不及时的问题，这就需要美的空调实施新的营销激励政策，才能激发经销商参与"T+3"供应链模式。在原有政策的基础之上，美的集团可以尝试实施以下激励政策：

（1）对于经销商申报的生产订单（总部生产部分），可以按挂机（含大功率）6元/套、柜机10元/套、小白电3元/台给予补贴，由美的集团全额兑现补贴对应经销商。

（2）对于直发经销商的部分，总部按挂机（含大功率）4元/套、柜机6元/套、小白电2元/台给予补贴，由美的集团全额兑现补贴对应经销商。

将美的空调工厂在"T+3"供应链模式下获得的利益，先拿出来与分销体系分享，刺激和激励分销客户逐步认同"T+3"供应链模式。

二 变革组织管理模式

(一)"T+3"供应链模式管理组织的调整

虽然美的空调推行"T+3"供应链模式已经有两年多的时间,但在具体的管理组织机构方面,美的空调并没有进行太大的调整。

图3-7为美的空调两种不同的营销管理组织体系,从该图可以看出,目前美的空调的营销管理组织体系分为四个层级,美的空调工厂主要负责空调的生产,分公司主要负责为经销商供货,分销商和代理商负责空调的具体分销。在美的空调传统的营销管理组织体系中,从空调在工厂的生产到用户的手中,要经历三个环节,环节过多实际上降低了营销管理的效率。

而"T+3"供应链模式由于改变了过去压货营销的模式,要依据消费者的订单来安排空调生产,这就意味着如果不能有效提高营销管理的效率,消费者收到空调的时间将会延长。因此,必须调整营销管理组织体系,将原来的层层递进的管理组织体系,调整为工厂、分公司、代理商、分销商并列的管理组织体系,即让工厂、分公司、代理商、分销商之间的信息实现即时互通,在管理地位上处于同一位置。比如在美的空调原来的组织管理框架中,各地分公司或者办事处虽然不直接向零售商供货,但是他们往往会要求批发商或经销商上报其零售商名单。但在调整组织管理体系之后,这一环节完全可以通过统一的信息管理系统来实现,不再需要批发商或经销商上报相关的零售信息。通过此种管理组织的调整,可以有效地避免过去美的工厂与经销商之间信息不透明的问题。

(二)优化营销流程管理

与压货营销模式相比,"T+3"供应链模式增加了下订单的环节,这就要求美的空调重新设计营销管理流程。依据目前美的空调"T+3"供应链模式的状况以及要求,本文设计了如图3-8所示的供应链模式管理流程。在该流程体系中,客户提交的进货、销售、库存计划,是十分重要的一个环节,将决定美的空调工厂的空调生产计划。为了应对库存不足的问题,本文认为,应该在空调生产计划中纳入临时订单计划,以应对突发的空调需求增加。因此,在流程设计中考虑了此因素。

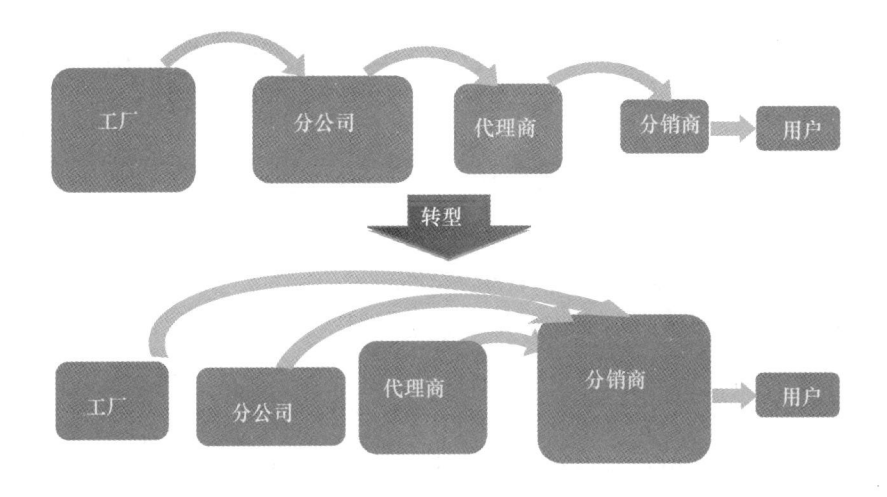

图 3-7　美的空调"T+3"供应链模式管理组织的转型

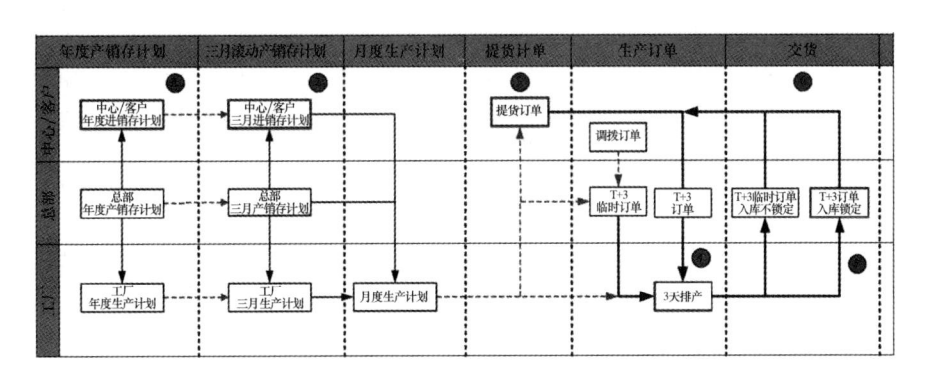

图 3-8　美的空调"T+3"供应链模式管理流程

三　引进自动化生产线，原材料渠道多元化

（一）引进自动化生产线，提升生产线的灵活度

产能问题可以说是美的空调"T+3"供应链模式面临的最难的问题之一，要满足消费者对于空调的多元化需求，就必须有相应的生产线作为保障，要求空调生产线既有生产效率，又有灵活性，可以及时进行调整。从目前世界制造业的发展状态来看，解决此问题的最好方式就是引入自动化的生产线。基于此，美的空调可以通过提升空调生产的自动化程度，引入机器人自动化制造模式，来解放产能变更对熟练工的要求。建议美的集团通过收购智能机器人生产线的形式，来改变传统的空调生

产模式,并依据智能机器人生产线进行纵向跟横向的发展,围绕工业自动化进行新的布局。通过这种方式,就可以大大降低空调生产对传统生产模式的依赖,而机器人自动化生产,其生产线调整和更新速度较快,这有助于大幅提升美的空调生产线的灵活度,以应对灵活多变的市场需求。

(二)原材料渠道多元化,化解产能危机

在解决了生产线的问题之后,美的空调还需要改变原材料的渠道来源宽度和灵活性,以应对集中爆发的季节可能性。

美的集团因为自身的家电产业的齐全,空调生产中比如核心压缩机就是由自己的子公司 GMCC 提供。目前 GMCC 为世界第一的压缩机知名品牌,GMCC 的美誉度是美的一直引以为豪的,美的空调在广告推广中也一直经常以自己的 GMCC 为豪,去展示给消费者。

但在实施"T+3"供应链模式之后,季节性爆发的可能性是一定会存在的,有可能引发原材料供应危机。一旦空调原材料供应不上,即便是美的空调引入了自动化的生产线,也难以应对市场的突发增长性需求。

如何在需求激增而原材料供给有限的条件下,解决产能问题,这就需要美的空调摒弃保护主义,改变过去的自给自足原材料采购模式,实施原材料多元化渠道采购策略,比如可以去采购大金、凌达等其他品牌的压缩机以保障产能供给,这样才能通过外部采购的形式来化解突发性的产能危机。

但需要注意的是,在对外采购原材料的过程中,必须注重原材料的品质和渠道安全,避免不合格的原材料进入空调生产线。

四 做好科学预测,化解季候因素引发的供需矛盾

虽然美的空调"T+3"供应链模式要以有效订单为前提,但空调毕竟具有较强的气候属性,要避免季候因素引发的供需矛盾,就要求美的空调做好空调生产的科学预测。

一是及时关注季候变化状况,合理安排空调生产计划。目前虽然我国各地还难以实现对天气的完全准确预测,但目前的天气预测还是具有一定的可信度。因此,美的空调总部应在原空调生产计划的基础上,结合每个时间段的天气预报状况,对空调生产计划进行相应的调整,提前

或延后生产,以应对天气变化带来的空调需求增加。

二是发挥大数据的作用,对消费者的需求展开调查。当前我国已经进入大数据时代,在大数据时代,可以通过各种工具对消费者的需求展开调查,这就给企业开展营销提供了便利。因此,美的空调的各级经销商,可以依托自身的经销平台,比如官方公众号、官网、官方微博、官方APP等,对消费者的空调需求展开调查。通过对这些数据的分析,来总结出消费者对空调型号、颜色、价格、能耗的要求,并填写如表3-6所示的消费者空调需求调查表。最后将调查结果提交给美的空调总部,将此作为空调生产计划安排和调整的重要依据。

三是适度放低库存要求,应对突发性供需矛盾。美的空调"T+3"供应链模式的目的是降低库存,并不是完全消除库存,对于空调营销而言,完全没有库存是不可能的。但美的空调目前在实施"T+3"供应链模式的过程中,对于经销商的库存要求较高,这加大了经销商的营销压力。因此,美的空调可以适当降低对经销商的库存要求,在美的空调总部生产计划控制的基础上,允许各地的经销商根据本地销售的实际情况,适当增加或减少库存。

表3-6　　　　　　　　美的空调消费者空调需求调查

品类	大类	产品类型	产品编码	产品描述	能耗	渠道类型	价格	购买时间
美的	H型号							
美的	R型号							
美的	M型号							

五　以客户为中心,培养新型供应链渠道体系

(一)提升个性化的客户服务,实现精准营销

与20世纪相比,目前我国的人口结构已经发生了较大变化,居民的文化层次、技能结构、消费意识都有了较大的提升。针对国内空调的消费,我国居民对于空调的外观、节能、质量、静音、舒适、售后服务等,都有了新的要求。特别是在当前我国大数据和新媒体快速发展的背景下,消费者可以快捷地查询各个空调品牌的销售、口碑以及售后服务状况,这就给了消费者更多的选择,消费者可以依据自身对空调的需求,购买

合适的空调品牌。新时代，消费者需求多样，推陈出新快，老模式压库存都是历史旧款，跟不上消费者的需求。在这样的背景下，各个空调品牌只有针对消费者的个性化需求，开展精准营销，才能取得空调营销的成功。

目前美的空调"T+3"供应链模式可以在完成自动生产线改造的基础上，开展一些直接针对消费者的个性化服务，比如QQ定制空调，电商情人节空调、厨房空调等；类似苹果手机一样，实现最多一年的周期就更新产品，保持生命周期，始终提供最新最精品的产品给顾客。其本质就是为实现以客户为导向、订单为牵引，依据消费者的需求来生产空调，拉通内外部全价值链快速响应、及时交付，提升价值链整体运作的效率与效益，既可以满足消费者对于美的空调的个性化需求，也可以实现对潜在消费者的精准营销，进而提升营销效率。

（二）打破同行经销商垄断，培养终端渠道体系

传统的空调营销模式，使得空调具备了一定的金融产品属性，在一定程度上具有金融产品的职能。从某个角度来看，空调具有了货币五大职能（价值尺度、流通手段、贮藏手段、支付手段、世界货币）中的两大职能，即流通手段与贮藏手段，并且深刻体现了货币的时间价值。举一个简单的例子，2016年8月，经销商A购进价格为3000元的空调10台，客户为此付出30000元的货币。3个月后，经销商将这10台空调销售到10个顾客手中，销售价格均为3600元，同时经销商得到制造商奖励给他的每台200元奖励，也就说，经销商A在8月份实际付出28000元的货币，3个月后得到38000元货币，收益中的进销差价体现经销商的经营收益与风险收益，其中2000元则是空调制造商付给经销商付出的30000元的资金使用成本。正是空调有这种商品属性，使得空调经销商需要具备雄厚的资本。通常而言，一个地区的空调经销商资本都会在3000万元以上，这种重资本、重库存、重资产的常年经营，使空调的经销商自然也就成了当地较为有实力的贸易企业。长此以往，使得经销商不断发展壮大，各个空调品牌虽然培育了一批优质客户，但这些客户同时也是经销商的客户，这实际上让各个经销商在空调行业处于一定的经销垄断地位，垄断了空调的主要营销渠道。美的空调要不断发展壮大，就必须改变这一格局，打破同行经销商对空调营销的垄断。

为此，美的空调在"T+3"供应链模式过程中，在发挥经销商的优势同时，也必须充分发挥"T+3"供应链模式在个性化服务方面的优势，积极与终端客户接触，向终端客户提供直接的空调订单、空调售后服务。这就要求美的空调综合采用直接和间接营销的渠道，发挥美的空调自有电子商务系统的作用，特别是在三级市场开通直接营销渠道，进而培养新的终端营销体系。

第四章

东风德纳车桥文化整合创新之路

第一节 案例分析背景

优秀的企业文化在当今的企业管理形势下，已经成为新的竞争优势，企业文化的地位越来越受到重视。从长期发展来看，企业文化对一个企业的经营业绩有着重要和广泛的影响，在面对现在快速变化的市场竞争和激烈的人才竞争环境时，企业文化也成了决定企业兴衰的关键因素之一。从国内外企业发展来看，取得成功并有大发展的企业都具有符合企业发展、有鲜明特质的企业文化，同时，文化也在这些企业中显现出强大的生命力和强劲的发展势头。"一流企业做文化，二流企业做经营，三流企业做产品"已经逐步成为大家的共识，要想获得企业可持续的发展，给企业源源不断地输入正能量，追求企业文化的高效实施，也将成为企业发展中很重要的管理目标。

东风德纳车桥有限公司（简称DDAC）是中国东风汽车公司、日本日产自动车株式会社、美国德纳汽车零部件公司三方的合资公司，目前的运行现状和企业特质，决定了企业文化在企业的发展中，一定要有整合与创新。从整个公司上层来看，经历了与日产公司合资合作以及与美国德纳公司二次合资的变革，从公司管辖的下属单位来看，经历了国内三家国有企业的重组阶段。东风德纳车桥有限公司管辖的范围辐射到襄阳、十堰、厦门。在这短短的几年内，中外文化冲突、地域内部问题、整合矛盾交织，现实需要对现有公司的状态进行分析，培植出符合时代特色、自身特色的新型企业文化，需要对文化进行破旧立新，建立美好的企业愿景，全体员工树立起共同的价值观，统一员工的行为模式，促进公司健康和谐发展。2011年7月，东风德纳车桥有限公司进行股权调整，改由东风汽车有限公司和香港德纳公司各持股50%，股权对比调整后，外方对企业作用力、管控力将加大，文化的差异性带来的风险势必会引起管理的变革，企业和员工都需要一个新的适应过程，更加要对文化进行更深层的探析，加快文化整合创新步伐，保证公司全面可持续发展。

本部分的研究，旨在通过对国内外企业文化建设理论的学习，对当前DDAC企业文化进行分析，找出产生文化现状的根源，探讨DDAC企业文化创新整合的途径和方法，并在此基础上实践运用，加快DDAC企业文化整合进程，提升公司软实力。合资公司的企业文化，一旦文化的整合成功形成，将会释放出强有力的力量，在导向、激励、凝聚、稳定方面有很重要的作用。正如在科特和赫斯克特合著的《企业文化与经营业绩》中提出的一样："企业文化，特别是当它的力量十分雄厚的时候，会产生极为强有力的经营结果。"[1] 无论是适应市场的变幻，满足顾客日益增长的需求，还是全面应对竞争对手的进攻，文化都能使企业以其独有的状态和稳定的行为方式化解经营风险，保证公司健康有序的发展。

21世纪是文化管理的时代，业绩突出的企业早已经将企业文化管理战略统筹到本企业的整体战略规划和战略变革实践之中。文化的竞争已经成为不少合资企业战略竞争的重要筹码。正如东风汽车公司朱福寿总经理也强调过，"企业之间的竞争，过去叫管理，或者叫传统管理，第二阶段是科学管理，第三阶段是企业文化管理。从这个角度来说，文化是原生力。"在本书中，笔者对企业文化的相关理论进行了广泛的研究，重点放在了企业文化整合的内涵和意义，文化冲突的表现形式形成以及根源，寻找协同途径等，也用于东风德纳车桥企业战略变革的同时对文化整合工作的参考，促进公司软硬实力同步成长，具有重要的理论意义和实践意义。

---

[1] ［美］约翰·P. 科特、［美］詹姆斯·L. 赫斯克特：《企业文化与经营业绩》，李晓涛译，中国人民大学出版社2004年版，第47—48页。

第二节 案例描述

一 东风德纳车桥有限公司概况

(一) 东风德纳车桥有限公司发展沿革

2002年11月28日,原东风车桥股份有限公司车桥分公司、襄樊东风重型车桥股份有限公司、东风车桥轮毂厂重新组建成东风车桥有限公司。经过优化资源配置,业务流程再造,公司统一研发、统一销售、统一采购、统一财务,三个工厂由生产经营中心,转变为制造、成本控制中心。安全生产、精益制造、控制成本、提升品质成为工厂的主要任务。

2003年,东风汽车有限公司合资成立。东风车桥有限公司变更企业性质为外商投资企业。自与日产合资起,开始全面导入精益生产方式和日产方针管理模式,下属工厂综合竞争力全面提升,整体管理水平发生质的飞跃,质量处于国内同行业领先水平。

2005年,为进一步寻求全球资源,积极参与全球竞争,东风汽车有限公司与美国德纳毛里求斯有限公司合资成立东风德纳车桥有限公司。东风德纳车桥有限公司是由东风汽车有限公司与美国德纳公司合资组建的亚洲最大的商用车桥公司,注册地在湖北襄阳。下辖十堰工厂、襄阳工厂、车桥部件厂、厦门分公司和一个控股子公司。在短短的十年里,前后经历了"三国演义"、资产重组、中日企业合资、中日美企业合资四个阶段。布局"三地五厂",经过了老东风与地方企业的文化整合,又接受了"中、日、美"三国企业文化的碰撞,是一个不平凡的发展变革经历。

(二) 东风德纳车桥有限公司产业特征

东风德纳车桥有限公司主要经营商用车车桥总成开发、设计、制造、销售等业务。下设10部(综合管理部、人力资源部、财务信息部、采购部、生产规划部、制造工程部、产品研发中心、市场营销部、质量部、党群工作部)和5个生产实体(十堰工厂、襄阳工厂、车桥部件厂、厦门分公司、襄阳东环实业有限公司),截至2014年6月,公司总人数达到6195人。东风德纳车桥有限公司和下属三家工厂都设立了党委、工会。公司党委书记、工会主席以主要领导成员之一,分别进入公司执行委员会、战略委员会、人事委员会和采购委员会，全面参与公司生产经营管理决策，如图4-1所示。

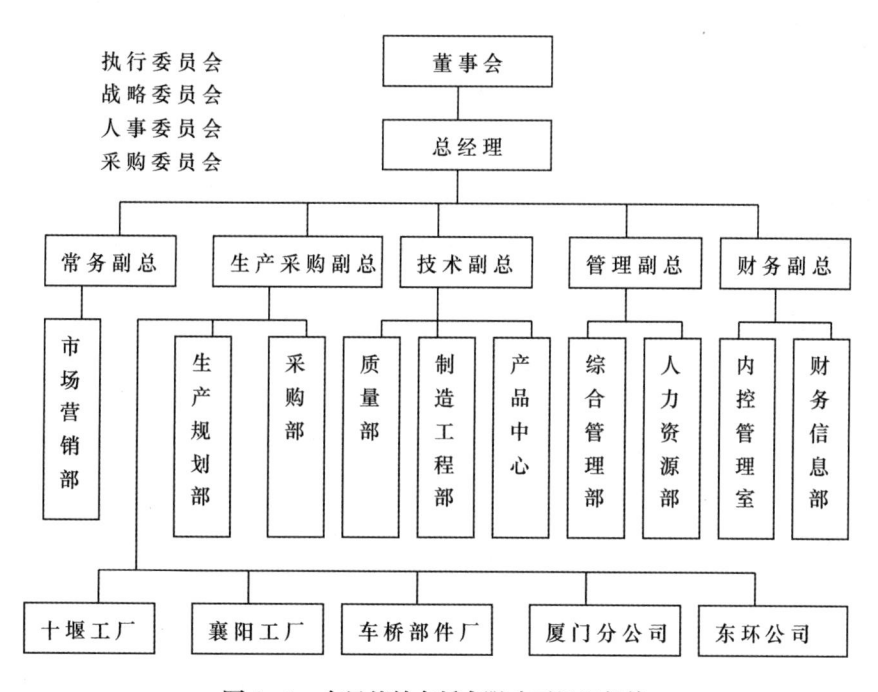

图4-1 东风德纳车桥有限公司组织机构

产品平台系列全。产品覆盖重、中、轻、军、客、农全系列，包括转向桥、单驱动桥、贯通式驱动桥、支承桥等40多个系列共计1700余个品种。是国内产品型谱最齐全的车桥生产企业，具备年生产能力车桥总成90万根、主从动齿轮80万套。

研发实力较强。在2003年，东风德纳就搭建起了自主的研发体系框架，建立了产品研发中心、工艺研发中心和齿轮研究所，技术和研发能力在国内同行业处于引领地位。

市场占有率较高。公司产品除主供东风商用车公司装车外，还为国内郑州宇通、厦门金龙等大型客车和商用车整车、商用车底盘生产企业提供车桥总成，并与北京等一些公交公司终端客户，建立起良好的业务关系和服务体系。部分产品出口东南亚、俄罗斯、韩国等国家和地区。有较高的市场占有率，特别是中、重型车桥的国内市场占有率达到了

30%。内外销比例接近1∶1。

管理水平提升较快。近几年通过中、日、美文化及管理经验的融合和改善，逐步建立完善适应企业发展的管理体系，在国内行业处于领先水平，但与国际一些优秀企业相比还有很大差距。

(三) 东风德纳车桥有限公司发展的总体态势分析

自2002年三厂资产整合以来，DDAC构架了公司、工厂两个层级的管理体制。决策、财务、投资、信息、控制五项职能集中于公司总部，三家工厂由"利润中心"转变为"成本中心"，立足做大做强战略，并调整产业结构布局，强化管理，实现"1+1+1>3"。2013年，公司销售车桥57万根，实现销售收入51.6亿元。三强联手，成就了DDAC在国内商用车车桥行业的领先地位。

2011年，合资双方想通过聚合新力量，再造新优势，跨域新高度，继续深化合作，股比达到50∶50。由于合作各方来自不同的国家和地区，其社会政治体制不同，制度法律不同，文化背景不同，经营期望不同，形成的经营管理理念、管理决策思维、管理行为方式等也有着较大的差异。如：股东希望通过这次深化合作，实现更好的收益；而广大员工却期望通过这次合资能给自己带来更好的生活水平。这从表面上来看，好像是不矛盾的。但实际情况是，双方都带着过高的期望值而来，由于市场环境不利，蛋糕没有想象中的大，企业和员工都有失落感。

新一轮的深化合作，将会产生新一轮的观念、技术、流程、产品变革，在合作过程中出现管理冲突是不可避免的。这也是DDAC一次文化变革创新的好机会。DDAC需要找到中外双方的文化差异根源，并尽快找出一套机制来从精神文化开始干预这种状况，并努力搞好不同文化的融合，协调文化冲突，促进公司持续和稳健发展。

二 东风德纳车桥有限公司企业发展和文化冲突的具体表现

不同的民族、不同的群体有着不同的价值观，在西方文化中，个性自由体现了西方社会共同的价值观。在中国文化里，"天人合一"则反映了中国社会的整体价值观。同样，在东风德纳车桥有限公司企业发展和文化冲突中也体现出不少的差异。

(一) 价值观文化的差异性

关于价值观的差异问题，就这几年对公司管理层以及员工的思想状态来看，不同的文化背景，就有着不同的待人接物、工作方法的差异，"如果企业文化得到认可，那么它的行为准则，它的价值观，它的方法论就会形成"。[①] 笔者认为有以下几个方面：

第一应该是目标观，在合资初期，制定年度经营目标的时候就有很大的争议。在中日合资的情况下，日方管理者认为目标就要有挑战性，要能跳起来才能够得着目标，还要继续设定挑战目标1、挑战目标2，后来美方进入后，又提出目标不能只和自己比，要找标杆定目标。

第二是业绩观。合资后的企业以业绩为导向，崇尚业绩管理，有详尽的岗位描述，有系统的岗位KPI管理，通过KPI的完成确定薪酬情况，团队业绩的达成与个人努力情况挂钩。

第三是集体观。以加班为例，中国员工相对较为多元化，既强调企业利益和集体利益，又注重个人利益，经常关注加班能否有利益。日本人对企业具有强烈的归属意识和命运共同体意识，为企业可以毫无保留地放弃自己的利益，为企业加班加点是常事，不发表怨言。而美国人更强调个体，崇尚个人自由，一般不主动加班，企业要是需要加班，必须层层审批，甚至总经理批准后才能加班。

第四，表现在任务和关系取向上。中国人侧重于协调关系，保持和谐稳定的关系比完成任务更重要。而日本人和美国人侧重于任务取向，完成工作通常比保持关系更重要。

第五，表现在地位等级观。日常工作生活中，中国员工习惯等级结构分明的状态，很了解自己在结构中的位置，确定了自己的思维模式和行为方式，日本人等级更分明。美国人则更侧重于非正式和平等关系，不太重视社会等级。

第六，表现在时间观。中国员工比较喜欢怀旧和展望，在享受过去的成果和荣誉的同时展望美好的未来。日本人既仔细地反省过去，又认真地过好现在，更理性地思考未来。美国人通常对过去不太感兴趣，他们注重的是"活在当下"，做好眼前的事。

---

① 闫世平：《制度视野中的企业文化》，中国时代经济出版社2007年版，第52页。

第七，表现在逻辑观。中国人和美国人思想比较活跃，通常以结果为重，不管过程怎么样，只要达到目标就行。日本人却比较严谨，喜欢步步为营，PDCA 用得非常好，走好这一步，才能走下一步。既关注结果，也关注过程。①

（二）制度文化的差异性

制度文化的差异主要体现在对制度的尊重上，外方在这个方面遵循好。一是表现在对制度的认同上。只要有制度、有规定，外方一般都执行，即使不理解也照办。比如国家的相关法律法规没有对合资企业党团组织的设立、活动等方面做出规定。目前，中外合资企业当中党团组织的设置完全符合要求的不多，谈判时外方对公司建立党群组织表示疑惑。一方面不清楚党群组织的价值在企业中的体现，另一方面不知道党群组织会给他们的工作带来哪些问题，不愿意在合资合同中涉及党团组织的相关内容。但是，拿出"东风有限"关于在合资公司建立党团组织的章程条款后，外方表示接受，同样，在 DDAC 的合资章程方面也有很好的说明。

二是表现在对制度的信任上。中国员工通常更相信人际关系，而不太信任书面规则和程序。而美国人和日本人一般认为书面规则适用于每一个人，并且能够产生公正、合理的程序和决定。这是由于中国人随意性，有制度没有好好执行，更多的是靠经验和个人影响力办事，而我们的合作伙伴习惯了必须按制度办事。

三是表现在制度建设上。过去公司不善于建立完善有效的工作制度流程或程序文件规范日常的工作，造成制度流程不够完善。而合资企业，即使做某件事情，哪怕只有一个动作，都希望制定一个标准作业书来把动作规范起来。

（三）显性文化的差异性

显性文化体现在日常的工作活动中的原则、习惯、标准等。从合资前后来看，显性文化有很大的不同。

一是合资以后，力推目视化管理。让管理看得见，把目标、指标、

---

① 李莉：《东风公司员工忠诚度研究》，硕士学位论文，华中科技大学，2008 年，第 26 页。

工作措施、工作进度等通过方针目标系统图、活动计划书、管理看板等在现场一一展示出来。

二是规范化。特别是管理 PDCA 循环要求特别规范。如立足于现场的有目标、有方法的 Q（质量）C（成本）D（交付期）改善。

三是标准化。各项活动通过《岗位标准作业指导书》等标准的格式固化下来，连思考问题和解决问题方式方法都要按照标准作业，这些是合资前后管理最大的不同。

四是系统化。合资之后，日产立即在公司先后导入了精益生产方式、方针管理体系、现场管理体系、TPM 管理体系，这是日产几十年的管理经验的总结，更是公司系统化运营的工具。

五是现场化。精益管理思想的核心是"以品质为中心，立足现场，彻底消除浪费"。合资后导入的现场管理和 QCD 改善，都是以现场、现时、现人的"三现"主义解决问题、改善问题，所有的目标、行动计划、管理过程、活动结果都展示在工作现场。

（四）沟通文化的差异性

沟通文化的差异一是表现在"面子"上。中国人通常很重视"面子"观念，长期以来，所受的教育是以和为贵，"家和万事兴"的理念，希望与他人都互相留足"面子"，通常是避免直接冲突、不轻易公开批评和提出容易引起争议、反感的话题。[①] 相反，美国人严格按照规章制度办事，固执坚持"事实"，不在意"面子"，只在乎事实的真实性。通常直接面对问题、甚至于打破"锅底"，直接提出批评。对具有争议的问题颇感兴趣。

二是体现在载体，也就是平常的信息沟通上。中国的文字博大精深，自然而然，中国人就喜欢用 Word 文档，用大段的文字表达思想，而外方却习惯于 Excel 和 PPT，简明扼要用数据和图表分析说话。中方喜欢以"以会来落实会"来解决问题，有时在自己权限范围内的事情，也要放在会上走流程，体现集体决策；而外方却更多的通过日常面对面的私下沟通征求意见，最后依据个人权限决策。

三是表现在语言表达上。中国人在开玩笑中把工作做了，一本正经

---

① 陆东升：《试论国企党组织推进企业文化建设的基本路径》，硕士学位论文，中共中央党校，2010 年，第 8 页。

反而不易被对方接受,体现"功夫在事外"。外方表现严谨,更重视以事情"本身"说话,体现"功夫在事内"。"功夫在事外"往往造成被外方合作伙伴认为"不认真""不在乎"。

四是表现在语言障碍上。由于双方语言不通,交流不便,一般情况下,私下相互之间很少聚会,工作中相互之间深入沟通交流的也不多,在一定程度上,感情的融合度不是很高。

第三节 案例分析

一 东风德纳车桥有限公司企业文化冲突的产生根源

(一) 企业文化不同背景分析

价值体系的核心构造不同,表现文化背景不同。我国企业文化受儒家传统文化的影响较深。儒家传统文化是以"忠、孝、节、义"作为协调人与人之间的伦理规范,核心是仁义,形成较强依附性和内向型,以和为贵,以人际和谐为善,以天人之和谐为美。人们在对企业经营绩效、管理决策及其行为的选择和评价方面,往往重伦理道德轻经济效果;而以保持"长幼有序、尊卑有别"的人际关系格局,来调整人际关系。

美国等西方国家在西方宗教文化、科学技术、商业文明熏陶下形成的价值观、社会心态以及行为模式具有明显的外向开放色彩,文化发展取向则重个体、重科学、重思辨。企业强调个人价值的自我实现和竞争冒险的个人主义,企业家以及普通员工都信奉"自由、竞争和机会均等"的行为准则,企业也为每位员工提供充分发挥其潜能的机遇,鼓励个人冒险和创新。[①] 突然由外国人来管理企业,与东风的"家"以及东风的"和"文化战略有一定的不适应。

(二) 合资企业管理思想分析

从我国的经济制度来看,以公有制经济为主体、多种经济成分并存的经济制度,这种经济制度倾向,影响合资企业的管理思想。企业价值取向是中国特色的社会主义理论体系,企业文化建设具有明显的社会主

---

① Nigel Bristow, *The Corporate Culture Audit*, Cambridge Strategy Publications Ltd, 2010, p. 85.

义特征。企业的经营管理发展除了适应经济发展规律，还需定位于政治活动范畴。企业的经营发展和管理行为必须符合物质文明、精神文明和政治文明建设协同的要求。员工要具有较高的政治责任感，在国家、集体和个人利益相冲突时，能以国家和集体利益为重。

管理学家迈尔斯等人在1974年就美国企业的现状进行了对照研究，觉得存在一定数量的美国企业以"利润最大化"为企业的价值取向。推崇"成就和实用主义"，重视成本、利润等财务指标。以现实甚至是短期的"经济成就"和看得见的"硬指标"来衡量企业或个人的价值，把获得最大利润和扩大投资回报作为企业的最高目标，自然而然就会忽视员工的心理需求，缺乏对员工感情和必要的了解，这与东风汽车公司"关怀每一个人，关爱每一部车"等文化理念不相适应。

（三）合资企业管理行为分析

在中国，企业的领导注重协商，领导不突出个人的地位和作用，企业实行的是集体决策，在决策方法上强调集体讨论。多方面进行渗透与融合，力求决策思维相通，并使双方或多方意见达成一致，决策适应性强、灵活性强，但受环境和其他决策者影响大，决策流程长、速度慢。

西方国家的管理以制度为基础，企业管理讲究原则追求效率，企业的领导重视"硬管理"，强调规章制度和管理规定的约束作用。在美国企业，企业的决策权高度集中，虽有明确的管理授权，但授权的幅度很小，同时在权力的使用上又有很细的规则，在一些重大经营问题上还是最高领导拍板敲定，不需要同下属讨论研究。同时美国企业多采用经理人制度，经理人的年限局限性，往往会使一些管理决策表现出短期行为，这与东风人需要依靠东风一辈子的现实情况不相适应。

二 企业文化冲突对东风德纳车桥有限公司持续发展的影响

从影响上来看，东风德纳车桥有限公司合资合作进程中的文化冲突犹如一把"双刃剑"，既有积极作用，又有消极后果。

（一）积极的作用

合资重组的企业文化冲突是客观的，对此要有一个正确的认识和态度：矛盾和阻力都是进步的机会，文化冲突有有利的一面。在企业合资过程的冲突实践中，我们有了一个了解原企业以外甚至不同国度文化的机会和平台。不同观点、意见、方法的交锋和磨合，有利于互相取长补短，引发创造性思维，开辟解决问题的新途径。为我们改造落后的文化方面创造了有利条件，为企业文化创新发展提供了新的动力源。与日本日产、美国德纳公司合资以来，导入的日产生产方式、方针管理、QCD改善以及美国德纳的目标管理、标杆管理等，多元文化并存，使东风的管理产生了不适应，初期是增加了工作量，打乱了工作秩序；但是，被接受以后，发现它确实先进，为企业创造了不可估量的经济效益和文化效益。

（二）消极的后果

文化冲突有积极的作用，但更多地表现为消极的后果。如在2003年内部重组时，十堰工厂是东风的嫡系，襄阳工厂是地方企业，但效益好，员工收入高。部件厂是向两个大厂提供零部件，又比两个厂小得多。重组之初，尽管资产已经并表，但人心和情感却未能真正融合，两个大厂互不买账，互相瞧不起。部件厂到两个大厂办事有自卑感。更有人将重组视为"兼并""卖厂"，由此而引发了公司内部的一些对立情绪，严重阻碍了重组之后的内部整合，分散主义、各自为政的现象时有发生。再如2011年7月，与美国德纳深化战略合作达成股比对等（50∶50）后，由于美方派驻管理者管理思想、管理风格的差异，加之又缺乏有效的沟通，越来越多的分歧和冲突在企业内部不断产生，个别员工甚至恶作剧，将公司总经理（美方派驻）电话发在房屋出租信息网上，导致骚扰电话不断。问卷调查显示，相当一部分员工对深化战略合作后合资公司前景信心不足，幸福感、归属感降低，越来越多的员工开始思考合资公司的问题究竟出在哪里？认识的不统一及情感上的对立很大程度上影响制约了合资公司的持续健康发展，销售下滑，业绩降低。面对这样的局面，进一步整合企业文化，引领中外员工思想与行动，进而推进东风德纳车桥持续健康发展成为迫在眉睫的一项重要工作。

三 东风德纳车桥有限公司企业文化整合方案

（一）东风德纳车桥有限公司企业文化整合的基本原则

1. 继承发扬与创新再造相统一的原则

经过30多年的建设发展，东风德纳车桥有限公司已经积淀了自己优秀的企业文化,并在公司建设、改革和发展中发挥了重要作用。面对国际国内竞争的新形势,面对时代发展的新潮流,面对多元国际合作的新格局,公司企业文化既要发扬公司优秀的传统文化,又要积极学习借鉴中外企业文化建设的成果,在继承中创新,在创新中发展。努力形成既弘扬优良传统,又反映时代特征,始终充满生机活力、与时俱进的企业文化。

2. 保持共性与体现个性相统一的原则

由于公司组织是多级架构,且分布在不同的地区,每个工厂都有自己独特的发展历史,但都面临着企业文化核心理念提炼统一、落地生根的要求。坚持保持共性和体现个性相结合的原则,在建设更具凝聚力、感召力的公司统一文化理念的同时,也要适当建设富有工厂个性的文化理念和行动要求,有利于公司文化成长繁荣。

3. 统筹规划与循序渐进的原则

企业文化长期性特征,决定了企业文化建设不可能一蹴而就,需要一个较为漫长的过程。企业文化各要素之间的紧密关联性,决定企业文化创新要统筹规划,在突出企业精神文化层面重点的基础上,兼顾企业的制度文化层面、行为文化层面和物质文化层面。把企业精神文化转化到企业制度、行为规范和附加到产品及服务上。坚持由易到难、有的放矢、循序渐进、步步深入,促进企业文化有效融入生产经营管理的各个环节。

除了上述"三个原则"外,东风德纳车桥有限公司企业文化整合还应做到以下"四个坚持"。

一要坚持以和为贵。东风德纳车桥有限公司两强合资的价值取向是合作双赢。从合资公司正式运营开始,双方都要着力营造具有相同目标的企业内部和外部的合作关系,通过对内部价值链进行整合,凝聚企业内部所有资源,形成既不易被对手模仿又能带来超额利润的核心竞争力。也只有内部价值链的整合与优化,才会对外部价值链具有强大的辐射与吸附作用。在整合过程中,双方要在追求共同价值、全局价值和集体价值的基础上,实现共同价值和个人价值。

二要坚持以人为本。凝聚企业内部资源,对企业价值链进行整合,是东风德纳车桥有限公司实现双赢的重要手段。企业内部价值链,既包括产品、技术、资金、服务等资源，同时也包括人力资源。现代企业制度，注重人本管理，强调广大员工是企业的主体，在企业的生存发展中起着决定性的作用。如果动摇人本管理的地位和作用，仅仅把人看作是企业获取利润的工具和手段，企业也就没有发展的驱动力。合资企业坚持以人为本的原则，至关重要的是树立起员工是企业振兴的主力军的"主体论"，克服那种与资本主义等同的"工具论"。同时，建立健全企业内部激励机制，充分调动广大员工参与企业管理和经营活动的积极性；加强员工的教育和培训，不断提高员工的综合素质。全方位做好强"本"固"基"工作。

三要坚持以诚为重。东风德纳车桥有限公司诚信文化建设，重要的是在一切经济活动中以诚相见，平等互利。内部诚信合作，更是直接关系到合作的成败。倘若违背这条原则，过分强调私利，甚至将己方利益凌驾于合作对方、合资企业之上，必然会导致合作危机，企业发展也会没有后劲，合作也就很难取得成功。在日本，有人向松下幸之助请教他取得成功的秘诀，松下回答：唯诚信二字。在中国，海尔人秉承"真诚到永远"，仅十多年时间就使一个亏损几百万元的街道小厂，成长为一个年销售收入近百亿元的大型跨国企业集团。① 东风车桥与德纳合资合作，必须遵循诚信这条市场经济的黄金规则，共同维护和践行诚信价值观。

四要坚持文化的沟通、交融与创新。东风德纳车桥有限公司在企业文化的整合过程中，特别需要注意加强文化的交流与融合，消除文化差异带来的沟通困难，减少合作阻力和碰撞。东风车桥与德纳各有自己的民族文化传统和自己的企业文化经验，无论是哪一方的文化都不可强加给对方，这就需要双方从大局出发，以积极的态度对话、交流与融合，对共同的文化进行筛选、甄别、借鉴与吸收，通过文化的沟通、交融与创新形成整合好东风德纳车桥有限公司企业文化。

四　东风德纳车桥有限公司企业文化整合的具体做法

东风德纳车桥有限公司企业文化整合以 2008 年 12 月为时间节点，分前后两个阶段推进。前一阶段主要根据当时企业在整合重组、合资合作

---

① 刘光明：《新编企业文化案例》，经济管理出版社 2014 年版，第 66 页。

进程中出现的具体冲突现象，有的放矢地进行文化整合，零散地提出一些文化理念，还没有上升到系统的高度。后一阶段通过成立企业文化领导小组，组建工作专班，加强与专业团队的合作等方式，将企业文化整合推向新的阶段，并取得了较为丰硕的成果。

（一）前一阶段（2008年12月前）文化整合

1. 兼容并蓄传承母公司文化

（1）有效继承东风文化。一是重点开展了对《东风汽车公司企业文化建设纲要》（以下简称《纲要》）的学习宣传活动。利用党委中心组、党支部"三会一课"、班前会组织全员认真学习了《纲要》，并在认真学习的基础上开展了学习《纲要》全员有奖答题活动，员工参与率达95%以上。通过开展全员学习《纲要》及有奖答题活动，起到了向全员宣传、贯彻东风文化理念的作用，为有效推进企业文化整合打下了坚实的群众基础和思想基础。二是开展了企业文化建设的专题培训。公司利用党委中心组、各种形式的培训班等方式，邀请高校老师、专家专题讲授了"合资企业跨文化管理""企业文化体系及其整合"等知识。同时围绕企业文化整合，就合资企业跨文化管理、工厂企业文化修炼、党支部建设与车间文化建设等开展了互动交流。三是继承和倡导东风公司经营理念和价值观。继承和倡导东风公司"关怀每一个人，关爱每一部车"的经营理念和"讲究诚信，崇尚业绩，奉献社会"的价值观，将其延伸到研发、采购、制造、销售、服务全价值链，初步确立了车桥公司"创新，诚信，成长"的经营理念和内部客户价值观念，并将内部客户分解为职级客户、职能客户、工序客户及流程客户，强化全员"客户至上"的观念，培育内部客户理念。

（2）有机融合日产、德纳文化。东风德纳车桥有限公司在有效继承东风文化的基础上，针对员工思想上表现出来的"盲目自大"倾向，积极开展危机意识和融入发展观念教育，引导员工以发展的眼光、开放的姿态及海纳百川的胸怀，积极学习日产、德纳有效的管理方法和管理工具，提升管理水平。一是公司党群部门将《德纳商业行为准则》《德纳商务运作标准》编译下发到各基层单位，帮助员工充分了解德纳企业文化的内涵、特点，引导员工转变观念，改变思维定式和行为方式。二是围绕先进管理方法的导入，加强了思想方面的宣传引导，使员工尤其是管理人员加深了对"管理就是生产力""提升管理就是增强竞争力"的认识,帮助员工牢固树立"没有质量就没有发言权""降成本就是增效益"等观念,积极推进公司管理方式的变革。三是组织开展了成本管理、策略管理、项目管理、精益六西格玛、跨职能团队等知识的培训。公司两次合资以来,多次邀请国内外管理专家来公司进行管理知识培训,帮助公司各级管理人员接受、掌握国际化大公司先进的管理方法,不断提升公司中方管理人员运作国际化公司的能力。

2. 融合提炼培育车桥公司子文化

2004年以来,东风德纳车桥有限公司在传承母公司文化的基础上,每年都把企业文化建设纳入工作要点,制订具体的行动计划,抓好推进落实。公司还将企业文化建设工作列为总经理年度14项主要管理指标之一,明确目标、政策、责任人、工作进度,全力推进实施。通过不断地探索与实践,逐步形成了具有企业特色的子文化。

(1) 注重观念整合,打造团队文化,促进了企业整合重组及二次合资的顺利到位。一是在中层以上管理人员中倡导"DDAC利益至上"的大局观念,坚持公司整体利益放在第一位,凡事讲大局,讲统一,讲发展,在全体员工中积极营造忠诚企业、诚信合作、相互尊重、学习融合的氛围。二是倡导并践行"车桥一盘棋,三厂一家人"的整合理念及"车桥一家人,中外一条心"的融合理念。通过各种会议、培训班、内部刊物、公司局域网等载体,通过组织开展丰富多彩的文化体育活动,加强了两地(襄阳、十堰)三厂(十堰工厂、襄阳工厂、十堰部件厂)员工、中外员工的思想沟通、情感融合与文化交流。通过组织开展员工才艺展示、员工职业技能大赛、特色家庭结对子、友好车间对手赛等活动,加强了员工间的交流与融合。

(2) 注重作风建设,打造执行文化,重塑了一支高素质管理者团队。一是提出了"负责任、有作为"的目标。针对领导班子在企业改革发展中的决定地位以及车桥公司资产规模大、整合难度大、管理跨度大的实情,在两级领导班子成员中倡导"负责任、有作为"的目标,即:努力工作对事业负责,协调配合对整体负责,公道正派对员工负责,廉洁自律对自己负责;具有积极进取的精神,具有开拓创新的能力,具有严谨务实的作风,具有实实在在的业绩。以"负责任,有作为"为目标,着力推进"四好班子"建设。二是出台了《关于加强公司领导班子和高管队伍建设的规定》。要求高管人员必须增强责任、整体、自律和"一岗双责"四大意识；坚持和发扬民主、务实、学习创新和公道正派四大风气，着力打造顾全大局、作风扎实的高管团队。三是以"八个转变"再塑管理者团队。合资公司正式运营后，公司双方高层本着相互尊重的心态，融合双方管理优势，在交流互补的基础上，提出采用"中西医"相结合的办法推进管理工作，对中层以上管理人员提出了从思维方式到行为方式的"八个转变"。即：工作由被动服从型向主动自发型转变，管理由垂直型向跨职能型转变，分析由定性型向定量型转变，思考问题由自我封闭型向沟通交流型转变，效果评价由完成工作型向创造价值型转变，角色由本位型向团队型转变，信息处理由大脑记忆型向文字记录型转变，思维模式由干事型向谋划型转变。

（3）注重结果达成，打造目标文化，确保了企业中期事业计划的顺利推进及年度 KPI 指标的圆满达成。一是加大对公司中期事业计划的宣讲力度，使员工在思想认识上达到了"三个明白，两个增强"。即：明白事业计划的目标内容是什么？明白实现目标的措施是什么？明白目标的难点是什么？进一步增强了员工对公司发展前景的信心，增强做好本职工作的责任感。同时，通过开展形势目标教育，引导员工"知今、知明、知行"。"知今"：让员工知晓东风德纳车桥有限公司现在的经营与发展形势；"知明"：让员工明了公司的发展愿景及实现愿景目标的措施；"知行"：让员工掌握公司的工作要求并将这些要求落实到自己的行动上。二是围绕年度经营目标，采取"手拉手"考核方法，致力于建立目标文化。2006 年开始，东风德纳车桥有限公司年度主要 KPI 指标与公司每一位高管年度 KPI 相连，包括党群高管，公司只要有一项 KPI 指标没有达成，每一位高管都要受到相应考核，从而在东风德纳车桥有限公司形成了人人关注经营指标的良好氛围。

（4）注重变革创新，打造改善文化，营造了全员参与改善的浓厚氛围。结合日产 QCD 改善活动的深入开展，及时启动了"改善现场、改善自我"主题实践活动。通过组织开展"改善现场、改善自我"征文、辩论赛、宣传画及漫画征集等活动，并通过东风汽车报、公司局域网、内部刊物等工具对活动进行了广泛宣传，积极倡导"改善无处不在，改善无处不需""发展无极限,改善无止境""改善也是创新,持续改善就是与时俱进""企业在改善中提升,员工在改善中成长""改善重在自主,改善成就自我"等理念,致力于改善文化的建立,并最终通过这一活动实现公司与员工的同步成长和共同发展。

与此同时,东风德纳车桥有限公司还面向国内开展了企业 logo 的征集(见图 4-2),统一了企业的形象标识。东风德纳车桥 logo 由东风及德纳首字母"D"的趋势线进行变化组合,艺术化处理车桥的英文首个字母"A",造型稳重、浑厚、大方,直观明了地传达出企业独特的品牌特征和行业属性,"D"具有动感与力量的椭圆寓示运转的天体、宇宙,暗示东风德纳车桥有限公司在国际化的市场中的运转中通达、快捷、高效的企业发展态势。企业形象标识的统一对今后企业的形象宣传,产品的推广与知识产权的保护都将发挥重要的作用。

图 4-2 东风德纳车桥有限公司 logo

(二)后一阶段(2008 年 12 月后)文化整合

1. 融入战略,以愿景引领公司事业规划

公司确立了"中国创造,世界品牌"的愿景,表明了公司以强大的自主研发为引擎,打造世界品牌的远大抱负和美好梦想。公司将"中国创造,世界品牌"作为五年战略计划的愿景,指明了企业发展方向,从"实现销售跨越增长、行业技术领先、实施成本战略、品牌营销、持续成长"五个方面构建战略目标体系,以支撑公司愿景。公司以"中国创造"为指导增强产品研发实力,持续加强研发中心、试制阵地的建设,保持国内领先的车桥设计、制造水平,不断提升自主创新能力。近期致力于研究轻量化、小速比、大扭矩、高可靠性车桥产品，尤其是新能源汽车车桥先导性开发等前沿性研究，努力保持引领行业发展的优势。公司以"世界品牌"为引领强化品牌战略，打造世界知名车桥品牌。公司重视运用产品推介、包装、展会、网站推广、经销商管理、二三级网络管理等载体逐步推广公司品牌，提升公司产品的美誉度，稳固客户对东风德纳车桥品牌的忠诚度。

2. 融入制度，实现企业文化对公司管理制度的统领

公司的使命定位为"承载梦想 传递卓越"，致力于为客户、员工股东、合作伙伴等利益相关方提供实现梦想、创造价值的空间和平台。以公司使命为统领梳理各项管理制度、流程，尤其在新制定制度流程时做到与企业使命的高度匹配。

以公司使命统领客户关系管理。公司建立以客户为导向的管理机制，极其关注终端市场和 OEM 客户，实现了"常态化走访、重点区域突破"。公司组织市场营销总部、质量部、技术部门建立"品质铁三角机制"，组成团队从服务市场的角度解决发生的质量问题，以更好地为客户提供有价值的服务。公司还制定了《受理客户索赔管理办法》，做好索赔的受理、索赔凭据审核及索赔结算。

以公司使命帮助员工成长。公司制定了《核心（潜质）人才评审管理办法》《公司项目经理管理办法》，培养高素质员工队伍。《核心（潜质）人才评审管理办法》为核心技术人才和30岁以下的潜质技术人才建立人才库，提供成长机会并发放人才津贴，营造尊重人才、帮助青年成长成才的良好氛围。公司制定了《公司项目经理管理办法》，培养德才兼备、善经营、会管理的项目经理队伍。

以公司使命协助供应商成长。公司制定《供应商追赔管理办法》，确保采购件质量损失成本的可追溯性。供应商对存在争议的索赔可以依据《供应商质量仲裁基准》提出申诉，以维护供应商正当权益，构建双赢的战略合作关系。

3. 融入行为，实现企业文化对工作过程的管理

企业文化能否植入员工的工作行为，是其发挥作用的关键。公司企业精神"融合、进取、超越"凝聚了公司的精神态度，核心价值观"伙伴、诚信、激情、精确"指引了公司发展方向，经营理念"持续改进

锐意创新"指出了经营管理的思维方式，企业文化核心理念——融入员工行为。

一是抓融合，促进跨单位协同发展。东风德纳车桥有限公司一直视"融合"为重要任务，尤其是2011年深化战略合作后，更加重视双方经营者的融合、各部门的融合。为了促进双方经营者的融合，公司党委书记向外方派驻总经理讲解党委工作目的、作用，邀请其参加党委组织的各项重大文化活动，公司党委还以"三重一大"工作为契机，参与合资公司的决策和经营管理。为了促进跨地域融合，公司策划开展了"携手联动，成果共享"共建活动，组织三家工厂13个党支部结成6个对子，搭建跨厂沟通交流、分享经验的平台，通过"共读一本好书、共看一部红色电影、共同推进一项课题、共同开展主题活动"等方式，共建单位共同分享了DES推进、工艺和设备改善、现场管理、支部建设以及文化建设的经验。为了促进跨部门协作，公司积极倡导项目管理制。对于TD485、Y30等新产品开发项目，公司组织产品研发中心、采购部、质量部、市场营销部等部门工作人员组成项目组，任命了项目经理负责整个项目的组织协调。对于重大建设项目，例如近期开展的襄阳工厂新厂区建设项目，公司组建了项目组，并成立了7个CFT团队，分别负责工艺设计、基建工程、机电及安装、纪委监督等工作。项目管理机制提高了跨部门工作效率，促进了公司部门之间的融洽融通。

二是抓改善，将经营理念融入员工日常工作。改善是日产生产方式的精髓，也是美国德纳公司DOS管理方式的精髓，持续不断的改善活动有助于改善企业体制，有助于建设精益文化，有助于提高企业综合竞争力。公司一贯开展的QCD改善活动，和公司经营理念倡导的"持续改进 锐意创新"不谋而合。当前，公司的改善文化氛围浓厚，改善工作步入常态化管理，四级改善体系（公司级、工厂级、科室/车间级、班组级）实现了全面覆盖、突出重点、分类负责的局面。广大员工的改善意识、成本意识、质量意识在实践中得到不断提升，自主改善成为员工日常工作的重要组成部分，有力支撑了公司生产经营目标的达成，提升了公司管理水平。

三是抓进取，激励员工不断超越。公司鼓励员工立志上进，奋发进取，把企业文化核心理念列入先进人物评选标准，使其成为企业文化人格化的代表，每年举办隆重的表彰会，既尊重了员工劳动价值，也赋予了员工奋斗的激情。为了对比标杆、超越标杆，公司选派技术人员、管理人员赴德纳巴西工厂学习，对比标杆改进当前现场管理，并为新襄阳工厂建设打下了基础。融合了德纳管理精髓的 DES 管理体系在公司推广时，快速换模项目中设备换模时间普遍比改善前减少 80%，实现了本质性突破，体现了员工不断超越的精神。"进取""超越"的精神正在逐步融入公司的日常管理。

4. 融入氛围，营造催人奋进的文化环境

营造良好的文化环境，是企业文化凝聚人、塑造人、激励人的重要手段，公司坚持多措并举营造浓厚的文化氛围。

一是办好文化活动。东风德纳车桥有限公司每年都要抓住契机开展主题鲜明的大型文化活动。比如以庆祝建党 90 周年、东风公司 40 周年为契机，举办"华诞礼赞东风情"文艺演出；以迎新春、庆元宵为契机举办民俗演出、舞龙庆元宵演出；经常举办演讲比赛、篮球赛、羽毛球赛、广播操比赛、趣味运动会等活动，广大员工在丰富多彩的文化活动中强化了公司意识和进取精神。

二是学好先进人物。先进人物是企业文化的人格化代表，是文化建设的重要资源。公司十分重视先进人物的榜样示范作用，运用网站、报刊、光荣榜、故事会、道德讲堂等多种渠道宣传先进事迹，引导员工向先进人物学习，公司相继涌现出黄明红、邢海强、刘锋、许志刚等一批先进人物，积极营造催人奋进的文化环境，形成了先进人物层出不穷的生动局面。

三是推广 VI 营造文化氛围。为打造公司形象和品牌形象，公司制定了《VI 管理办法》，对产品推广、产品标识、外部推广、内部环境等使用的视觉识别元素进行了规范，运用车展、供应商大会等大型会议传播公司文化理念，在浓厚的氛围中对内、对外传播企业文化。

四是传统媒体和新型媒体宣传公司文化理念。把信息技术作为推动企业文化发展的引擎，加强公司内外网等传播媒体建设，提升企业文化的时代感，增强企业文化的表现力、传播力、吸引力和影响力。

5. 融入沟通，助推中外管理者融洽融通

企业文化源起于美国学者对日本企业的调查研究，基于这样的背景，对于公司的母公司之一美国德纳方来说，企业文化并不陌生，容易得到理解和认同，企业文化成为中方领导与德纳方派驻总经理沟通的桥梁。

一方面，公司中方领导善于用企业文化做好中外管理沟通。2011年7月13日与美国德纳公司深化战略合作以来，公司管理正处于磨合期、融合期，为深化与总经理的沟通合作，公司领导经常与外方派驻总经理就公司文化、本土文化进行沟通交流，使其了解公司文化习惯、做事方法，还就公司经营、研发、管理等保持经常性的沟通。

另一方面，员工代表善于遵循规则进行沟通与维权。由于文化背景不同、职业角度不同等原因，中方管理者与外方派驻总经理在管理方式上还存在一些分歧。职业经理人代表着股东方利益，更关注任期内利润指标达成情况，而中方更重视企业的长远发展，更重视企业作为"员工家园"的理念。在一些做事习惯上，外方单一地重视制度轻视习俗。所以在处理方法上，一方面尊重外方的文化习惯，加强各项工作建章立制的力度，使各项活动有制度可依；另一方面采取员工代表与总经理沟通会的方法，有礼、有理、有节地沟通意见、维护员工权益。

五 东风德纳车桥有限公司企业文化整合的基本目标和框架

（一）DDAC企业文化整合基本目标

企业文化整合的任务就是研究企业不同文化的冲突现象，以及其产生的根源，并找出具体方法和途径对文化冲突进行协调，对企业文化进行整合重构，永葆公司企业文化和谐昌盛，形成文化竞争优势，促进公司健康持续发展。DDAC文化整合的基本目标是打造文化核心竞争优势。长远目标是实现公司心态卓越、体态卓越、姿态卓越和生态卓越的"卓越文化"。对内凝聚员工队伍，对外树立良好的企业形象和品牌形象，进一步提升公司的社会知名度和美誉度，实现企业文化与公司战略的和谐统一，企业发展与员工发展的和谐统一，企业文化优势与公司竞争优势的和谐统一。①

公司企业文化整合分三步展开：一是找整合方案。以人为本，通过调查研究，坚持基层创新、统筹兼顾，明晰DDAC企业文化整合的方案。

---

① 贾小妹：《日本企业文化特征及对中国的启示》，《社科纵横》2008年第1期。

二是建立完善企业文化理念体系和文化识别系统。建立完善具有公司独特产业特征，符合政治、经济、社会、文化发展要求的企业精神文化理念体系、行动规范和文化识别系统。三是在上述基础上，推进企业文化核心理念的落地生根。实践好、培育好、发挥好公司价值观、经营理念和企业精神的规范作用，协同企业基础实力、创新力的友好认知。

（二）DDAC 企业文化整合基本框架

DDAC 的企业文化是 DDAC 为了使基业长青长期协调逐步形成的，企业成员共同创造、认同且遵守，并赖以生存的企业精神、行为规范及其外在行为和物质表现的总和。企业文化是企业的灵魂和精神支柱，企业的组织结构、运营模式、管理制度、产品等各方面是企业文化的躯体和运动状态。因此，可以把 DDAC 企业文化整合理解为塑造 DDAC 的精气神和友好认知，具体表现在企业及员工的心态、体态、姿态和生态上，如图 4-3 所示。

心态——就是企业 Shared Value（共同价值观）以及其对企业发展过程中必要要素（7-S）的指导，具体包括 Structure（结构）、System（制度）、Style（风格）、Staff（员工）、Skill（技能）、Strategy（战略），麦肯锡 7-S 要素是企业心态的具体表现。

体态——即为企业的基础实力。具体包含企业的领导力、组织力、抵抗力和生产力。学习力就是企业及企业知识获取、掌握和运用的本领，在 DDAC 组织上表现为"学习型组织建设"，员工则表现为"岗位任职资格达标和成长"。领导力和组织力是企业的领导、协调和指挥等能力，在 DDAC 具体表现为"四强党组织建设"（政治引领力强、推动发展力强、改革创新力强、凝聚保障力强）和"四好班子"建设和（政治素质好、经营业绩好、团结协作好、作风形象好）建设。抵抗力主要表现在公司产品竞争力、资金运作等方面抗风险能力。生产力主要是企业生产制造方面各生产要素和方法实力状态。

姿态——企业创新力、环境氛围以及对环境变化作出的响应。在 DDAC 主要表现在挑战高目标的目标氛围、QCD 改善为核心的创新氛围、行为文明规范的文明氛围和管理看得见以及企业声讯视听等方面的视听氛围。

生态——企业的生态环境和友好认知。市场表现，即市场对产品和服务的认可度，竞争对手对公司的态度，体现在市场占有率。客户表现，即客户对 DDAC 的满意度。品牌表现，社会对 DDAC 品牌的响应度和认知度以及美誉度。社会责任表现，是 DDAC 的社会履职行动及其满意度。

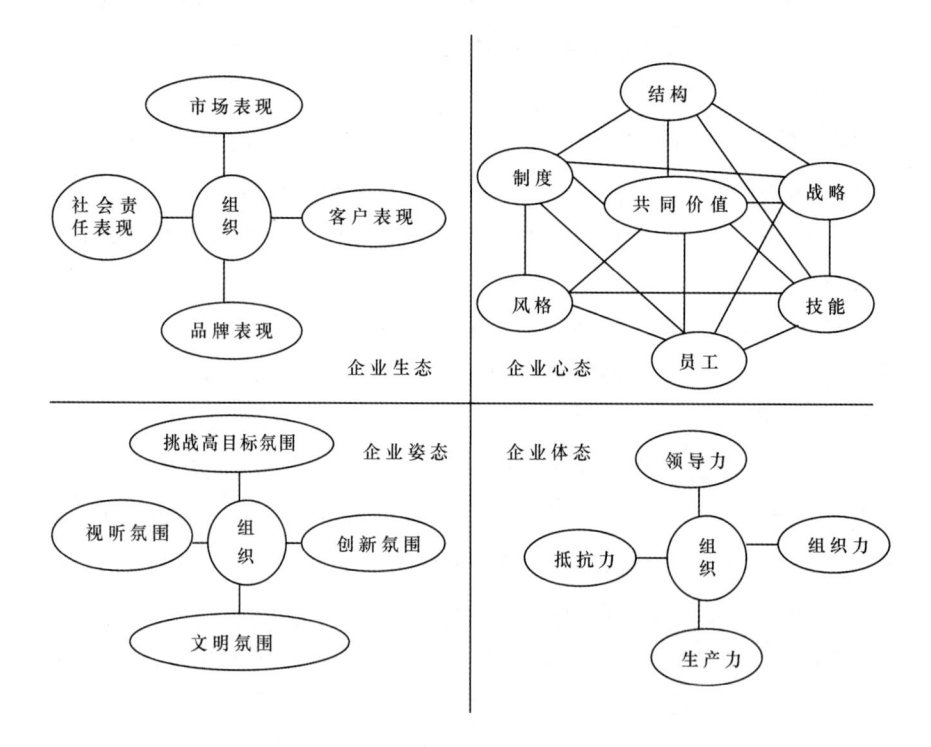

图 4-3 麦肯锡 7-S 模型

（三）DDAC 企业文化整合评价机制

整合是建立在现状基础上的，只有找出自己的优势和不足，才能有的放矢，实现继承发扬和创新突破，建立企业文化整合评价机制是企业文化整合的重要组成部分。DDAC 企业文化整合评价体系建设的基本思路就是"360 度量化系统评价"，如图 4-4 所示。①

——评价内容：企业心态、体态、姿态和生态各要素的和谐程度。

——评价人员：利益分享者代表。股东（Shareholders）、客户（Cus-

---

① 陈婷、吴相林：《绩效管理中 360 度量化评估模型的研究》，《土木工程与管理学报》2005 年第 s1 期。

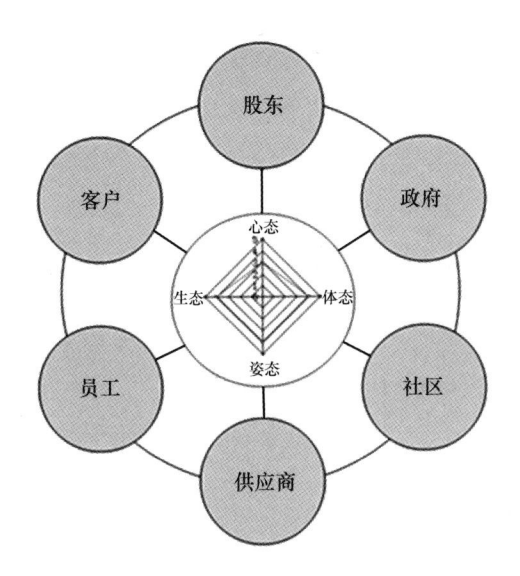

图 4-4　360 度量化系统评价

tomers)、员工（Employees）、供应商（Suppliers）、社区（Community）、政府（Government）等方面的代表进行 360 度评价。

——评价标尺：评价代表利益期望达成的认知。把期望达成度按照非常满意、满意、基本满意、不满意、非常不满意分成等级，并按照 5、4、3、2、1 对应分值进行评价，系统分析找出优势和短板。

——评价方法：调查问卷与访谈法。

（四）DDAC 企业文化整合重点选择

DDAC 企业文化整合的重点是建设学习型组织。随着合资深化，越来越多的新知识、新理念、新方法导入公司。如在生产方面导入准时化生产方式、价值流程分析、全员设备保全、快速换型等，在现场生产方面引进了智能警示、防错、危险预知等方面的内容。这些新内容与以前的管理既相互之间"打架"，又相互之间"拥抱"。这是一个痛苦的过程，但也是学习的过程、蜕变升华的过程。这个过程更是产生新文化的过程，如图 4-5 所示。

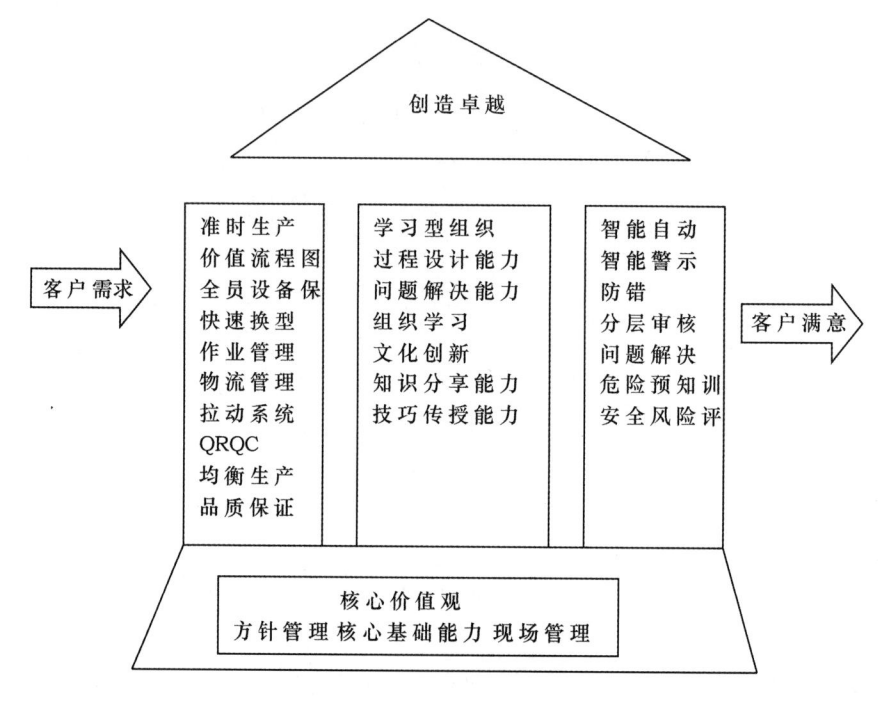

```
                         创造卓越
                        ╱        ╲
                       ╱          ╲
   ┌─────────┐   ┌──────────┬──────────┬──────────┐   ┌─────────┐
   │         │   │ 准时生产  │ 学习型组织│ 智能自动 │   │         │
   │ 客户需求 │──▶│ 价值流程图│ 过程设计能力│ 智能警示 │──▶│ 客户满意 │
   │         │   │ 全员设备保│ 问题解决能力│ 防错     │   │         │
   └─────────┘   │ 快速换型  │ 组织学习  │ 分层审核 │   └─────────┘
                 │ 作业管理  │ 文化创新  │ 问题解决 │
                 │ 物流管理  │ 知识分享能力│ 危险预知训│
                 │ 拉动系统  │ 技巧传授能力│ 安全风险评│
                 │ QRQC     │          │          │
                 │ 均衡生产  │          │          │
                 │ 品质保证  │          │          │
                 └──────────┴──────────┴──────────┘
                 │        核心价值观                │
                 │ 方针管理 核心基础能力 现场管理    │
                 └──────────────────────────────────┘
```

图 4-5　企业文化整合的重点

六　东风德纳车桥有限公司企业文化整合具体方法

（一）开展企业文化宣贯培育共同价值取向

一是实现企业文化培训的全覆盖。全员培训是企业文化入脑入心的基础。全员的培训要分层次开展，对高层管理人员、中层管理人员、员工的企业文化核心理念培训应该是不同的。东风德纳车桥有限公司拥有 6000 余名员工，面对庞大的受众人群，公司培训了 13 个企业文化内训师，依托内训师深入各车间、科室解读公司企业文化核心理念，把文化的种子播进每一名员工的心田。为做到闭环管理，还组织开展企业文化培训效果验证，对公司高层管理人员通过交流访谈了解其对企业文化的掌握情况，对中层管理人员通过闭卷测试验证其对企业文化核心理念的掌握情况。对员工，公司采用知识问答、闭卷测试、现场提问等方式检测其对企业文化核心理念的掌握程度。企业核心理念是员工的思想信念和行动指南，有利于将员工思想和行为有效聚焦。

二是充分运用内部媒介传播公司文化。内部媒介的受众是公司全体成员，公司内部媒介主要有公司局域网、内刊、LED 显示屏。公司局域网聚集了大量的信息，是经营管理的窗口，是文化传播的阵地；公司主办的《东风德纳车桥》内刊具有传播公司经营理念、交流工作经验、展示员工风采、构建和谐家园四大主要功能，每两月一次，及时传递到公司工厂、车间（科室）、班组；公司及工厂的 LED 屏动态地、坚持不懈地向员工简明扼要传达公司倡导的企业文化核心理念和关键动态信息。公司充分应用这些传媒做好内部文化传播工作，潜移默化、持之以恒地感召员工认同公司企业文化。

(二) 建立制度流程体系培育制度文化

一是建立文化管理的组织机构。在决策层，公司成立了企业文化建设指导委员会；在协调层，党群工作部承接了企业文化管理的工作，组织各部门、各工厂协同推进；在执行层，党群工作部设立企业文化建设专岗，负责企业文化管理的具体工作。完善的组织机构为开展企业文化管理提供了人力资源，保证了权、责、利的统一。

二是文化融入各项管理制度。公司将企业文化纳入五年建设规划，在战略层面明确了企业文化的地位。公司在制定新制度的时候，要进行文化审核，保证制度体现（至少不违背）"伙伴、诚信、激情、精确"的价值观。对于现有制度，公司组织文化匹配度审查，修订落后的文化因素，注入新的精神内涵，通过制度的执行传输文化的力量。

三是建立企业文化管理制度。企业文化建设不是一蹴而就的事，加强企业文化长效机制建设是约束行为、规范理念的保障。企业文化管理制度主要包括考核制度、企业文化先进单位和个人表彰制度、企业文化传播制度、企业文化预算制度、VI 管理制度等。其中，考核制度是关键，公司文化考核制度在设置考核维度和考核指标时，重点考察企业文化培训情况、落实力度、企业文化核心理念在员工职业行为上的体现。

(三) 管理员工职业行为培育行为文化

一是依托行为规范管理员工行为。员工行为规范是企业为履行企业使命、实现企业愿景、达到经营目标，用共同企业价值观、精神文化规范员工的思想和行为，使每个员工都有负责的行为和表现。[1] 培育员工群

---

[1] 马永强：《轻松落地企业文化》，安徽人民出版社 2013 年版，第 98 页。

体行为，首先要建立员工行为规范。员工行为规范具体内容是企业价值观、企业精神的具体化、可操作化。其次，规范员工行为要善于发挥英雄人物的行为示范作用。英雄人物是企业价值观的人格化，为员工塑造自身行为提供了样板角色。再次，加强员工行为规范的稽查和考核。根据行为规范，企业文化管理部门协同各职能部门深入各单位检查员工行为规范落实情况，并纳入考核体系，形成制度有助于巩固企业文化建设效果。

二是规范各类典礼仪式，培育行为文化。企业内部各类仪式是企业的文化习俗，承载着公司的思维方式和行为习惯。公司传统仪式如表彰会、团拜会、誓师仪式，是传达公司愿景、企业精神的载体，在完成既定目标的基础上，可以对其内容、形式进行管理，将文化朗诵、文化解读、文化呼号、讲故事等内容注入仪式的议程，将企业文化核心理念植入各项仪式，使企业文化在各类仪式中得到凸显。

三是通过主题活动培育行为文化。主题活动喜闻乐见，是传播企业文化的重要载体和有效方式。东风德纳车桥不断创新载体、赋予各项主题活动文化内涵，2012年开展企业文化故事征集活动，开展企业文化故事分享会，实现了理念故事化、故事理念化，帮助受众直接感受文化内涵，感受文化引导下的行为模式。

（四）多措并举提升企业物质文化

一是提升产品和服务质量。产品是公司重要的物质文化，在产品研发环节，公司强化自主研发提升产品差异化水平，目前 DDAC 共有国家授权专利44项（其中发明专利1项），将自主创新的核心技术运用到产品上，从产品研发环节保证产品领先竞争对手；在产品制造环节，DDAC 构建以方针管理、现场管理为基础的 DES 管理模式，严格质量管理，降低工程不良，打造精品车桥；在产品销售和服务环节，派驻售后服务人员到主要 OEM 厂家、设立售后服务电话和邮箱等措施做好售前服务和售后服务，为实现"中国创造、世界品牌"的公司愿景而努力。

二是改善生产环境美化厂容厂貌。公司重视生产现场环境建设、设备更新、5S建设，通过改善、投资等措施降低劳动强度，改善生产现场环境。在厂区建设方面，公司重视文化广场、雕塑、绿色植物的建设和管理，赋予厂区"融合进取超越"的精神风貌。根据公司《VI手册》规范了各类招牌、导示系统，营造了工业化、科技化气息浓厚的生产环境。

（五）培养共同语言和思维方式

共同语言的培养和思维方式的打造，对于员工而言，不能依靠短时期的高压灌输，而是要通过各种手段形成习惯。心理学家指出，现实的文化建构是由特定一组人群的多数成员所分享的思考方式，它显著的特征就是通过共同语言来表达。①

在公司层面，首先对于新入职的员工，其实他们也在感受了解所在企业的共同语言和行为方式是什么，并有调整自己言行的欲望，想积极融入到组织中去。那么怎样去培养员工的共同语言和思维方式，让新员工尽快进入角色呢？一方面通过《入职指引》引导、《企业文化》培训等让新员工明白企业的"游戏规则"，另一方面可以通过开展拓展训练、个性展示等来融合新老员工的思维，增强新员工与企业之间的情感，使之有归属感。

（六）培养公共的行为方式

公共的行为方式，是指企业倡导的，并在广大员工中自觉养成的行为规范。如何判断出员工的公共行为方式的走向？从外在而言，重要的就是企业的工作制服、企业的 logo，然而这些仅仅是表面的现象，要把这些个人体现转化为共享的价值观，应该需要其他层面的改变，例如：员工的态度层面、员工的认知层面、员工的行为层面等。

在员工的个人公共行为与现有的状态发生冲突的时候，将会有以下的表现：一是改变原有的接受新的认知；二是抵制新的保持原来的状态；三是认知模糊不能对现有的状态做出正确的分析。

针对第二、第三种情况，认为可以以下的方式解决：一是树立意见代表，这里的意见领袖指的就是那些能为他人提供意见、建议、观点即有影响的人，通过这些有影响力的人进行传播的信息更有说服力。在东风德纳车桥有限公司就用企业文化内训师，这些人就有不少具有影响力的人，这些人用好了，对文化的整合，对企业价值观的传播就能起到很好的推动作用。

二是通过舆论导向，这种舆论的导向很大程度上可以对少数价值观

---

① 耿海燕：《普通心理学》，北京大学出版社2010年版，第5—6页。

取向不一致的员工施加压力，对一些存在怀疑态度的员工能给予正确的引导，最后达到统一的目的。

三是活动策划方面。就这点而言，很多企业都有自己特色的活动，拓展训练、企业文化演讲、团拜会、个人格言征集等，这些都能改变员工对企业公共行为方式的态度，加强员工的企业集体意识和跟企业之间的情感融合交流。

第四节 案例启示

企业文化对企业长期经营业绩有着重大的作用。企业精神文化在辐射震荡或文化冲突、整合、重构中创新发展，会引领和刺激企业物质文化变革成长，形成新的竞争优势。企业精神文化整合必将成为企业战略发展的重点。本文经过研究分析，找出了东风德纳车桥有限公司发展过程中企业文化冲突表现形式和产生文化冲突的根源。目前，企业文化的整合工作也在按部就班地进行，后期还需要花大力气进行文化理念的贯彻试点和覆盖、落地生根，并依据公司发展进行新的文化修订重构。结合当前国内企业文化建设现状，东风德纳车桥有限公司企业文化整合工作需要在领导、协调、评价、经费方面建立相应的长效保障机制。通过对东风德纳车桥有限公司企业文化创新管理的分析，可以得出以下启示。

一 企业文化创新管理要注重协调文化冲突

在当今世界经济一体化进程加快、我国大力发展社会主义市场经济的条件下，企业要积极应对激烈的市场竞争，提高核心竞争力，实现持续、健康、快速、和谐发展，就必须注重打造独具特色的优秀的企业文化。现代企业管理中，优秀的企业文化已经成为促进企业经营发展的新的动力，提升企业新的竞争优势，将企业文化战略发展纳入到企业战略管理的大循环中，为企业持续发展保驾护航。在面对企业性质发生变化的同时，文化要随之有创新有转变，这种整合需要很大范围内的平衡，一方面要与企业的经理层做好磨合协调统一，另一方面更要做好员工言行的统一和文化的落地。需要组织不断地学习，用于面对冲突，感受冲突带来的正负方面的激励，理顺文化整合的整个流程，要有整个文化整合管理的 PDCA 循环，在不同文化的冲突、整合、重构中调整，分析中外合资企业的文化管理的精华和糟粕，引领和刺激企业物质文化和精神文化的成长成熟，逐步形成企业新的竞争优势。在文化的整合过程中要集中体现出企业的个性，整合有效的文化将会更加有利于制定、稳定、实施有效的企业战略。

二　企业文化创新管理要充分认识企业文化的功能

通过本案例的分析可以看出，企业文化的主要功能有四个方面：(1) 凝聚功能。凝聚功能在中外合资企业里面显得尤为重要，因为要凝聚广度和深度是相对复杂的，在合资方中，每一个企业组织都有自己的价值评判标准和行为准则，每个个体都有自己的物质和精神需求，也都会表现出不同的个性特征。企业要通过文化来沟通人的思想，通过文化来使各个组织和各位员工形成一致的价值观，保证强大的精神动力。(2) 导向功能。稳定的企业文化，体现的是企业经营管理中的思想指导和规律经验，能指引企业的经营方向，对员工而言，是一盏可以指挥其行为的明灯，形成步调一致的自觉行为。企业员工在企业文化的引导下，自觉地朝工作目标方向努力，只有当个人价值观与企业价值观融为一体时，才能磨平棱角，将分散的力量形成一个整体力量，为共同的目标而努力。(3) 激励功能。为什么越来越重视企业文化管理模式，因为它有别于其他传统的企业管理模式，文化的管理模式激励对象是重视激励群体而不是个人。企业文化能产生积极上进的气氛，形成正面的激励作用，激发个人的积极性、主动性和创造性，主动适应环境的变化，推动企业的持续生存与发展，反之，当企业文化变成负激励的状态，整个企业上下充斥的是散漫，最终面临的是淘汰。(4) 稳定功能。一个真正的优秀管理者，在经营企业的初期，必定致力于企业文化的创建，一个有真正企业文化的企业，不会因为领导者的改变而改变。这说明的就是企业文化在企业中有稳定军心的作用，一经建立，则进入整个企业循环和员工的内心，连续而稳定地发挥作用。

三　企业文化创新管理要尊重企业文化的特征

东风德纳车桥有限公司之所以能够实现企业文化整合的目标，其一个重要因素就是充分尊重了企业文化的特征。

1. 系统性

站在系统论的角度来看，企业文化是一个比较复杂的系统，其涉及多个方面的要素。具体来看，企业文化的系统性主要体现在以下几个方面：（1）企业文化由不同子系统组成。企业的组织架构、企业内部资源、企业制度、企业面临的宏观环境，都是企业文化建设过程中必须注重的子系统。不仅如此，企业内部的每一位成员，也可以成为企业文化建设的子系统，只有每一位成员都参与到这个过程中来，才能实现企业文化建设的目标。（2）企业文化是由不同的子系统按照一定的规则组合起来。从前面的分析可知，企业文化具有鲜明的层次，企业文化的子系统按照精神文化、制度文化、行为文化、物质文化的规范层次组合起来，才能形成规范的企业文化系统。

2. 人文性

作为一种新型的管理模式，企业文化建设必须具备人文性的特征，这也是企业文化建设必须注重"人格"塑造的重要原因。无论什么样的企业文化建设模式，归根结底必须落实到人身上，无论是企业家、企业内部员工，还是作为企业以外的消费者，要认同一个企业的企业文化，就必须尊重人在企业文化建设中的主体地位，强调人在企业文化建设中的核心地位。因此，从企业内部的维度来看，企业文化的人文性要求企业不能简单地将员工作为机器生产过程中的部件，而是必须更多地给予员工人文关怀，让员工体会在企业工作的价值与目标，从而激发工作的能动性。从企业外部的维度来看，企业进行生产和经营的目的并不仅是获得利润，还应以满足社会公众的某种需求为目标，以不断提升社会的生活水平，促进我国社会的发展。这是企业文化建设过程中，必须注重的人文性。

3. 时代性

在不同的社会、经济、技术以及政治条件下，企业文化将呈现出不同的特征，这实际上强调的就是企业文化的时代特征。在不同的时代，企业文化建设的重点内容以及表现形式会有所差异。比如在工业革命时代，企业文化受工业技术的影响较大，企业文化的技术性特征较为明显。而在当前我国社会主义市场经济体制下，企业文化的塑造将更加凸显社会责任。因此，企业文化在建设过程中，应充分考虑当前所处的时代环境,确保企业文化符合时代的要求,如此才能塑造良好的企业社会形象。

4. 个体性

企业文化的个体性指的是任何企业的企业文化,都有自己的特色,由于每个企业的行业、产品、技术工艺、经营条件、人力资源状况、组织形式都有所不同,因此企业文化的内容都会有所差异,很难有企业文化完全相同的两个企业。这就要求企业根据自身的条件来开展企业文化建设工作,不能一味地照搬其他企业的企业文化建设模式和内容。特别是国有企业,在我国社会主义市场竞争机制不断成熟的背景下,应逐步减少带有行政色彩的企业文化建设模式,而是从自身发展需求、市场竞争等角度,不断更新企业文化建设的策略,以确保企业文化建设与自身的战略发展保持匹配。

第五章

科大讯飞技术创新管理之路

第一节 案例分析背景

企业的生存发展依赖于核心竞争力,而核心竞争力的重要来源就是技术创新能力,一个企业能否在激烈的市场竞争中取得胜利,很大程度上取决于企业技术创新能力的高低,技术创新和技术创新能力对于高新技术企业来说更加重要。随着知识更新步伐的加快,经济全球化的深入发展,研究成果产业化的周期日渐变短,高新技术企业生产经营环境也发生了很大的变化。市场完全由买方主导,消费者的消费心理日渐成熟,需求也更加多样化、高层次化、个性化,市场上的新产品层出不穷,质量也越来越好,市场竞争也异常激烈。市场竞争环境和消费者需求的变化要求高新技术企业能够细致分析市场环境变化带来的机会和威胁,要充分利用自身优势抓住市场机会,规避减少市场威胁给企业带来的不利影响,扬长避短谋求生存空间的同时,也要通过提升技术创新能力,创造新优势,改进和创新产品与服务,投入消费市场,满足消费者的需求,从而赢得在国际与国内竞争中的有利地位。

高新技术企业要提升技术创新能力,需要一定的理论研究作为支撑,对技术创新的组成部分、影响因素和提升机制等进行简单的分析。高新技术企业在技术创新过程中如何正确地认识和评价自身的优势,及时发现问题和寻找差距,提出解决途径以及选择更加合理的技术创新模式,对于指导企业开展提升技术创新能力的活动具有一定的研究意义。要提升高新技术企业技术创新能力,需要了解以下几个方面的问题:高新技术企业发展与技术创新之间是什么关系?高新技术企业技术创新系统理论模型有哪几种？高新技术企业技术创新有哪些特点？企业技术创新能力的构成要素有哪些？高新技术企业技术创新能力影响因素又有哪些？当前中国正处于经济社会快速转型时期，技术创新更加复杂特殊，每个企业拥有的创新资源又有所不同，技术创新活动也会出现各种各样的随机影响因素，不确定性增加使得以上几个方面问题具有一定的研究价值。

第二节　案例描述

安徽科大讯飞信息科技股份有限公司（以下简称科大讯飞或公司）是一家专门从事智能语音及语言技术研究、软件及芯片产品开发、语音信息服务及电子政务系统集成的国家级骨干软件企业。公司成立于1999年，原名为安徽中科大讯飞信息科技有限公司，2009年科大讯飞在深圳证券交易所挂牌上市，公司名称整体变更为安徽科大讯飞信息科技股份有限公司。2017年公司实现营业收入54.45亿元，同比增长63.97%，实现利润总额4.35亿元，公司总资产为133.40亿元。[①]

科大讯飞牢固树立自主创新意识，走自主创新道路，开发具有完全自主知识产权的智能语音技术，推出从大型电信级应用到小型嵌入式应用，从电信、金融等行业到企业和消费者用户，从家用电器到儿童玩具，适应不同应用环境要求的多种语音技术产品。2010年科大讯飞紧随移动互联网时代各种变化，率先发布了全球首个具有移动互联网智能语音交互能力的"讯飞语音云"平台，并相继推出了基于该平台的"讯飞语音输入法""讯飞语点"等示范性应用，并与广大合作伙伴携手推动各类语音应用深入到手机、家电、玩具等领域，引领和推动移动互联网时代输入和交互模式的变革。科大讯飞在语音技术核心研究、创新以及产业化方面的突出成绩与贡献引起了社会各界的广泛关注和认可，2003年和2011年，科大讯飞两次荣获"国家科技进步奖"，2008年至2010年连续三年荣获"中国IP通信大奖"，2003年至2009年连续七年荣获"国家规划布局内重点软件企业"，2012年公司还被评为"国家技术创新示范企

---

① 《科大讯飞（002230）业绩报表》，东方财富网（http://data.eastmoney.com/bbsj/002230.html）。

业"。科大讯飞是我国语音产业领域唯一的"国家 863 计划成果产业化基地",并被原信息产业部确定为"中文语音交互技术标准工作组"组长单位,牵头制定中文语音技术标准。

科大讯飞是中国最大智能语音技术提供商,语音合成、语音识别、口语评测等技术具有国际领先水平。语音合成又称文语转换技术,通过机器自动将文字信息转化为人们可以听懂的语言,让机器开口说话;语音识别通过机器自动将语音信号转化为文本及相关信息,让机器听懂人说话,使机器具备听的功能;语音评测技术通过机器自动对语音进行发音水平评价、检错,并给出纠正指导。科大讯飞不仅将中文语音技术做到了全球最好,而且在国际英文合成大赛(Blizzard Challenge 2006 – 2010)、全球说话人识别大赛(NIST 2008)、语种识别评测大赛(NIST 2009)等代表了国际语音技术领域最高水平的大赛中连年夺冠。科大讯飞公司普通话测评技术是目前唯一通过教育部和国家语委鉴定并且在普通话等级考试中大规模使用的技术成果,已在全国 20 多个省市使用或者试点,并且教育部已经下文要求全国在 2014 年前全部实现普通话计算机辅助测试,未来企业的普通话测试业务将会大幅度增加。2010 年公司语音数码产品营业收入约 8800 万元,同比增长 127%,同时语音数码产品市场空间广阔,数码业务发展模式符合行业规律,数码业务将从塔尖向塔基拓展,从安徽向其他省份拓展,未来几年将至少保持 50% 年均增长速度,市场份额将继续扩大,语音数码产品业务已成为公司新的利润增长点。

表 5 – 1　　　　　　　　　科大讯飞的代表专利

年份	专利名称
2005 年	在语音合成系统中将提示音与文本语音合成输出的方法
2006 年	运用计算机进行普通话水平测试和指导学习的方法
2007 年	一种在语音合成系统中提升提示音匹配效果的智能方法
2008 年	一种针对计算机语言学习系统发音评测的自适应方法
2009 年	语音评测的噪声补偿方法及装置
2010 年	基于语谱切分的唱歌评测系统

续表

年份	专利名称
2011 年	一种手写输入识别方法及系统
	一种短消息的处理方法及系统
	支持多模式自动切换的输入方法和输入系统
2012 年	检测口语考试作弊的方法及系统
	电子渠道应用上的 FAQ 识别系统及方法
2013 年	一种对复杂检索式进行检索优化的方法及系统
	实时获取音乐节拍信息的方法及系统
2014 年	一种实现声音转换的方法及系统
	触摸屏上毛笔效果的绘制方法及系统
2015 年	一种带语音识别功能的行车记录仪

注：数据来源于中国知网专利信息统计。

安徽科大讯飞是一家专门从事智能语音技术研究、软件及芯片产品开发、系统集成和运营服务的软件企业，主要产品和服务属于国家重点支持高新技术八大领域内的电子信息技术，在语音合成、语音识别、口语评测等核心技术上拥有完全自主知识产权。科大讯飞拥有国际领先的源头技术，智能语音及人工智能关键核心技术代表了世界最高水平。公司承建有首批国家新一代人工智能开放创新平台（智能语音国家人工智能开放创新平台）以及我国在人工智能高级阶段——认知智能领域的首个国家级重点实验室两大国家级重要平台，同时科大讯飞有着一整套健全的产学研体系，与中国科学技术大学、清华大学、哈尔滨工业大学、西藏大学、加拿大约克大学等国内外知名大学均建立了联合实验室。科大讯飞主持和参与制定国家标准 2 项，国际标准 1 项，行业标准 3 项，累计获得国内外有效专利 260 件，技术研发优势显著。本书简单列出了具有代表性的 16 件专利（见表 5－1）。2017 年公司实现营业收入 54.45 亿元，研究开发费用总额为 11.45 亿元，研究开发费用总额占营业收入总额的比例为 21.03%（见表 5－2），符合高新技术企业认定标准中年销售收入 2 亿元以上企业，研究开发费用总额占营业收入总额比例不低于 3% 的要求。

早在2012年科大讯飞语音支撑软件、行业应用产品或系统、信息工程与运维服务三大核心业务营业收入分别为1.27亿元、3.77亿元、2.67亿元，核心业务收入总额为7.71亿元，核心业务收入总额占营业收入总额的比例为98.47%，符合高新技术企业认定标准中核心业务收入总额占营业收入总额的60%以上比例的要求。截至2017年12月31日，公司拥有员工8659人，其中专业技术人员5739人。员工整体教育程度及素质较高，本科以上学历达到了87%；有40多人次获得省、部级以上科技进步奖，符合高新技术企业认定标准中具有大学专科以上学历的科技人员占企业当年职工总数的30%以上，其中研发人员占企业当年职工总数的10%以上的要求。综合以上因素，科大讯飞是一个以智能语音和芯片开发等技术为核心业务的高新技术企业。

表5-2　　　　　　科大讯飞研发费用占营业总收入比重统计

指标名称	2017年	2016年	2015年	2014年
研究开发费用（亿元）	11.45	7.09	5.77	5.18
营业总收入（亿元）	54.45	33.19	25	17.7
研发费用占营业总收入的比重（%）	21.03	21.36	23.8	25.39

第三节　案例分析

一　科大讯飞发展阶段划分

科大讯飞股份有限公司是专业从事智能语音及语言技术研究、软件及芯片产品开发、语音信息服务及电子政务系统集成的骨干软件企业。公司智能语音核心技术代表了世界的较高水平。从1999年建立至2018年，科大讯飞经历了近20年的发展，为了更加方便研究科大讯飞语音技术创新能力的发展过程，根据不同时期其拥有的核心技术变化，将科大讯飞的发展历史分为三个阶段。

第一阶段：战略定位阶段（1999—2005），中文语音合成技术确立阶段。1999年科大讯飞从初创不断发展，公司以中文语音合成为核心技术，公司主要任务是整合各方面资源推动中文语音合成技术研究、创新和产业化，确立了"顶天立地、自主创新"产业发展战略，也确立了成为全球最大的中文语音技术提供商，并在此基础上成为全球最大的多语种语音技术提供商的战略定位。2000年被认定为国家"863计划"成果产业化基地，与中国科大、中科院共建实验室，核心源头技术资源整合战略初见成效。成功开发出KD中文语音合成系统和Inter Phonic等基于语音合成技术的产品。2001年科大讯飞智能语音平台开发厂商突破100家，语音产业地位初现。2002年获首批"国家规划布局内重点软件企业"认定，承接国家语音高技术产业化示范工程项目，设立博士后科研工作站。2003年被信息产业部认定为"中文语音交互技术标准工作组"组长单位。2004年在国家863中文语音合成国际评测中大比分囊括所有指标第一，销售收入首次迈过亿元大关。2005年科大讯飞研究院正式成立；荣获中国信息产业重大技术发明奖。公司在中文语音合成技术发展不断深入的同时，语音识别技术的发展也日渐成熟。

第二阶段：技术攻坚阶段（2005—2010），传统语音技术研发阶段。2006年科大讯飞首夺国际英文合成大赛冠军，至今已获十一连冠。语音识别技术的研究、创新和产业化取得很大的进展，2007年科大讯飞股份公司正式成立，智能语音芯片销量突破20万片，向市场投放基于语音识别技术的产品，语音识别方面的业务也不断增长。继续坚持"顶天立地、自主创新"产业发展战略，集中企业的资源和力量来推动语音合成和语音识别技术的研究、创新和产业化，也开展关注移动互联网时代语音技术广阔的市场需求。这一阶段企业主要经营电信和金融行业的电信级语音平台产品、电信语音增值产品、企业级C3支撑平台、口语评测和畅言语音教具产品等传统语音业务，形成了企业赖以生存和发展的主要运营业务。2008年科大讯飞成功上市，成为中国语音产业界上市企业。2009年被认定为国家级创新型企业；通信增值业务语音搜索用户突破5000万户，普通话测试用户突破100万户。

第三阶段：构建人工智能生态（2010—2018），人机交互技术飞速发展阶段。随着3G、4G手机用户大量增加和移动互联网时代的到来，在语音合成和语音识别技术基础上，2010年科大讯飞正式发布全球首个同时具备语音合成、语音搜索、语音听写等智能语音交互能力的移动互联网交互平台"讯飞语音云"，能够实现让移动互联网各种设备和服务像人一样"能听会说",将人的语音转换成对应的文字,或者将文字转换成清晰流畅的语音朗读出来。2013年与中国移动、中国电信、中国联通三大电信运营商全面建立战略合作关系。2014年成功举行智能家庭语音产品发布会,发布讯飞语音云3.0、灵犀3.0,正式启动"讯飞超脑计划"。同时发布"讯飞语音输入法""讯飞语点"和"电视语点"等基于"讯飞语音云"的系列产品,采用语音交互技术实现对移动互联网或电子产品的语音操作,将智能语音技术与移动互联网结合,推动移动互联网进入语音时代。2015年科大讯飞重新定义了万物互联时代的人机交互标准,发布了对人工智能产业具有里程碑意义的人机交互界面——AIUI。截至目前,科大讯飞每日为近15亿人次、13万开发伙伴和7亿终端用户提供语音及人工智能交互服务,以科大讯飞为中心的人工智能生态已经逐步构建。

二 科大讯飞技术创新机制

(一)第一阶段技术创新机制

第一阶段,支撑科大讯飞技术创新的主要能力要素是创新管理能力和研究开发能力,企业成立之初就确立了"顶天立地、自主创新"的产业发展战略,语音合成成为公司发展核心技术,技术创新能力逐步形成,企业核心竞争力逐渐增强,创新绩效提升速度较快,幅度较大。技术创新能力形成,创新绩效不断显现主要有三个方面的原因:首先,清晰的企业发展战略、准确的战略定位以及明确的历史使命对于企业技术创新能力的形成具有一定的导向作用。其次,企业战略的制定充分考虑了企业自身实际情况、市场发展前景和国家产业政策。最后,企业创新能力形成过程中,企业创新战略、核心技术、人力资源、资本运作、技术创新推动模式和创新模式选择达到了一个匹配相对平衡的状态。

1. 加强创新战略管理提升技术创新能力

第一,战略委员会将企业发展实际和市场需求紧密结合起来,确立了"顶天立地、自主创新"的产业发展战略,坚持自主创新的道路,提升企业战略协调能力。"顶天"就是既为国防事业和言语推广等重大战略服务,也要实现核心技术国际领先,"立地"就是进入亿万家庭,服务百姓生活,让研究成果大规模产业化。

为了在智能语音技术方面取得关键突破，占据产业先机位置，实现规范化经营，公司设立战略委员会来制定企业发展战略，由委员会来集体协商解决公司经营管理方面的重大战略决策问题。国内外科学界和产业界一直都把语音技术作为关注的焦点和竞争的热点，各个国家也都希望在智能语音研究领域取得核心技术突破，抢占产业先机。2000年科大讯飞刚刚建立的时候，中文语音应用市场几乎为国外大公司所垄断，国内的语音研究机构之间各自为政、壁垒森严、力量分散，无法形成集中统一的力量，虽然科大讯飞的创业团队清楚了解和认识到语音技术的市场发展潜力，但是公司建立之初还是面临着资金短缺、资源与管理经验不足等诸多方面的压力。所以公司成立之初就将自主创新确定为引领企业技术创新的发展方向，确定了成为全球最大的中文语音技术提供商，并在此基础上成为全球最大的多语种语音技术提供商的战略定位。

企业发展战略对创新能力的影响。首先开展以上工作使得科大讯飞对于创新环境与自身创新资源认识能力有了提升，对于开展技术创新活动条件有了足够的了解，提升技术创新能力的措施也会更加客观、技术创新活动成功的可能性也得到提高。其次，创新能力提升所需的对于外在环境和内在资源的协调能力也得到了较大的提升。最后，发展战略的制定使得企业能够在长期发展思想指导下有意识地将有限的资源分配到技术创新能力提升活动中，促进企业核心技术的研发，提高企业核心能力提升效率，以获得长期的竞争优势。

第二，公司领导集体确立公司的历史使命，指明了企业核心技术发展方向。社会信息化、网络化、智能化的快速发展，人们对于信息沟通方式的方便和快捷性等方面要求越来越高，智能语音技术能够充分满足老百姓在信息沟通方面的需求。同时为了维护新时期国家的信息安全和推动汉语的国际推广，公司领导集体从智能语音技术特点与重大应用价值出发，将"以人为本，创造信息时代信息获取和沟通的最佳方式"确定为公司使命。清晰的公司使命一方面使得公司能够明确自己所要发展和依赖的核心技术——智能语音技术，把握提升企业技术创新能力的大体方向，专攻企业的主要经营领域；另一方面，企业的发展愿景使得员工结合自己的个人理想，形成与公司使命相结合的愿望，增强企业的凝聚力，激发员工的创新热情，从而积极为企业创新能力的提升贡献自己的力量，推动创新活动的开展。

2. 注重创新资源投入提升技术创新能力

第一，科大讯飞采取开放式股权吸引和接纳资本，获得了推动企业核心技术研究和产业化所需的资本。科大讯飞分别于1999年和2001年进行两次增资扩股，吸引合肥美菱集团控股有限公司、安徽省信托投资公司、合肥永信计算机有限公司等股东投资入股，使得公司注册资本从建立之初300万元人民币增加到7000万元人民币，开放式股权的融资成功为科大讯飞的生存与发展奠定了坚实基础。

开放式股权引入风险投资，使得科大讯飞快速获得了注入资金，积累了语音合成技术研究与产业化的原始资本。同时开放式股权引入了诸如联想、上海复星高科等在技术和管理方面具有优势的大公司，充分学习和利用上述几个股东具有的战略优势，使得企业在资源利用、渠道共享和市场合作等方面获得实际利益，优化了企业的产权结构，提升了企业产业层次，推动企业核心技术在基础技术研究与产业化过程中不断积累，提升企业的技术创新能力。

第二，制定和实施正确的人才发展战略，为促进语音技术发展和提高企业技术创新能力提供人才保障。实行核心技术人员股权期权的配给制度，建立开放式的人才培养与引进机制和实行人才任用与激励机制等措施，有效发挥企业人才资源的作用。科大讯飞与中国科技大学研究生院联合建立科大讯飞研究生班。科大讯飞引进和培养一批拥有博士、硕士学历的高级科研项目管理人才以及引进和培养大约100位拥有本科及以上学历的市场拓展与销售人才，为了吸引语音技术领域的国内外顶尖人才加盟企业参与学术研究和技术创新活动，企业建立了博士后科研工作站，建立企业完善的培训体系，加强对员工的培训，提升员工的技术与业务水平。

技术创新能力发挥与提升是以人才为载体，企业创新人才的培养对于提高企业技术创新能力具有推动作用。[①] 股权期权配给让科大讯飞形成了18人的核心技术与管理队伍，大家共同创业，创业团队成员将自身利益与公司发展目标主动地结合起来，贡献自己的智慧，有效凝聚了企业

---

① 吴延兵：《不同所有制企业技术创新能力考察》，《产业经济研究》2014年第2期。

技术力量，为企业技术创新能力提升提供了智力支持，企业内部的核心领导层也能够始终保持高度凝聚力，实现了对提升企业技术创新能力活动的坚强领导。公司与企业联合培养研究生能够发挥各自优势，帮助科大讯飞培养更多基础研究的专业人才，提高研究人员的科研水平，高校也可以减轻研究生培养的负担，研究生在从事理论研究的同时，也可以参与企业研究成果的产业转化，增强社会实践能力。科大讯飞注重合理搭配科研与管理人才，从而充分发挥员工各自的技术与管理优势，科大讯飞是由一支年轻、充满活力的管理队伍主导企业的项目管理和研究中心，年轻人敢闯、敢拼、不畏艰难、不怕失败的精神对于促进企业的技术创新有重要的作用。目标、股权期权激励、岗位提升等激励政策以及对技术骨干和高级管理人员在工资福利、住房、通信等方面的倾斜政策能，有效激发企业研发人员和管理人员在研究开发与技术创新工作中的积极性和创造性，从而有效推动企业技术创新能力提升。

3. 开展研究与开发提升技术创新能力

第一，基础研究与产业发展互动，合理分工，通过构筑技术创新平台，推动语音合成核心技术突破，推动语音技术产业化发展。2000年初，科大讯飞与中国科技大学、中科院声学所和社科院语言所三个著名研究机构建立联合实验室。三所科研机构在语音研究领域具有丰富的经验，有各自的研究优势，多方联手成立联合实验室，实现了企业和科研机构之间的优势互补，科大讯飞给予研究机构专项研究经费支持，企业则更多专注于语音技术研究成果的转化和产业化工作，合理分工，推动企业技术创新活动的开展，促进企业的发展。2005年，科大讯飞和微软公司合作共同成立了合肥微软技术中心，中心致力于借助微软公司成熟的软件技术开发经验、软件企业运作机制和丰富的技术成果，通过搭建面向产业链的技术交流和传递平台，提供培训和咨询等诸多服务，推动科大讯飞语音技术发展。

科大讯飞与专门研究机构或者微软、联想等公司合作，一方面可以拓宽企业语音技术来源途径，企业成立之初核心技术优势不是很明显，通过合作研发开展企业语音技术创新活动，提升企业语音技术创新能力，提升语音技术水平，也有效地将各领域的局部优势整合为民族语音产业的整体优势。另一方面，合作各方能够有效发挥各自的优势，专注于各自擅长的领域，从而推动语音核心技术的发展、创新与产业化，提升各自在语音技术方面的技术创新能力。最后，与科研机构和企业进行合作创新能够有效减少技术创新投入的资源，降低企业研究与开发成本，缩短技术研究与开发周期，分担和分散技术创新的风险。

第二，科大讯飞以国家 863 项目的持续支持为基础，推动核心技术的发展与市场转化。科大讯飞的博思智能中文平台、电话互联网关和面向手机应用的语音软核产品 3 项科技研究成功入选科技部中小企业创新基金项目，创新基金为三个项目的科学研究、创新和产业化提供资金支持，推动科大讯飞实现了从基础技术研究到应用开发和产业化的成功转型，推动了语音技术产业化发展。

国家 863 项目和科技部中小企业创新基金的资金和技术支持，项目对技术高、新、尖的要求以及项目测评机制的科学性，使得科大讯飞技术创新一开始就处于一个较高的水平，企业技术创新能力的起点很高，有效快速提升的可能性也就越大，项目的有效研究也使得更多有价值的技术成果脱颖而出，企业专注于发展自己的核心技术。项目的持续支持使企业在智能语音技术关键创新点上取得了一系列技术创新成果，语音合成技术方面技术创新水平得到很大提高，使科大讯飞的汉语语音合成技术达到了国际领先水平。科大讯飞汉语文语转换系统的单词清晰度、音质、自然综合度、词组可懂度和句子可懂度等指标比同类系统要优秀，通过不断改进，文语转换系统的自然综合度已经接近播音员的水平。1998 年的语音合成综合测评比赛中，科大讯飞汉语文语转换系统音质被专家一致认定为最好，系统的自然度综合指标也是所有同类系统中唯一顺利通过测试，能够达到语音合成软件的实用水平。

4. 优化组织结构提升技术创新能力

第一，企业设立专门的事业部，协调基础研究和满足市场需求之间的关系，防止在语音技术产品开发过程中出现过于偏重技术导向而偏离市场实际需求的问题。事业部的成立有利于协调基础研究和技术产业化方面的关系，技术研究和创新的成果没有转化为产品投入市场之前，对于市场需求的预测与市场实际需求之间可能存在偏差，事业部的设立有利于协调研发部门、市场部门之间的关系，研发部门根据市场需求信息反馈适时调整研究的方向，主攻市场前景较为广阔的技术。

第二，重视员工的培训与开发，打造学习型组织。科大讯飞坚持人才是公司最大资产，人才升值是公司最重要升值的理念，做到既要吸收一流人才，更要培养和造就一流人才，所以公司非常重视员工的培训与开发工作，努力打造学习型组织，采用领导带头、人力资源部组织实施、各部门参与和配合的方式进行人力资源的培训和开发工作。公司也十分鼓励员工参与多种方式、多种类型的培训学习和自学活动，提高自身素质和业务能力，提升公司整体的综合素质和能力，为企业从事创新研究、技术创新能力提升以及保持长期、健康发展提供人才保障。灵活多样的培训方式，既实现了不同培训方式的有机结合，发挥了不同培训方式各自的优势，又全面保障和提升了员工能力和综合素质，为员工参与技术创新活动提供了智力支持和能力保障。培训过程中成立了学习小组，通过小组集体学习将个人能力转化为组织能力，使员工明白组织的各级目标，大家齐心协力进行资源的优化配置和利用，有利于更好地集中利用资源提升组织的技术创新能力。通过学习过程中各级的交流反馈，大家能够明白创新过程中遇到的问题和不足，通过协调解决这些问题和不足，保证了最后的创新成果顺利实现。

5. 开展市场营销活动提升技术创新能力

第一，企业产品开发方面，科大讯飞向市场投入了一些基于语音合成技术的产品，有 KD 中文语音合成系统和 Inter Phonic 系列产品。KD 中文语音合成系统可以轻松实现文语转换和文字播报。Inter Phonic 现在最新的产品是 Inter Phonic 6.0，这款系列产品能够将任意文字实时转换为连续的自然语音，实现音色转换，语音合成效果更加生动自然、更富表现力。

KD 中文语音合成系统以及 Inter Phonic 系列产品的推出带动了企业中文语音合成技术研究整体水平的提高，提高了科大讯飞的品牌价值、知名度和影响力，科大讯飞也逐步确立起在国内中文语音产业和语音市场中的主导地位。技术研究、创新以及产业化的快速发展给公司带来显著经济效益的同时，也为未来产业化的发展创造了巨大的空间、提供了丰富的经验，提高了企业在新产品和新技术研发与产业化机制、战略和管理等方面的水平，推动开展更高水平的研究创新和技术创新能力提升活动。

第二，企业选择供应商市场作为目标市场。企业建立之初实行面向终端用户市场发展策略，但是没有取得预期的效果，随着期望和现实之间的差距越来越大，企业也开始逐步转变发展策略，选择供应商市场作为发展目标，因为企业起步之初，语音技术市场也是刚刚开始发展，供应商对于语音合成技术需求要大于终端市场消费者需求。目标市场的成功选择使得企业的创新投入方向更加明确，使得企业有限的资源能够投入到最可能取得创新和市场化成功的产品中，保证企业创新产品产出，实现创新资源的优化配置。供应商市场的成功开拓使得语音技术产品市场销售状况得到改变，实现盈亏平衡，可以进一步增加企业对于坚持自主创新、提升技术创新能力道路的信心，企业员工也更有积极性投入到开展技术创新和提升技术创新能力的活动中去。

6. 加强企业文化建设提升技术创新能力

科大讯飞注重企业文化建设，强调集体创新的理念，形成了"成就员工理想，创造社会价值"企业核心价值观。"成就员工理想"就是企业要为志同道合的员工提供施展能力的广阔舞台和构筑简单真诚的人际关系；为员工提供与其贡献相匹配的丰厚回报和持续的培训与成长空间；要让员工因为科大讯飞事业和自身贡献，得到家庭的认可、社会的尊重。"创造社会价值"是指科大讯飞提供的是阳光健康、高技术屏障、高附加值的社会价值，是能够代表区域、国家参与全球高科技竞争的独特社会价值。企业核心价值观的形成可以增强员工对于企业的归属感以及增强企业内部的凝聚力，对于企业"顶天立地、自主创新"产业发展战略的实施起到很强支撑作用，员工能够将自己的理想与企业发展战略结合起来，充分认识到技术创新对于实现企业战略目标的重要性，从而投身于提升企业技术创新活动中，为提升企业技术创新能力积极贡献自己的力量。

(二) 第二阶段技术创新机制

1. 完善企业的发展战略

本阶段企业继续坚持"顶天立地、自主创新"发展战略，但在企业战略定位上更加理性，企业要成为全球最大中文语音技术提供商的战略目标没有变，但是在多语种语音技术上的战略目标已经悄悄发生改变，从全球最大变为全球最出色。主要原因有以下几点：首先，领导者在企业经营管理方面的经验越来越丰富，企业刚刚建立的时候对于语音技术的市场发展前景充满期待，企业的宏伟蓝图受主观判断的影响较大，经过在市场上的艰苦摸索，到 2004 年企业才达到盈亏平衡，2004 年之前期望和现实的巨大差距一方面不断考验着年轻创业团队的耐心，同时也使他们对于企业实际情况和市场发展前景有了更加客观、准确的把握，企业的战略定位更加合理。其次，Nuance 一直是语音技术市场最具实力的企业，核心技术水平要比科大讯飞高，市场份额比科大讯飞大，至少在英语语音技术方面很难被超越，所以科大讯飞制定了成为全球最出色的多语种语音技术提供商的战略目标。

上述做法对于技术创新能力的最大影响是企业对于自身优势、语音技术市场实际情况的准确把握能够消除预期目标与现实状况之间的巨大差距对于创业团队进行技术创新、提升企业技术创新能力的负面影响，使他们认识到目标没有实现并不是因为企业自身技术领先战略的问题，而是由于预计的市场需求与现实的市场需求之间的差距，即最终用户市场规模小造成的，坚定了企业走自主创新、技术领先，提升技术创新能力的道路，随着企业的不断发展壮大，企业的技术创新能力也不断积累。

2. 加大创新资源投入提升技术创新能力

第一，创新资本积累方面。科大讯飞 2009 年成功在深圳证券交易所挂牌上市，作为中国语音技术产品的第一品牌，科大讯飞成功跨入了软件企业上市公司的阵营，成为我国语音产业界第一家上市公司。持续开展技术创新，提升企业技术创新能力需要大量的资本支持，公司成功上市，公开发行股票，为公司长远发展开辟了长期的融资渠道，从而不断获取开展技术创新活动所需的资金。其次可以增加企业知名度和影响力，获得品牌效应，可以使企业取得与同行业竞争中的领先地位。最后增强公司资产的流动性，让更多的人有机会购买公司股票，将广大股民利益和公司发展利益融合在一起，广大股民可以分担一部分公司在未来技术创新和市场经营方面出现的风险，减少创新失败给企业带来的损失。

第二，科大讯飞重视保护职工权益，增强员工对于企业的归属感，确保企业在技术创新方面的人力资源投入。公司始终坚持以人为本，严格遵守《劳动法》《劳动合同法》《中华人民共和国工会法》，以及保障公司员工合法权益的相关法律、法规和制度，尊重和保护员工的各项合法权益，珍惜和爱护员工的生命健康与安全，创造尊重劳动、尊重知识、尊重人才、尊重创造的良好氛围。公司还建立了比较完善的用工管理规章制度体系，包括劳动合同管理制度、工资保险与福利制度、业绩考核制度、奖惩制度、职业培训制度、休息休假制度等。

保护职工在企业工作过程中的各项权益，能够极大地调动广大员工的工作积极性与创造性，增强企业的凝聚力和向心力。企业也可避免用工过程中出现劳动纠纷和争议，保证企业员工队伍稳定，从而实现了技术创新活动完整性，提升企业创新能力目标也更容易实现。

3. 加强研究与开发提升技术创新能力

第一，技术创新推动模式从技术推动创新开始转向消费者需求推动创新模式。2008年，科大讯飞选择了教育领域作为语音技术进入终端消费市场的切入点，推出面向各中小学教师和学生的智能语音教学产品，还研究开发"能听会说"的智能玩具，并把这些产品投入市场。2008年科大讯飞的销售收入是2.57亿元人民币，2004年至2008年平均每年的增长率在20%—30%之间，与IT行业的其他高科技企业相比，年均增长率并不算高，主打语音技术的企业不多，语音技术市场还有很大的发展空间。由于科大讯飞提供给供应商的软件或产品并不能像CPU相对于电脑那样是占据产业核心基础地位的要素，虽然科大讯飞2008年已经和超过500家开发商建立了合作关系，但是语音技术应用产业化规模还有待进一步扩大，所以科大讯飞针对终端市场进行最终产品的开发和销售，希望能大幅度扩大产业规模。

科大讯飞通过加快推进语音技术应用的广度和深度，针对终端消费市场需求进行产品研发和创新，提高了企业在中文语音产业中的话语权，给企业带来了语音技术研究与开发方面的优势。直接向终端市场销售完整产品比销售软件能获取更多的价值，原来企业一套软件大概只能卖10块钱，一套芯片能卖50块钱，而生产出的一套产品却可卖1000多块钱，中间的巨大差价能够增加企业的销售收入，给企业带来丰厚的利润，为企业提升技术创新能力积累更多资本。

第二，2006年，科大讯飞和全球最大的语音识别厂商Nuance共同成立联合实验室，双方在中文语音识别产品的核心效果优化、中文语料库收集、技术服务人才培养等方面强强联手，进行广泛的技术交流，合作开展技术创新与研发活动。Nuance公司开发了目前世界上最先进的电脑语音识别软件 Naturally Speaking，Nuance 在语音识别技术方面的实力很强。科大讯飞与 Nuance 强强合作，推动本地化应用的深化，大大提高了科大讯飞语音识别技术应用水平，科大讯飞·Nuance 联合实验室合作进行诸如地域性语言的适应性训练，语法编写规则制定及优化等地方性口音适应优化工作，解决了不同地域方言识别方面的困难。双方细致规划语音识别应用方案，突破了合理集成语音识别的各项关键技术，合作开发语音识别应用系统，共同提出语音识别语法设计、语法编写和语法校验方案，合作设计快捷丰富的人性化操作界面，方便广大用户正确合理使用语音识别技术，提高了语音识别系统预期使用效果，有效提高了企业语音识别技术水平，企业向市场投放更多基于中文语音识别技术的产品，也丰富了产品的应用范围，特别是号码百事通系列产品应用的范围进一步加大，服务水平也进一步得到了提升，语音合成和语音识别技术的研究助推了号码百事通的发展。114 号码百事通是双方开展深入合作的典范，科大讯飞实现了将成熟的语音识别技术应用于丰富多彩的电信增值业务的目标，为广大顾客提供了人性化的语音交互界面，提高了语音信息查询效率与准确率，降低了运营成本，打造了功能完善的自动语音应用平台。

4. 优化组织结构提升技术创新能力

第一，通过建立信息交流制度，母公司与子公司、管理者与员工、员工与员工之间的信息交流主要通过以下两种方式实现，首先通过母公司发文件或者相关的通告实现信息交流，其次公司的董事会、母公司领导和子公司领导参加公司例行会议，实现信息交流。信息交流制度加强了部门之间对于技术创新活动的沟通与协调，使得员工能够及时发现和有效解决企业提升技术创新能力过程中存在的问题。比如说技术部门和市场部门的负责人常常在会议上讨论有关技术创新需求的问题，市场部门的负责人可以将顾客意见反馈给技术研发部门，使研发部门可以及时调整研发方向，合理分配研发资源，推动研发活动顺利开展。

第二，为了开拓语音产品在教育市场和智能玩具市场的应用，2008年科大讯飞成立数码产品事业部，科大讯飞推出面向中小学教师和学生使用的智能语音教学产品，研发推出面向亿万家庭孩子的"能说会听"的智能玩具。数码事业部的设立首先使得企业的技术与研发人员对于目标市场更加明确，更加注重客户需求，生产客户需要的产品，从而推动语音合成和识别技术的研究、创新和产业化。其次，事业部的设立也推动了市场的开拓，公司重复利用自己多年对于教育行业的理解和在教育行业积累的人脉，加强与教育部门的交流与合作，重点开发能够满足教师和学生实际使用需求的产品，推出普通话测试系统，直接向教育部和各地的教育厅推广，最终使得普通话测试系统在全国各地得到广泛应用。

5. 重视市场营销提升技术创新能力

第一，本阶段企业最成功的产品就是普通话智能测试系统和英语听说智能评测系统，被教育机构采用并投入普通话测试和英语水平测试中。普通话水平智能测试系统大规模运用，提高了测试结果公正性、提升了普通话水平测试效率、降低了测试成本和组织难度，考生可以通过全真模拟提升自己的测试成绩。英语听说智能评测系统，实现了对口语考试和听力考试阅卷自动化，实现快速评估口语与听力水平，口语对话实现了学生和计算机进行对话，营造仿真的口语练习环境，方便学生提高口语能力。

两套系统的产业化运作为企业下一步拓展教育市场起到了推动作用，在已有产品技术上简单创新开发出更多适合教育市场需求的产品，产品大规模应用以及消费者对于产品质量的认可，提高了企业在教育市场的知名度，企业也更有希望在教育市场上获得成功，使得企业对于技术创新的信心更足，进而投入更大精力去开展技术创新活动，提升技术创新能力，加强技术研究和产业化，向市场推出更多产品，推动教育事业发展。

第二，企业的市场定位是不但要成为供应商的供应商，还要成为终端用户的供应商。发展初期企业在市场上不断摸索、尝试，找到了市场定位，为其他企业提供好的技术和产品，成为供应商的供应商，而不是直接面对终端用户，帮助企业实现了盈亏平衡和快速发展。但是随着企业不断积累和语音技术产业化的不断发展，企业必须尝试重新直接面对终端消费市场，因为终端市场消费者需求更大，产品的附加值更高，企业获得更多销售收入和利润的可能性也越大。

坚持供应商和终端用户市场两手抓的策略既可以帮助科大讯飞巩固

在供应商市场的地位，也可以弥补企业在终端用户市场品牌和销售方面的劣势，增加企业知名度，坚持技术领先，提高自主创新能力有了更多资金和市场保障，从而推动企业开展技术创新活动和提升技术创新能力。通过提高企业技术创新能力以及推出高技术含量产品也可以创造更多市场需求，实现超一流企业创造市场需求的目标。

6. 加强企业文化建设提升技术创新能力

公司始终坚持"成就员工理想、创造社会价值"的核心价值观，公司每年通过组织丰富多彩的企业文化活动，宣扬企业文化、丰富员工生活，企业的向心力与凝聚力持续增强。每年年底召开年度总结表彰大会，总结一年工作，发布下一年工作计划，表彰年度先进个人与集体，展现了员工敬业、创新、奋进的精神风貌。公司鼓励个人和集体创先争优，对优秀员工、团队进行表彰和报道，既树立了优秀榜样，也进一步增强了员工的荣誉感、自豪感，更重要的是增强了员工参与提升技术创新活动的积极性和主动性。

(三) 第三阶段技术创新机制

1. 进一步完善企业的发展战略

科大讯飞继续贯彻执行"顶天立地、自主创新"发展战略，紧紧抓住移动互联网发展和以信息技术推动义务教育均衡发展时代机遇，紧跟国家战略需求，推动智能语音技术研究、创新和产业化不断深入，发挥语音技术在通信安全、汉语国际推广、少数民族地区双语教学等领域的重要作用。科大讯飞在发展过程中紧随时代步伐，把握市场的潜在需求，很好地协调企业战略目标、企业技术能力和市场需求之间的关系，明确企业技术研究和产业化发展的方向，从而合理配置企业的创新资源，推动企业技术创新活动开展，随着新产品的不断开发与投入市场，标志着企业的技术创新能力得到了很大提高。注重履行自己的社会责任，在推动教育事业发展和完善政府职能过程中，积极在技术方面提供必要的支持，能够增强企业的品牌知名度和影响力，获得政府与百姓的支持，政府因此给予企业在自主创新方面更多的资金和政策支持，促进企业提升自主创新能力，加快产品开发与市场开拓。

2. 加大创新资源投入提升技术创新能力

第一，资金是技术研究、创新和产业化最重要的保障，科大讯飞建立健全股东权益保护机制和投资者关系管理机制，继续规范股东大会、董事会、监事会以及管理层等"三会一层"的运作。并依据《公司法》《上市公司治理准则》《上市公司章程指引》等法律法规文件逐渐完善治理结构，且围绕公司法人治理制定或修订有关规章制度，编制企业《内部控制体系管理手册》，完善公司内控管理体系建设。企业设立投资者交流信箱和投资热线电话，及时将公司近期发生的重要新闻在公司网站发布，让投资者和社会公众全面了解公司经营情况，召开年度股东大会或临时股东大会，接受媒体采访等。

股东权益保护机制的建立和完善，特别是《内部控制体系管理手册》的编制和应用，推动和加强了公司内控管理体系建设，规范了公司运营管理，从而形成了较为完善的相互制衡、行之有效的内控管理制度体系，保证了对所有股东的公平、公开、公正，充分享有法律、法规、规章所规定的各项合法权益。投资者关系管理机制的建立和完善，加强了与投资者之间的信息沟通，通过开展各种形式的投资者关系活动，促进投资者对公司以及经营活动的了解和认同，倡导理性投资，在投资公众中也建立了公司良好的诚信形象。股东权益的保障和公司良好投资形象的建立可以有效增强投资者对于投资科大讯飞的信心，企业能够获得更多的市场投资，推动企业股价的上涨和资产的增加，为企业的发展与技术创新活动积累更多的资金。

第二，员工是企业发展与创新最宝贵的资源，科大讯飞注重保障职工权益。公司坚持平等自愿、协商一致的原则与员工签订劳动合同，完善用工管理体系，建立和完善各项福利制度，依法保障员工的合法权益，不断改善和提高员工生活质量。为员工创造舒适温馨的工作环境，比如公司在每个员工的办公桌上都配上绿植，鼓励员工在不影响公司总体文化环境的情况下，发挥个人创意，设计并布置办公室环境，公司还建设了篮球场、羽毛球场、乒乓球场、健身房等多种活动场地，方便大家参加体育锻炼，提高身体素质。

科大讯飞超过80%的员工具有本科及以上学历，超过60%的员工从事技术研发方面的工作，采取各种措施倡导和保护员工的各项合法权益，让员工特别是技术研究人员感觉到自身的劳动、知识和价值受到了尊重，增强了员工对于企业的归属感，员工能更积极主动负责地参与企业的技术创新活动，增强企业技术创新的成功率，促进企业整体技术创新能力的提高。

3. 加强研究与开发提升技术创新能力

第一，科大讯飞在语音合成与识别方面拥有完全自主知识产权的核心技术，形成了外国厂商难以突破的技术优势。语音处理技术在算法和软件方面很难形成绝对的技术优势，语音数据资源库才是移动语音形成技术壁垒的关键。科大讯飞为国内语音技术领域的龙头企业，公司中文语音合成与识别技术达到了国际领先水平，语音识别实现了单机识别向语音交互技术识别的突破，讯飞语音云能够实现对90%常用语的识别，十几年的发展积累使科大讯飞在汉语和英语测试领域积累了大量的语音数据，语音技术在呼叫中心的应用以及讯飞语音云的发展也不断丰富和完善。公司的语音数据库，使得语音识别技术产品对于专业用语和方言等识别率也逐步提高，提高了用户使用体验水平，同时汉语在发音和字形方面的独特性、企业语音合成与识别方面的技术优势和丰富的语音数据库是其他竞争者进入的最大障碍。企业在核心技术方面的技术优势，可以形成企业独一无二的市场竞争优势，推动企业赢得市场竞争，进一步激发企业参与技术创新的积极性和主动性，从而不断开展研究与开发，创造属于企业更多的专利，提升企业技术创新能力。

第二，技术研究和市场需求共同推动企业技术创新，提升企业技术创新能力。科大讯飞对于技术研究、市场需求与技术创新之间的关系有了更深层次的理解，树立和坚持"一流的企业满足市场，超一流的企业创造市场"的理念，认为只有形成企业的核心技术竞争优势，具备差异化的竞争亮点，才可能创造出具有技术优势、让竞争对手难以仿效和进入的市场。形成企业核心竞争优势的关键在于企业的技术创新，技术创新主要体现在两个方面，首先要比其他企业甚至科研机构更早知道语音技术未来的发展方向，从而开展相关基础技术的研究，实现在核心技术上保持领先；其次要了解消费者的需求，要比消费者知道他更需要什么，对技术未来发展要有准确的判断和预测，对技术可能创造出的全新应用产品要有清晰理解，生产出全新的技术应用产品，吸引消费者，让他们主动去购买产品，形成消费市场，实现超一流企业创造市场需求的目标。

4. 优化组织管理制度提升技术创新能力

第一，完善和丰富人才培养的体系与方式方法，通过科学有效的培训机制提高员工综合素质。科大讯飞主要运用 7—2—1 人才培养模式，指员工 70% 能力来自工作过程中的历练，20% 能力来自与领导和同事的交往过程，10% 通过培训教育获得。公司科学、统一、独特的人才培养模式，推动了员工的快速成长，提高了创新人员技术水平与工作能力，有助于技术创新人员提高知识共享的效率，通过不断的创新实践，快速提升了企业的技术创新能力；加强了对企业各级管理者、产品经理、具有丰富成长潜力员工等关键人才的培养，保证了企业技术创新活动管理人才和创新人才的投入；管理者在培训过程中可以针对创新过程中遇到的问题及时进行创新资源的优化配置，提高技术创新的成功率和有效缩短技术创新的周期。

第二，不断完善企业的薪酬、福利和激励制度。薪酬制度设计上，科大讯飞提倡共创共享，尽可能实现三个方面的公平，首先与其他企业相比确保外部公平，人力资源部每年定期进行外部薪酬调研，并根据调研结果确定当年公司薪酬标准和调整的依据；实现外部公平的基础上保证内部公平，岗位之间的工资标准制定以人事部门对于岗位的价值评估为基础；最后确保个人绩效公平，员工薪酬与个人绩效挂钩，多劳多得。积极建立和完善各项福利制度，为所有员工提供健康检查、带薪假等多项福利，以不断改善和提高员工生活质量。激励制度方面，公司不仅考虑短期激励，还积极推动长期激励，让更多优秀人才直接参与到公司收益的分配中。2012 年，公司正式授予 78 名骨干员工首批期权预留部分，加上前期激励人员，共计 429 人获得期权激励，占公司总人数的 25.7%。

企业薪酬、福利和激励制度建设可以有效改善和提高员工生活质量，让他们觉得为公司技术创新活动付出知识和劳动是很值得的一件事，增强他们参与技术创新活动的积极性和创造性，推动企业技术创新活动的开展，促进企业技术创新能力的提升。公司收益分配制度规定员工对于企业技术研究与创新的贡献越大，获得的奖励就越多，增强员工积极性的同时能够有效激发员工的激情，使他们以更饱满的状态投入技术创新工作，增强员工对于公司的认同感与归属感，把个人发展目标与企业发展目标结合在一起，实现公司和个人的同步发展。

5. 重视市场营销提升技术创新能力

第一，这一阶段科大讯飞基于移动互联网智能语音交互技术开发的主要代表产品有讯飞语音输入法和讯飞语点，讯飞语音输入法集智能语音输入、键盘区连续手写、笔画输入及传统键盘输入于一体，能够快速准确将语音转化为文字，而且可以在不切换界面情况下实现多种输入方式平滑切换，大大提升了手机输入速度，能够用于 Android 和 iPhone 操作系统。讯飞语点可以用语音实现手机打电话、发短信、听音乐、查天气、查话费等功能，且能自动播报查询结果。

开发具有完全自主知识产权的产品并投放市场，说明企业在实现语音技术突破及产品应用创新方面已经取得了不错的成绩，企业的技术创新能力也达到了较高的水准。现有基础研究的创新与突破为下一步开展技术创新活动、提升技术创新能力和研究成果的产业化提供技术和经验，进而向市场投入更多高技术含量的产品。

第二，企业自身市场推广力度不断增强的同时，还加强与移动、联通等移动通信企业在语音云平台上的合作，促进产品的创新、开发、应用。企业的语音技术市场进一步开发，就需要大幅度提高公司的销售额，2011 年科大讯飞的公司销售额同比增加 35%。为了推广公司电信增值业务，科大讯飞加强了与移动、联通等电信企业的合作。中国联通在 4G 网络上具有明显的优势，目前双方在 4G 终端应用、家庭宽带多媒体、4G 汽车服务、手机音乐搜索和互动、智能呼叫中心等业务方面已经启动了试点合作。

科大讯飞与移动、联通的合作实现了多赢，通信巨头希望以资本为纽带，占据未来在语音技术领域的话语权和提高自身的语音技术创新能力，推动了讯飞语音云在国内移动互联网领域的推广，推动了中文语音合成和识别技术的自主创新、整个语音识别市场和产业链的成熟。同时也是智能语音技术研究成果在主流电信市场领域得到认可的重要体现，增强了企业自主研究与创新的自信心，企业会投入更多资源到语音技术的研究与产业化过程中，提升企业自主创新能力。

第四节 案例启示

案例分析是为了能够找到提升高新企业技术创新能力的经验，通过分析科大讯飞在不同发展阶段技术创新能力的提升措施，以及这些措施对于企业技术创新能力的影响，从五个方面简单总结高新技术企业提升技术创新能力的启示。

一 重视企业家精神

创新理论认为企业家是创新的主体，企业家必须具有远见、创新意识与精神、较高的知识与技术水平，熟练运用其所拥有的创新能力，抓住机会做出科学合理的创新决策，推动企业创新活动开展，提高企业技术创新能力。企业家的存在带来了创新的成功与企业创新能力的提高，同时创新活动的成功也促进了企业家的不断成长。

科大讯飞的总裁兼董事长刘庆峰就是一位技术和管理双肩挑的复合型人才，有远见卓识和很强的创新意识。刘庆峰本科、硕士和博士期间的主要研究方向就是语音技术，提出或改进过许多语音技术创新方法，成功设计出在国内外同类系统中都位于领先地位的汉语文语转换系统，其研制的"天音话王"在1998年新加坡召开的首届国际汉语口语处理研讨会上被各国专家一致公认为代表了汉语语音合成最高水平的汉语文语转换系统，荣获"最佳学生论文奖"，成为当时国内唯一获此殊荣的学者。"天音话王"软件首次实现把中文语音合成技术推广到实际应用。他还与其他五位学生一起成功研制出中国第一台"能听会说"的中文电脑，获得过最高技术股权奖励。

基于在语音技术方面多年的研究和取得的丰硕成果，以及对于信息时代人们信息沟通方便和快捷性方面需求的准确把握，他意识到智能语音技术广阔的市场前景，并希望能够推动语音技术研究和产业化发展。科大讯飞创立之前与企业合作的失败经历也让他觉得语音技术研究和产业化之路要靠自己来走，高新技术企业要想快速发展，具有国内和国际一流的竞争力，能够和联想、微软、IBM等大企业一决高低，必须要由懂技术并且具有远见卓识的人来参与公司的管理与运作，要不然这个公司就很难有很好的发展前景。他们勇敢担负起自己肩上的社会责任，把中文语音技术作为一项民族产业来做，继承和保护传统文化，从而找到了自主创新、艰苦创业的最大动力。所以，1999年他和班里的18位同学一起成立科大讯飞，形成推动企业技术创新的核心力量，年轻人敢于冒险、敢于创新的精神在科大讯飞得到了极大的发挥，核心人才资源作用的发挥是科大讯飞一直坚持自主创新，不断提高技术创新能力，实现企业发展的重要保证。

总之，高新技术企业领导者的创新意识、创新精神和创新能力在开展研究创新和提升技术创新能力活动中应该得到足够的重视，企业要努力营造良好的创新环境，充分发挥企业家在创新能力、创新权力、创新动力和创新决策方面的优势，来推动企业技术创新的进程，提升企业的技术创新能力。

二 加强战略管理

企业技术创新过程必须制定适合自己的发展战略，找到自己的战略定位，而且战略定位也要随着企业的发展壮大和市场行情的变化做简单的调整，以适应市场实际情况的变化和适时调整企业资源配置，促进企业技术创新活动的顺利开展，企业战略在执行过程中要注意加强企业领导者与领导者之间、领导者与员工之间、员工与员工之间的相互配合。

科大讯飞从建立之初，就确立了"顶天立地、自主创新"的产业发展战略，也确立了成为全球最大的中文语音技术提供商，并在此基础上成为全球最大的多语种语音技术提供商的企业战略定位。但是随着企业的发展，公司也调整了自己的战略定位，从全球最大到成为全球最强，规模大不一定实力就强，实力强比规模大有时候更重要，但是企业的总体战略一直未变，始终坚持自主创新，实现了企业的跨越式发展，从一个成立之初只有300万元人民币的企业成长为一个年销售额达7.83亿元的高新技术企业，掌握了一系列具有完全自主知识产权的核心技术。

成功制定和实施创新战略，首先要能够准确预测技术创新的趋势；其次要能够了解和把握企业自身的技术创新能力，进而能够选择正确的技术创新主攻方向，实现创新资源的合理配置与利用；最后要保证创新战略能够贯穿于企业技术创新的整个过程，如果在战略实施过程中发现战略有不正确的地方，一定要及时进行调整，促进创新活动的顺利开展。

三 加大创新资源投入

企业技术创新活动顺利开展的基础是创新资源投入，主要体现在创新资金和创新人才的投入。在创新资金投入上，科大讯飞采取开放式股权的方式吸引和接纳资本，获得了推动企业核心技术研究和产业化所需的资本，为科大讯飞的发展和壮大奠定了坚实的资金基础，同时吸引技术和管理优势的大公司入股企业，可以使企业获得资源、渠道共享和市场合作等方面的优势，优化企业的产权结构，推动企业核心技术研究取得不断进步，成功提升了企业技术创新能力。科大讯飞于2009年成功在深圳证券交易所挂牌上市，成功上市为企业开辟了长期的融资渠道，为企业积累了长期开展技术创新活动与研究成果产业化所需要的资金，分散了技术创新给企业带来的风险，大大推动了企业技术创新活动的开展和技术创新能力的提升。创新人才培养方面，科大讯飞与相关院校和科研机构合作，联合培养语音技术研究专业人才，运用7—2—1人才培养模式，加强对各个层级的管理者、产品经理和员工的培养与培训，创新人才的培养、引入和培训，满足了企业技术创新能力提升对于人才投入的要求，推动了企业技术创新活动的开展。科大讯飞还通过薪金、职务晋升、股权分配等人才激励机制充分调动创新人员参与创新活动的积极性和主动性，发挥他们最大的创新潜能，真正实现人尽其才。

创新资金投入是企业提升技术创新能力的资金保障，创新人才投入是技术创新能力发挥与提升的载体，创新人才的增加有利于提高企业技术创新能力。所以高新技术企业开展技术创新活动，提升技术创新能力，必须加大创新资源投入。

四 选择合理的技术创新模式

企业技术创新模式选择也是影响技术创新能力提升的一个重要因素，要实现快速有效提升技术创新能力，必须选择合理的技术创新模式。技术创新主要有模仿创新、合作创新和自主创新三种模式，企业建立之初由于技术、资本和人才方面的劣势，主要采用相对低成本、低风险的模仿创新与合作创新。技术的日趋复杂、市场竞争的加剧、市场风险的增加，客观上也要求企业与企业之间、企业与科研院所之间加强合作，开展技术创新活动，但是企业要获得核心竞争优势，拥有企业完全自主知识产权的技术，必须坚持自主创新。科大讯飞在坚持自主创新的同时也加强与其他企业和科研机构之间的合作，推动企业技术创新能力的提高。

科大讯飞与中科大、中科院声学所和社科院语言所三个在语音领域具有丰富积累且优势互补的著名研究机构成立联合实验室，为企业开展技术创新活动创造了一个良好的技术环境，发挥各自优势，推动了企业技术创新活动的开展。科大讯飞与微软公司和 Nuance 合作成立研发中心和联合实验室，加强双方在人才培养和技术研究方面的合作，实现了资源共享，优势互补，拓宽了企业技术来源的渠道，降低企业研究与开发的成本，缩短研究开发周期，分担和分散技术创新风险，提高技术创新的成功率，能快速提升企业技术创新能力。

第六章

华为手机产品创新管理之路

第一节 案例分析背景

自改革开放以来,经过40年的持续发展,我国高新技术企业也取得了飞速的发展,现在已经成为世界上名副其实的制造业大国。我国制造业企业生产的产品,不仅占据了国内市场,而且在世界市场上也占据了重要的位置。虽然我国已经成为制造业大国,但是远不能被称为制造业强国,我国制造业企业生产的产品多数是在低端市场上,以产量和相对的性能优势来占据市场。我国一些企业产品创新能力薄弱,不少核心技术及设备依然依赖于国外,产品的技术含量较低;在对国家经济实力有重大影响的高端产品方面,我国没有优势。我国企业在产品创新方面和世界先进水平还存在差距,产品创新不足成为我国高新技术企业发展的重要瓶颈因素。

本部分研究目的是从技术协同创新角度出发分析高新技术企业的纵向产品创新策略。因而选取的高新技术企业在同行业领域中位居前列,经历过市场环境的巨大变化和激烈竞争并比较重视产品创新,进行典型的技术协同创新活动。基于这些基本原则,本书在确定具体的案例时,需要遵循以下选择标准:(1)所选高新技术企业必须重视产品创新。此标准可保证企业拥有产品创新策略。(2)企业某产品的销售收入、市场占有率或生产规模等处于行业前列。此标准保证所选案例企业能够代表行业情况。(3)企业的产品、服务或品牌有较强的市场竞争力。此标准确保企业具有持续竞争力。(4)企业拥有或者能够利用先进技术,但在进行产品创新上与其他企业有合作。此标准确保企业进行产品创新时采取的是技术协同创新而非完全自主创新。综合以上因素，本书选择华为为案例分析对象，对华为的产品创新过程进行分析，以给高新技术企业进行产品创新管理提供有益的启示。

第二节 案例描述

一 华为简介

华为技术有限公司是一家生产销售通信设备的民营通信科技公司，于 1987 年正式注册成立，总部位于中国深圳市龙岗区坂田华为基地。华为是全球领先的信息与通信技术（ICT）解决方案供应商，专注于 ICT 领域，坚持稳健经营、持续创新、开放合作，在电信运营商、企业、终端和云计算等领域构筑了端到端的解决方案优势，为运营商客户、企业客户和消费者提供有竞争力的 ICT 解决方案、产品和服务。2013 年，华为首超全球第一大电信设备商爱立信，排名《财富》世界 500 强第 315 位。截至 2016 年底，华为有 17 万多名员工，华为的产品和解决方案已经应用于全球 170 多个国家，服务全球运营商 50 强中的 45 家及全球 1/3 的人口。

经过 20 多年的发展，华为在无线终端产品等三个领域积累了技术优势。2003 年起，华为开始为运营商定制手机，2009 年开始发展智能手机。2016 年华为运营商、企业、终端三大业务持续有效增长，实现全球销售收入 5215.74 亿元人民币，净利润 369 亿元人民币；其中消费者业务收入达 1798.08 亿元人民币，同比增长 43.6%，其中，消费者业务在芯片、UI 系统、双摄像头等领域均实现了关键性突破。

据华为官方发布的数据，华为在智能手机销量上取得了喜人的成绩，出货量从 2010 年的 300 万部到 2015 年急速增长了 30 倍，同比增长 29%，而且出货量在全球各地都保持高速增长态势，特别是欧洲、中国及中东和非洲市场，其中在国内市场的同比增长率超过了 81%。2015 年 12 月 GFK 统计数据显示，华为智能手机的全球份额超过 10%，成为仅次于三星、苹果的全球第三大手机品牌，在全球市场份额中位列前三名。2016 年荣耀系列手机的出货量在 4000 万部左右，任务完成时间较上一年同期略晚。

二 华为经营状况分析

公司经营状况可直接影响到销售收入,而销售收入是企业进行其他经济活动的基础。从华为公司近五年的销售收入和毛利率(如图6-1所示)数据来看,销售收入持续增长,年复合增长率17.6%,说明华为公司在持续发展壮大。毛利率是衡量企业盈利能力的指标,毛利率越高则企业的盈利能力越强,控制成本的能力越强。毛利率维持在40%左右,说明华为公司盈利能力较强,控制成本效果较为显著。

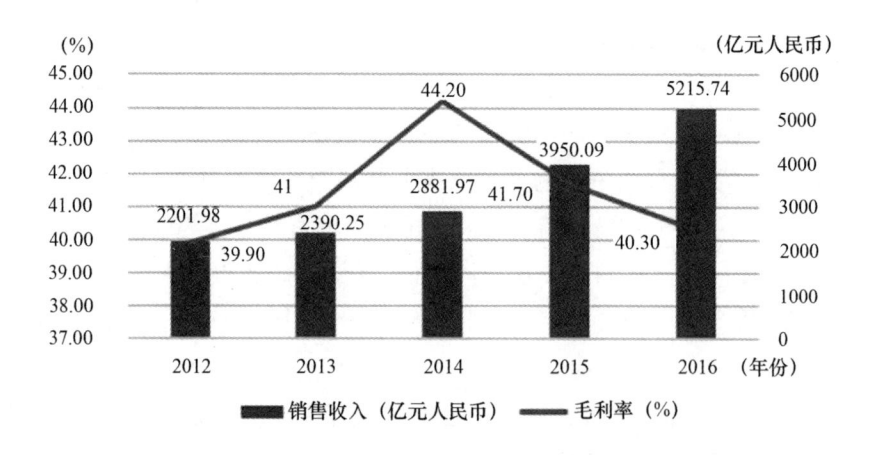

图6-1 华为公司2012—2016年销售收入与毛利率

营业利润是企业在一定时期内从生产经营活动中取得的全部利润,反映基本经营活动的成果。华为公司2012—2016年营业利润如图6-2所示,其营业利润持续增长,年复合增长率23.9%。营业利润率用来衡量企业经营效率,反映企业管理者通过经营获取利润的能力。华为公司营业利润率在10%左右,说明华为公司管理有效,获取利润能力较强。2016年,华为公司消费者业务增长迅速,品牌和渠道建设投入增加,营业利润率相比2015年有所下降。

三 华为手机产品系列

华为的产品有很多,包括手机、平板电脑、移动宽带、家用终端、

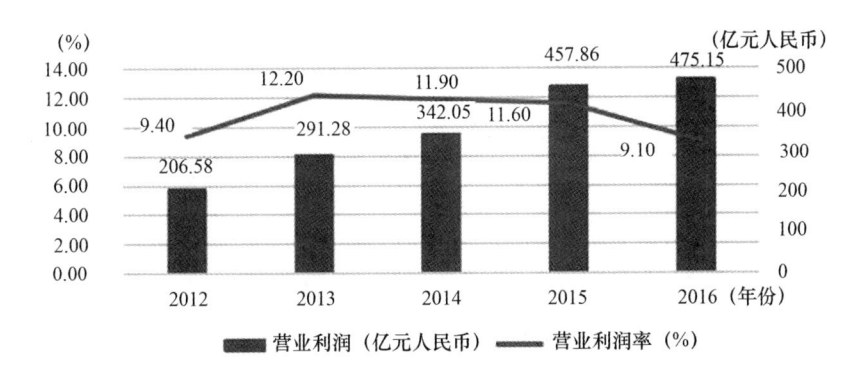

图 6 – 2　华为公司 2012—2016 年营业利润与营业利润率

无线电信网络、存储、服务器、云计算等。近年来，伴随着华为核心技术的不断提升，华为手机一直走在时尚的前端，实现了一系列的创新。①2015 年上市的华为 P8 堪称高端市场的旗舰机，在工艺设计上，采用纳米注塑，打造业界领先无缝紧密连接；在耐用功效上，2600mAh 电池，93064bits 八核芯片，比业界同等电池容量的手机功效提升 20%；在通话质量上，进行多效处理：保证嘈杂环境中高于标准高峰值 58% 的声量，和强风噪环境下单麦克风通话消除 90% 的风噪，支持半径 2 米范围内高质量免提通话；在手机拍摄上，采用业界一流光学防抖和全球首款 4 色 RGBW 传感器，其单反级别的独立图像处理器，可在高对比环境下增强 32% 亮度和低光环境下减少 78% 的噪点，完美呈现高光与低光的精彩细节。

华为手机主要分为荣耀专区系列，包括合约机、畅玩和荣耀系列，对应低中高端产品，华为专区包括畅享系列、Nova 系列、G 系列、P 系列和 Mate 系列，对应入门、中端、高端、旗舰几个层次的产品概念，详细情况见表 6 – 1。

---

① 吴令：《华为企业品牌国际传播策略研究》，硕士学位论文，四川外国语大学，2018 年，第 20—21 页。

表6-1 华为手机产品相关信息

华为手机品牌	机型和价格	上市时间	配置
荣耀系列	V9：2999	2017.2	EMUI5.0 + Android7.0，麒麟960
	Magic	2016.12	Android7.0，麒麟960
	Note8：2499		EMUI4.1 + Android6.0，麒麟955
	V8：2099	2016.5	EMUI5.0 + Android7.0，麒麟950
	8：1999	2016.7	EMUI4.1 + Android6.0，麒麟950
	8：青春版：1399	2017.2	EMUI5.0 + Android7.0，麒麟655
	7i：1099	2015.8	EMUI3.1 + Android5.1，骁龙616
畅玩系列	5：699	2016.6	Android5.1，联发科MT3735P
	5A：799	2016.6	EMUI4.1 + Android6.0，骁龙617
	5X：1099	2015.10	EMUI3.1 + Android5.1，骁龙616
	5C：1199	2016.6	EMUI4.1 + Android6.0，麒麟650
	6X：1399	2016.10	EMUI4.1 + Android6.0，麒麟655
	5X合约机：999	2015.10	EMUI3.1 + Android5.1，骁龙616
Mate系列	Mate9 保时捷：8999	2016.12	EMUI5.0 + Android7.0，麒麟960
	Mate9 Pro：4699	2016.12	
	Mate9：3899	2016.11	
P系列	P10 Plus：4288	2017.3	EMUI5.1 + Android7.0，麒麟960
	P10：3688	2017.3	
	P9 Plus：3988	2016.4	EMUI4.1 + Android6.0，麒麟955
	P9：3388	2016.4	
Nova系列	Nova：2199	2016.10	EMUI4.1 + Android6.0，骁龙625
G系列	麦芒5：2399	2016.7	Android6.0，骁龙625
	G9Plus：2199	2016.8	
	G9：1499	2016.5	EMUI4.1 + Android6.0，麒麟650
畅享系列	畅享6S：1499	2016.12	Android6.0，骁龙625
	畅享6：1299	2016.11	Android6.0，联发科MT6750
	畅享5S：1099	2015.12	Android5.1，联发科MT6753

资料来源：根据华为终端官网各手机型号产品介绍整理。

由上表可知，华为手机主要分为荣耀专区和华为专区，其中荣耀专区作为华为手机的一个独立子品牌，主要针对学生等青年群体，2017年荣耀系列在售的有荣耀7i、荣耀8、荣耀Note 8、Magic和荣耀V8、V9等7种机型。荣耀7i为荣耀系列目前唯一一款2015年上市的型号，售价1099元，其他6种机型多为2016年或2017年上市。除了荣耀Magic搭载原生Android系统外，其余6款荣耀系列手机均搭载华为自己研发的不同版本的EMUI系统，除荣耀7i使用高通的芯片外，2016年后所有的荣耀机型都使用华为研发的不同型号的海思麒麟芯片。畅玩系列则为相对低端一些的机型，产品售价在699~1399元不等。除畅玩5搭载Android原生系统，使用联发科的芯片之外，其余5种机型均搭载EMUI和Android系统，在芯片上有3种机型使用联发科芯片，3种机型使用华为海思麒麟芯片。

华为专区则分为5个系列，分别是Mate系列、P系列、Nova系列、G系列和畅享系列，其中Mate系列包含3种机型，为高端商务机，华为Mate9保时捷售价最高为8999元，Mate9 Pro售价4699元，最早上市的华为Mate9售价3899元，3种机型均搭载EMUI和Android双系统和华为海思麒麟芯片；华为P系列手机有4款，各有两款在2016年和2017年上市，且均搭载EMUI和Android双系统和华为海思麒麟芯片；Nova系列、G系列和畅享系列则搭载EMUI或Android系统，芯片方面则是由联发科、高通骁龙或华为海思麒麟提供。

四　华为研发投入

截至2017年，华为在中国、印度、德国等多个国家和地区建立了16个研究所，全球参与研发设计的员工大约有7.9万名，占公司总员工数量的近一半，从产品概念化到硬件架构，从华为自主研发EMUI情感化用户界面到众多实验室验证的支持，一步步地在提升产品的工艺和品质，华为从始至终都坚持研发高投入，每年将10%以上的销售收入投入研究与开发。如图6-3所示，2006年投入额为68亿元人民币，此后每年保持阶梯式增长。到2017年，华为在研发方面所投入的费用为897亿元人民币，是2006年的13.19倍。[①]

大量的研发投入在专利申请方面得到了正面的体现，到2015年12月

---

① 《华为2017年研发投入104亿欧元　超苹果排名全球第六》，凤凰网（http://tech.ifeng.com/a/20171214/44804581_0.shtml）。

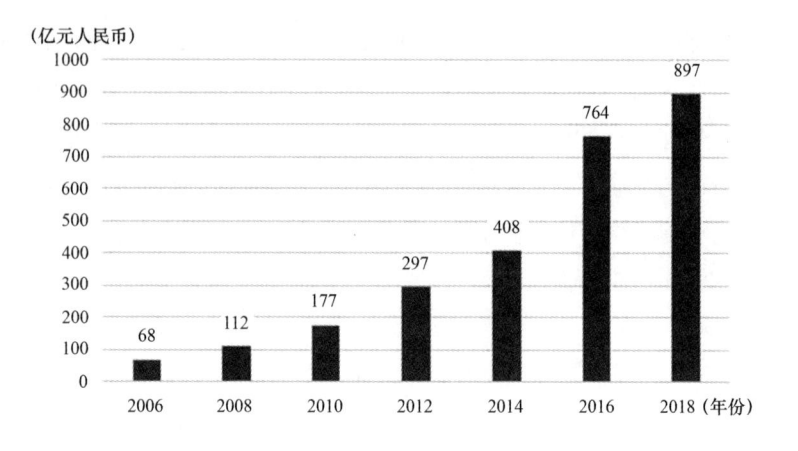

(亿元人民币)
```
1000
 900                                              897
 800                                       764
 700
 600
 500                                408
 400                        297
 300                177
 200        112
 100  68
   0
     2006  2008  2010  2012  2014  2016  2018 (年份)
```

图 6-3　华为研发投入状况

31 日，华为总共获得专利授权 83163 件，包括 52550 件国内专利和 30613 件外国专利，专利申请总量高居全球首位，其中 90% 以上专利为发明专利。与终端相关的专利多达 18000 件，给华为手机产品的创新奠定了深厚基础。其中华为手机使用的海思处理器，从初期遭受大众差评的麒麟 930，到获得肯定的麒麟 950，再到现在备受推崇的麒麟 960，从开始连 CDMA 都不支持，到后来全网通的扩展，华为独立开发的海思处理器的明显进步，是华为手机品牌取得成功的关键因素。

华为坚持开放合作共赢，加入了标准组织/产业联盟/开源社区 300 多个，担任超过 280 个重要职位；华为的全球联合创新中心有 36 个；云计算有 500 多家企业合作伙伴；未来种子项目覆盖全球 67 个国家，1.5 万名学生受益；华为创新研究计划已有 100 多家学术机构，超过 1000 名学者参与。在产品发展规划方面，华为坚持"首先要将硬件规格和性能做到世界第一，其次是工业设计和外观，最后要保证软件易用性和客户情感喜爱"的清晰产品发展规划。

第三节　案例分析

一　华为创意阶段的产品创新管理策略

华为的产品系列层次较多，受众较为广泛，定位在大众，或追求某一方面的体验或重视产品质量，技术积累丰富。华为围绕"自由品牌+精品"的方案，本着提供质量过硬、性能稳定的原则进行新产品的策划和设计。在掌握核心技术的同时注重市场需求，产品创意来源于技术专利和市场需求以及全球各地的实验室、研究所或者联合研发中心以及市场研究报告，新设想的提出者大多是技术人员或技术相关人员，这些人员可能来自企业内部或者与企业围绕终端进行协同技术创新的供应商或渠道商。在进行产品创意设计时会积极地了解市场需求，借此积极了解、快速响应顾客需求，做出很多个性化产品来满足不同客户的需要，在进行产品策划时，注重制定目标和非常坚决地执行。

2015年10月，华为消费者业务宣布，苹果公司前创意总监Abigail Sarah Brody正式加盟华为，出任华为消费者业务首席用户体验设计师，领导华为消费者业务用户界面设计工作。华为消费者业务CEO（首席执行官）余承东表示："我期待由Abigail率领的团队能让华为用户体验设计水平实现质的飞越，打造在用户体验领域的全球领先核心竞争力。"通过引入创意设计大拿Abigail，华为希望在打造完美硬件创意设计的同时，完善华为手机的软件和用户体验。同时，根据华为官方发布的相关信息，华为计划在美国设置用户体验设计工作室，跟踪和引领业界尖端设计理念，并协同国内设计团队，打造华为终端产品的用户体验。

华为终端通过华为开发者联盟与开发者和合作伙伴进行研发交流沟通活动，通过华为全球化平台和产业链资源，为移动APP开发者提供技术支持、推广服务等，借助他们的创意和力量为华为手机消费者提供更好的用户体验。

华为的创意来源主要是顾客、研发机构和企业内部相关部门。华为是通信行业出身，技术实力相对丰富，多年来在世界各地建立的研发中心一直积极地为企业产品创新贡献力量，企业很大一部分创意来自研发中心，而对顾客参与的重视也是华为能够掌握市场潮流的主要原因。企业内部各个部门直接或间接地参与顾客意见搜集，结合研发机构的技术创新提出产品创意，是最为合理的。华为创意主要集中在芯片、电池续航、快充、外观、操作系统和相机等方面，几乎注意到了产品的方方面面，其中对手机产品核心部件如芯片的创意，得益于其在通信领域的技术积累和丰富的专利技术储备，从而保证在生产手机尤其是高端手机时使用自家的海思芯片。

华为的产品创意来源主要是通过传统的市场调研辅以网络渠道公开搜集，因为其针对的是大众消费者群体，产品创新的层次也较为丰富，因而通过传统的网络调研对于某些特定用户的意见有针对性的调查和反馈。在对市场满足情况感知方面，华为超前于市场且企业内部人员与企业外部的评价一致，究其原因可能是华为靠技术创新方面的创意超前于市场需求，并且企业比较注重对产品创意等的传播。

二　华为研发阶段的产品创新管理策略

（一）注重产品知识产权保护

华为公司在全球化发展过程中，走出了一条可以整合企业内部和全社会技术创新资源，并且可以利用国际科技资源为企业服务的技术创新之路。随着国际化程度的加深，公司更加重视通过自主创新获取企业核心竞争力，同时更加注重对知识产权的保护，公司成立了知识产权部，制定并实施公司的技术领先战略。为了使知识产权最大限度地发挥效益，华为公司注重专利保护，采取重点突破的方法，将创新资源重点集中于核心技术的研发。[①] 例如，在手机领域，成功研发出自己的核心芯片，成为获取利润的主要来源。注重知识产权保护最突出的表现是专利申请与保护策略。核心技术的研发使得公司获得了较多专利，经济效益显著，成为我国企业自主创新的典范。2016 年，据欧洲专利局公布，华为公司向欧洲专利局申请 1953 项专利，专利申请量排名第二。得益于大量的研发资金和人力投入。华为公司在消费者业务领域的竞争对手苹果公司开始向华为公司支付专利费用，至此，华为公司的专利变现之路开启。

（二）注重研发投入

华为作为世界 500 强，在国内外享有极高的声誉，以其高质量的服务赢得了用户忠诚度。华为生产的移动终端代表了中国制造在世界崛起的

---

① 林笑晨：《高新技术企业价值评估方法的应用研究——以华为投资控股有限公司为例》，硕士学位论文，青岛理工大学，2017 年，第 37 页。

形象，主动应对未来网络融合和业务转型的趋势，从业务与应用层、核心层、承载层、接入层到终端，提供全网端到端的解决方案，全面构筑面向未来网络融合的独特优势。在研究开发时主要以产品质量和性能稳定为出发点，重视合作研发，建立全球研发中心，布局专利技术，研究开发软件和硬件。华为希望与广大的系统集成商、独立软件开发商、独立硬件开发商合作伙伴一起，联合为客户开发可以满足行业特性需求的解决方案，构建联合创新的生态格局，加速商业与技术创新。

华为秉持"客户为中心，基于客户需求和技术领先持续创新"的理念，在关键技术、基础工程能力、架构、标准和产品开发等方面持续投入。华为在技术实力方面，专业储备和技术能力无与伦比。超强的实力使得华为能够集合国内外最优势的资源进行研究开发，在终端硬件方面华为研发有海思芯片，在软件方面也积极开发基于 Android 操作系统的 EMUI。

华为多年以来坚定不移地增加研发投入，提高科研人员素质，尤其支持企业开发设计智能软件；华为还通过实施全球研发和技术战略布局，积极申请国外和国际专利。与此同时，华为还携手徕卡、保时捷设计等全球顶级合作伙伴，联合设计、开发，共同为消费者打造具有极致体验的科技产品。在双摄像头系统方面，华为消费者业务依托与徕卡在 2016 年共同推出的两代双摄像头系统，全面引领智能手机摄影的新潮流。在研究人员占比方面，华为全球员工总人数约 17 万人，研发员工约占 45%，在推动本地化进程中，华为海外聘用的员工总数超过 3.4 万人。在 2015 年，海外本地化率达 72%。2015 年，华为投入研发金额达到 596 亿元人民币，占销售收入的 15%。在研究中心设置上，华为在全球设立了 17 个研究所，分别在中国、美国、瑞典、印度等地，每个研发中心的研究方向与开发侧重点都不同。关于研发专利方面，专利申请量在全球企业中名列前茅。

2016 年 4 月华为发布华为 P 9，它是一款搭载了与徕卡协同研发的摄像头的华为全新旗舰智能手机。华为消费者业务 CEO 余承东表示："华为 P 系列的特色就在于时尚的外观设计与优秀的拍照性能，华为选择了与全球摄影界百年传奇品牌徕卡成为战略合作伙伴。通过与徕卡合作，P9 充分融合了华为在智能手机和徕卡在专业摄影领域的技术优势，为消费者带来更多的创新，提供最先进的图像处理技术、最优质的手机摄影体验，让手机摄影拥有更强的艺术表现力。"P9 手机综合利用徕卡在专业摄影技术领域和华为在智能手机领域的技术优势进行研发，为消费者提供最优质的手机摄影体验。华为 P9 系列卖点是徕卡认证的双摄，华为 Mate9 则由于曲面屏和 super change 快充技术获得消费者认可，显示了华为在手机摄像、屏幕和快充方面的雄厚研发实力。

（三）积极开展研发合作

华为终端利用面向移动互联生态伙伴的开放平台——华为开发者联盟与开发者和合作伙伴进行研发交流沟通活动，依托华为全球化平台和产业链资源，从技术支持、应用分发、运营服务、品牌推广等方面着手，逐步开放众多面向 APP 开发者的资源与能力，为移动 APP 开发者提供业务发展机会，协同为华为智能手机消费者提供更多优化的功能与服务，打造卓越用户体验。华为在产品研发阶段，较为明显的特征是研发机构、供应链企业和企业内部研发部门联合参与研发，这与华为的技术创新实力和华为产品创新的理念是分不开的。华为坚持"专业的人做专业的事"，在产品研发阶段体现得尤为明显。企业内部的研发人员通过与研发机构和供应链企业进行技术协同创新，针对产品的各个部分进行协同研发，满足其对产品创新各个方面的要求。

华为的研发方式包括专利，共建研发实体，联合研发和要素转移。这与华为研发阶段参与的主体有关，企业研发外部参与的主体主要是供应链企业和研发机构，华为可以通过与研发机构共建研发实体，购买专利或专利技术许可的方式来进行产品研发，通过与供应链企业联合研发或者进行研究人员或者技术等要素的交换和转移来进行产品研发。总的来说，华为的研发为多种方式结合使用，其中以共建研发实体和要素转移为主。

三　华为生产阶段的产品创新管理策略

华为在 2009 年开始发力研发芯片，用了 5 年的时间，终于让麒麟芯片占得一席之地，由于其自主芯片货源充足，手机生产大部分采用其全球研发中心制造出来的芯片，同时也使用高通的芯片且与其建立的技术合作关系较强一些，因此在供应链方面相当灵活，对成本的控制能力也比较好。① 当高通芯片由于研发周期的问题不能及时供应时，华为可以用自己的芯片或者选择联发科。华为想要发售新的旗舰机时，如果没有研发出来新芯片也不要紧，只需在上一代芯片基础上改进一些就可满足生产需要了。

华为依靠自己独立研发生产的麒麟系列芯片摆脱了芯片供应周期的难题，能够保证新产品上市后充足的货源。华为高端化型 Mate 系列以及 P 系列可以赶在其他厂商之前发布。例如华为的 P10 旗舰机在 MWC 2017 发布，会在 3 月份大量铺货，其他搭载骁龙 835 芯片的手机则需要等到 4 月或 5 月份才能大规模出货，同样在 MWC 上发布的还有 LG G6 手机，但 LG 为了较早地进入市场搭载骁龙 821 而非高通最新的芯片骁龙 835。

华为在生产阶段都有供应链企业参与，手机产品生产较为复杂，元器件众多，任何企业不可能拥有全部的材料，因此会与供应链企业在生产阶段进行合作或协同。在测试机测试时，一般由公司工程师完成内部测试或者邀请外部的顾客参与真机测试，但是整个测试机不会流入市场流通。华为在自己拥有产品生产能力的同时，还会将一部分机型外包给代工企业生产，主要是出于降低成本的考虑，大部分将低端机型交予代工企业生产组装，以确保较低的生产成本。与生产企业之间在创新资源强度上，华为利用合作伙伴的创新资源达到优势互补，而且创新资源投入比较高。在进行产品生产时，华为对关键部件的把控能力较强，大部分产品是采用自己生产和从供应商处购买相结合，有较强的控制能力，加之企业的生产设备先进，员工具有很强的技术能力和生产经验，具有更为严格的产品生产质量监控流程，企业生产能力总体较强。

四 华为营销阶段的产品创新管理策略

华为从 2012 年开始使用互联网营销渠道，华为自建华为商城，消费者可在官方网上商城挑选自己心仪的手机，提交订单和网络付款来购买手机。通过官方网上商城，华为能够和消费者建立直接的联系，简化了中间环节，互联网营销渠道作为优质的资源，与华为本身的技术优势、

---

① 李济航：《华为公司研发国际化的区位选择研究》，硕士学位论文，天津商业大学，2018 年，第 6 页。

品牌影响力等要素相结合，带来资源的优化配置，直接提高经济效益。国内主要大型电商平台均有售华为手机。天猫电器城华为官方旗舰店、数量众多的淘宝店铺、国美在线、苏宁易购、京东商城等大型运营商销售平台均有销售华为手机，大大增加了华为手机的购买途径，扩大渠道覆盖面，有利于增加销量。

华为手机终端产品总裁何刚认为："华为造手机多年，以前跟运营商打交道，都是一次性采购订单，手机卖出后就与华为无关了。"华为手机之前很多年利用 B2B 模式，主要与运营商打交道，不注重售后服务，缺乏顾客维护，进而导致手机业务成长缓慢。从 2011 年华为开始转向 B2C 模式，综合利用运营商和零售商，线上线下相结合，采取网络销售和口碑营销等方式进行宣传推广。依靠"荣耀"系列品牌，成功打开了中低端消费者市场。在高端市场上，华为凭借自家麒麟系列芯片摆脱芯片供应周期问题，赢得市场先机，在市场竞争中获取优势地位。2015 年和 2016 年华为在中高端手机市场表现出色，市场份额与品牌价值都在不断提升。

2015 年 8 月，华为消费者业务启动了"绿色行动 2.0——以旧换新，回收PH有你"的手机回收计划，将以旧换新的范围扩大到包括苹果、三星、小米、联想、魅族等各大友商在内的 1500 个型号的手机，通过这样的行动可构建以旧换新的模式，提高手机的回收利用效率，彰显了华为手机回收研发再利用的卓越技术。消费者可在华为商城以旧换新平台将手中闲置的手机进行市场行情估值并回收，最高可置换价值 4428 元的华为、荣耀手机代金券用于华为新机购买。

除此之外，华为还通过官方网站、专业网站和社交媒体进行产品推广，还会结合线下渠道商广告与产品专营店或体验店进行产品宣传、体验和销售。华为主要通过与外部协同营销扩大销售渠道、提升销售能力和提升企业品牌形象，最终促进新产品营销成功。华为重视营销策略在产能和营销手段的结合，在按时交货保证信誉的前提下，尽可能地降低成本。在提供客户售后服务时，华为的服务及时、便利且服务人员的态度都比较好。华为的产品在质量、外观和技术功能上比较突出，把新产品推向市场的能力很强。

第四节 案例启示

一 注重产品创意

企业进行产品创新最关键的一步是创意设计。创意设计是对新产品进行设想或创意的创造性思维过程。缺乏好的新产品创意制约了许多行业的新产品开发。一个好的创意是新产品开发成功与否的重点，而其中最要紧的一个步骤是创新灵感产生。企业产品创意的来源可能是企业内部研发、市场、销售或者维修部门，另外一种有效的方式是向外部寻求创新创意来源，包括企业外部的顾客、供销商、咨询公司、高校科研院所的研究成果和直接专利转化，或者是对同领域对手产品技术的模仿。

产品创意的产生有很多方法，企业可以寻找各种外部创意来源。在新设想产生阶段，不同企业根据自身的企业理念、技术水平等进行了不同的产品定位，采取了不同的创意设计策略，服务于目标客户。在这一阶段，企业需要明确进行产品创新的目的主要是侧重于满足市场需求还是实现技术转化，企业可以有针对性地借助外部的顾客、竞争企业、高校或科研机构的研发人员、专业咨询公司和营销调研企业等。产品创意可以满足顾客某方面需求或者创造顾客需求形成市场。在产品创意阶段，企业需要从各种不同的角度出发，综合地对产品创意来源、内容、参与主体和方式进行选择，为产品确定属于自己的特色，形成独特产品风格，给顾客留下深刻的印象，获得顾客偏爱，进而赢得市场，最后成功完成产品创新。

二 注重技术创新对产品创新的带动作用

华为在产品创意的阶段，使用了一种跟传统顾客导向截然不同的策略，它不是以现有市场消费需求为主的。这种策略的推广主要强调高科技企业的产品创新的特点和市场竞争。企业在基础科学和应用科学领域进行了深入研究，积累了大量的技术创新，获得了某种技术专长，在对市场有足够的了解之后，企业可以立足于技术的发展，与此同时通过产品的差异性功能来引导和创造客户的需求。企业需要把现有的技术和原创技术有机地结合在一起，创造出新技术，再转化创新技术，逐渐创造出新的需求，满足顾客潜在需求。因而企业在产品创意提出时，除了要满足客户的现有需求，还要考虑到顾客的潜在需求甚至创造顾客新的需求。在这种情况下采取的主要方式就是结合技术转化进行产品创意提出。通过内部研发机构，以及与外界高校、科研机构还有研发中心等进行协同合作等形式，企业可以将基础技术、应用技术等创新成果进行转化，获得产品参数、质量、功能、外观、安全需求、情感需求等方面的创意，形成针对某种顾客需求或者某种产品创意的某种产品创意。

三　注重研发阶段的纵向产品创新

在产品创意产生之后，企业还必须根据企业特点、技术实力、创新目标、研发需求等，选择适合研发主体，针对不同的研发内容，采用不同的研发策略。到底采取独立研发，还是利用外包生产的形式，或者是采取与别的公司合作研发的形式，是高新技术企业在产品研究时必然面临的问题。进行产品研发时，高新技术企业需要具备大量的技术知识。对于很多企业而言，最好的研发方式是协调各种适当的资源，相互配合合作，这样可以节省企业的人力、财力还有物力资源，减小企业研发失败的概率，进而减轻企业的财务和市场所面临的风险，应对市场和风险，继而快速地取得经济回报。根据企业技术实力和技术协同创新方式，按照要素转移、共建研发实体、专利模式这三种主要的技术协同模式来描述产品研发策略。

华为在产品研发阶段，较为明显的特征是研发机构、供应链企业和企业内部研发部门联合参与，这与华为的技术创新实力和华为产品创新的理念是分不开的，华为坚持"专业的人做专业的事"，在产品研发阶段体现得尤为明显。企业内部的研发人员通过与研发机构和供应链企业进行技术协同创新，针对产品的各个部分进行协同研发，满足其对产品创新各个方面的要求。在研发方式上，华为使用了专利、共建研发实体、联合研发和要素转移四种方式，这与其研发的参与主体有关。通过与研发机构共建研发实体、购买专利或专利技术许可的方式来进行产品研发，通过与供应链企业联合研发或者进行研究人员或者技术等要素的交换和转移来进行产品研发。在关键部件方面，华为与供应链企业或者高校科研院所进行联合研发可以降低企业的研发创新风险，提高企业产品创新的成功率。在某些核心专利不足时，为了规避由于专利引发的诉讼等风险，企业会从供应商处购得专利，以保障产品顺利研发。

四　注重产品品牌塑造

在较为成熟的市场中，企业有时候准备把握市场需求或者想要创造市场需求时，会在产品营销阶段更加强调对企业自身品牌的塑造。企业利用官方网站、社交媒体、专业网站和品牌店及渠道商对创新产品的宣传、推广，尤其重视各种广告策略，着重宣传企业创新产品在创意、研发或者生产等阶段的特点，顺利完成产品的商业化，让产品创新最终走向成功。

官方网站是企业利用网络进行形象宣传和品牌建设的平台，它是网络推广和营销最可控和最便捷的工具。官方网站由产品生产企业独立管理，因而企业会花很多精力来管理和宣传，在获得大量宣传的情况下，客户会慢慢形成对企业官网很强的信任度和品牌认可度。在官方网站上，除了宣传品牌，还可以进行产品直销。在官方网站中，设置"专卖店"一项，消费者在这一页面中预定或者订购产品时可以感受到清晰的页面、便捷的操作，优化用户体验。通过官方网站直销为企业带来直接利润、降低经营和管理成本，同时提高企业品牌美誉度。

因此，企业可以借助社交媒体进行互动营销发挥品牌推广的作用，在此过程中增强消费者与品牌的互动，让消费者更容易与企业建立直接联系、即时对话。从具体操作上看，企业可以通过官方微博获得潜在消费群体的关注，进而定向推送宣传信息；企业还可以通过关键词搜索倾听用户的声音，为后期阶段的宣传推广方案选择有利的素材。另外，企业还可以通过微博、微信开展一系列活动，增加与消费者的互动，使消费者主动发布有关品牌体验的信息。

第 七 章

高新技术企业创新管理的机制回应

从前面的案例分析可知，上述各个高新技术企业之所以能够取得成功，一个关键因素就在于各个高新技术企业依据自身的实际情况，采取了合适的创新管理机制，提升了企业的竞争优势。当前我国面临严峻的国际环境局势，中美贸易战的爆发，将给我国高新技术企业带来更多的挑战。因此，高新技术企业如何加强企业自身的创新管理，是新时代高新技术企业不得不回应的问题。

第一节 注重全员创新机制构建

社会的发展使人们对生活和工作质量的要求进一步提高，员工不再满足于刻板的程式性工作，希望在工作中有所改进和创新。创新之所以会一直低迷不振，其实有两个原因，一个是员工缺乏创新的动机，另一个则是员工的创新能力被低估。而无论是创新动机或者是创新能力，都是员工自我发展的需求。如果企业无法满足员工这种提高工作质量的需求，也会压抑员工的积极性和创造性，以致失去具有创造性的员工。因此，企业全员创新也是保留企业的创造性员工和企业员工自身发展的需要。创新的企业不能只顾着线上解决方案，而忽略人的因素，也不能只想到怎么训练人员使用电脑和信息系统，否则就是本末倒置。创新的企业会把人当作一切的根本，对科技的重视也仅限于把它当作开发人员价值的工具。

一 全员创新的初始化

在这一阶段,企业的全员创新刚刚处于起步阶段。企业中的员工已经对全员创新的各个方面有了一定的模糊认识,试着从全体员工参与创新的角度来解决问题。但是,企业员工在找出问题和解决问题方面所能做出的贡献还有很大潜力,员工的创新积极性还没被完全有效地调动。同时企业也存在一些能使他们公开自己想法的途径,但是这些途径并不是特别的正式。因此,很多情况下,员工不是自行尝试解决问题,而是更多地把问题留给专家。但是在有些情况下,特别是遇到那些属于渐进性的改进的时候,员工更多地开始尝试为改进现状而贡献自己的想法,而不是日复一日地对问题视而不见。员工往往是在问题发生以后,试着从全员参与的角度来解决问题,属于问题解决型。员工不是主动地发现问题,而且在问题解决以后,全员创新的活动往往也随之结束,并没有在企业中形成一种系统的、持续的全员创新活动。这一阶段的全员创新活动往往是零散的,不成系统的。

员工的这些尝试往往不是在组织的正式工作中进行,而且得到的资源也极为有限,员工经常投入很少时间和资金来自我尝试。很多管理者也往往对此采取"睁一只眼,闭一只眼"的态度。在这一阶段,员工的期望不太高,认为不过是一次试验而已。如果不起作用,员工可以重新回到原有的工作模式上去。员工对创新活动开始产生乐趣,并学习使用一些新工具和新技术,他们也渴望在他们正在处理的项目上一展身手,并期望在较短的时间内达到很好的效果。这一阶段的创新活动都是在相对较低的成本下进行,一项小试验不会真正对组织构成破坏,反而会激励大家并产生一些有意义的结果。同时也可验证这条路径的正确性,以及是否继续向前行进。企业中并没有正式的结构或流程来支持这一全新的创新活动。在这一阶段,全员创新活动的影响是比较小的,只有短期的少量的局部效果,对员工的精神和动机方面有所改善,但缺乏持续性。

二 全员创新的制度化

在进行全员创新的初始化后,企业开始考虑怎样以某种方式把先前员工的行动和激情扩散到其他员工中去，并使创新成为日常工作的一部分，而不仅仅是一次性的项目。在这一阶段，全员创新的主要特征是正式化和制度化。企业中员工已经认识到了全员创新是企业的重要组成部分，是每个员工的责任和义务。企业中形成了明确而清晰的全员创新的价值观，但对全员创新的认识仅限于员工的渐进性改进。

进入这一阶段的企业在员工创新方面投入的时间和金钱都会比最初显著增加，而且需要高层领导持续的支持。企业提供了特定的工具、方法来支持企业的全员创新活动，如头脑风暴法等的使用。企业存在特定的人员或小组帮助管理全员创新活动，并为其提供支持。他们起传递、协调、评估等作用，他们还帮助企业组织全员创新的有关培训、引入新工具等。

企业需要一套结构化的程序——需要定期培训、开发一些帮助和支持小组开展工作的方法，必须考虑如何管理泛滥成灾的想法等。这些都会产生一大堆的问题，必然会有人提出"这里面有什么对我是有用的"，而大家也必然会问"提供了好想法将得到什么回报"，因此在此阶段，企业必须提供一整套的流程来实施全员创新这一活动，如戴明的"计划、实施、检查、行动"工作法的简单变种应用等。这些程序中包括了处理大量建议的管理系统、评价激励系统和信息交流系统等。建议系统中包括了对员工建议的及时响应，激励系统中包含了内在动因的激励等。

在初始化的基础上，企业将全员创新的局部化活动向全企业推广，并且建立了正式的结构和流程来支持全员创新活动。全员创新已成为一种制度推动下的员工自下而上的一种创新活动。企业也不仅限于解决问题，而是有一套特定的流程来管理全员创新，保证全员创新的长期性。在这一阶段，企业中可观察更明显的全员创新活动，而且一些绩效指标往往具有可测量性，如参与人数、建议数等。前两阶段的全员创新活动仅仅局限于渐进性的小改进，对企业的影响较小，但具有累积性。

三　全员创新的扩展化

全员创新的制度化阶段已经使企业的全员创新活动比较完善。但是这一较为完善的系统还存在一些不足。其一是缺少战略重点，其效益限于局部水平。其二是制度化阶段的全员创新是只关注小的渐进性的创新，而忽略了重大的突破性的创新。① 全员创新的扩展化阶段的最主要特征就是将战略性、突破性创新纳入到了企业的全员创新活动中，通过战略的明晰化和创新范围的扩大化，企业已从制度推动下的全员创新阶段进入了员工自发的日常化的全员创新阶段。

努力从全员创新的制度化阶段继续前进，并摆脱日益缺乏后续动力的困境，组织开始着手制订全员创新相关的战略计划。大多数实践包括了由上至下的经营战略计划、自下而上的发现与解决问题的能力相结合的全员创新活动。全员创新的战略结合过程包括一个总的企业创新战略，为全员创新活动指明了努力的方向。然后这一战略具体体现在各个创新目标中，这些目标再被分解到各项目团队中，并进一步分解到个人。换句话说，总体战略被系统地分解成"比特大小"的块，以便员工有效地开展工作。这项战略是通过组织上下层层讨论、充分交流之后制定的，因此每个人知道目标是什么，为什么他们被选中，这样他们可以研究他们及他们的行动如何对这些目标产生影响。由于有了战略的指导，全员创新的评价活动更具科学性和客观性，创新活动紧密地同企业的战略目标联系在一起。总之，系统运作良好，战略目标清晰和周期性的评审，保证了全员创新的目标性。许多监督和测量工作由特定的管理小组完成。至此，全员创新活动已成为一项日常的工作内容，而不是一项特殊的活动。

全员创新的扩展化阶段的另一大特点就是将重大的突破性创新纳入到全员创新范围内。传统的全员创新组织形式如提议机制、持续改进等都未将重大性创新纳入到该活动中，他们认为普通员工只适合于对产品或工艺的小改进，这些重大的创新只能交给专家。在全员创新扩展阶段，专家在贡献重大突破性的创新的同时，普通员工也能参与这些重大创新。这就需要扩大对普通员工的培训内容，加强对他们的创造力培训以及一些必要的工具、技能等的培训，以及对员工充分的信任和授权。

前面阶段的全员创新仅仅是一种自下而上的员工行为，企业的管理

---

① 喻子达、李垣、许庆瑞、王海威：《全员创新能力构成要素及其实证研究》，《管理工程学报》2006 年第 2 期。

者仅仅对此提供必要的资源等的支持，在制度上加以保证。但是人作为生产力中最活跃的因素，制度约束是必要的基本保证，却不是最佳境界。只有实现从无序管理向严格制度管理迈进，并逐渐向自主管理过渡，才能使企业真正走向良性发展的道路。到了这一阶段，全员创新活动表现为自下而上的基层创新同自上而下的战略指导相结合。全员创新不再是盲目的行为，而是通过管理者特别是企业的高层领导者设定的战略目标下的指导活动。这一阶段的全员创新活动更具目的性和方向性，绩效也更加明显。这一阶段全员创新的特征除了自上而下的战略指导之外，而且将前面创新活动仅仅局限于渐进性改进的基础活动提升到了同重大的突破性创新相结合的高度。全员创新已经是一种无处不在的自发的行为。因此这一阶段的创新绩效更具影响力，对企业往往产生重大的影响。

四　全员创新的全面化

企业的全员创新活动已经进入到了一种自发的行为。基于企业员工自我促进的理由，企业只需制定一个明确的总体战略，在此战略下容许员工采取各种不同的方法去实施。全员创新的全面化阶段最主要的就是学习和协同。这一阶段的全员创新更具综合性。企业的全员创新已是全面新的基石。全员创新与企业的全要素创新包括文化创新、战略创新、技术创新相结合，通过全员创新协同其他创新，提高企业的创新绩效。这一阶段的创新更关注于员工之间的合作，更重视跨部门、甚至是跨组织的合作，依靠员工的集体力量进行创新。沟通和学习成为这一阶段的重要能力。员工只有通过相互的频繁沟通，才能在互相信任、充分了解对方的情况下，使集体的力量达到最大，真正达到"1＋1＞2"的创新效果。学习则是保持这种创新活动长期持续性的重要因素。员工通过主动学习获取资源和信息，不断提升自身的创新能力，主动参与到企业的创新活动中，真正达到"我要创新"的境地。通过面向全面创新的全员创新活动，企业才能形成持续的竞争优势，进而将全员创新深深扎根于企业之中。

第二节 面向可持续发展的技术创新实现机制

一 构建技术创新实现模块

(一) 战略支持模块

战略支持模块主要是站在战略的高度，长远、系统地进行规划。企业的技术创新是一个过程，现代理论对技术创新的研究不仅仅局限于研究与开发这一块，它是一个系统的工程，需要诸多方面因素的支持。而且面向可持续发展的技术创新，其涉及的利益主体更多，需要更多人的参与，那么就更需要对其统筹规划。企业的技术创新具有路径依赖性，企业过去创新资源包括人、财、物，创新能力、学习能力的积累对将来的技术创新行为产生深远的影响。当面对环境和公众的压力，此时企业需要改变过去的技术路径，将可持续发展理念、思想贯穿其中。由于路径的改变，企业需要重新配置资源，而且企业过去积累的学习经验、创新能力也会因此而变得无用甚至成为继续发展的障碍。从核心能力的角度来看，企业过去在某一方面拥有核心能力，但由于要改变传统的发展模式而将可持续发展融入其中，这样势必会削弱当前的核心能力。① 从上述两个方面来看，实施面向可持续发展的技术创新，企业决策者必须作出抉择，是否要进行变革。当然长远的来讲，随着可持续发展日益深入人心，实施可持续发展的技术创新是企业家的最佳决策，也是历史发展的必然选择。

(二) 创新来源模块

美国麻省理工学院的冯·希普尔教授曾对创新的来源进行过系统地分析，把技术创新的来源分为用户、制造商和供应商三个来源，德鲁克也曾总结出创新的七个来源，但既然是面向可持续发展的技术创新，那么应该有它独特的来源。首先，政府、非政府组织以及环保人士将直接成为推动可持续发展的技术创新的动力来源，企业自身素质的提高，企业可持续发展的需要，也将推动企业实施可持续发展的技术创新。其次，

---

① 于欢欢:《区域高端装备制造业技术模块化创新机制研究》，硕士学位论文，哈尔滨理工大学，2017年，第8页。

上述两位教授把创新来源都寄于企业外部的一些机会，而这些机会对于企业来说都是不可控的，那么我们考虑是不是企业内部也存在一些企业自身可以把握和控制的来源呢？答案是肯定的，企业内部确实存在着一些不易改变也不应该随时变化的因素，这些因素构成了创新的稳定来源，包括共同愿景、企业文化、核心竞争力、执行力、企业家精神等，这些来源的发现与把握对于企业来说可能更具有建设性意义。

（三）选择协调模块

战略上给予支持，来源也被发现，那么下一步就是具体技术创新项目的选择了，而且创新过程中，企业内部各个职能界面之间，企业与政府、非政府组织之间的关系也必须得到有效的协调。一般来说，企业在一定时间内会有不止一个创新项目，有效选择这些项目也是至关重要的，企业在选择过程中必须兼顾短期效益与长远效益、自身效益与环境效益等问题。在利益协调问题上，企业要主动参与政府、非政府组织的相关活动，积极收集相关的新闻动态，争取第一时间掌握相关的政策信息，及时调整策略，并自觉地承担相应的社会责任，必要时可以请相关人员参与到企业的技术创新活动中来。

（四）设计、开发、生产模块

这一模块涉及可持续发展技术创新的具体问题。企业在设计、开发时需要采用系统的思维方式，努力追求整体的最优。这样来考虑是因为一方面，可持续发展的技术创新涉及的利益主体较多，不可能使各方利益都达到最优，而只能协调各方利益达到整体最优。另一方面，系统设计确实可以降低能耗、减少原材料。比方说，一些企业上项目总是追求单件、局部的最优，到项目完备测试的时候才发现机器设备根本不能运转或达不到预期的目标，这时再更换部件、更改设计就势必会造成人、财、物的浪费。具体到生产过程，企业可以采取绿色技术、清洁生产等，我们这里就不再赘述了。

（五）风险控制模块

国内外基于传统技术创新过程的风险识别与防范研究很多，但对面向可持续发展的企业技术创新风险的研究尚未引起学者的广泛关注。通常考虑，由于面向可持续发展的技术创新其涉及的利益相关者更多，投资回报不确定性也更大，它的风险性势必会更大，那么就更需要对其风险进行识别、防范。首先，从技术创新过程来说，技术创新是从新思想的产生到产品的初步商业化的过程，每一个阶段都存在创新风险，各个阶段界面之间也需要有效的整合，而且可持续发展的技术创新过程中加入了更多的利益主体，各主体之间协调未果的风险也较大。其次，风险可能来源于创新者能力的、技术的、市场的、财务的、组织的、管理的以及政府政策、产业环境、宏观经济等。最后，创新主体在市场、技术、法律、财会等方面相关知识的匮乏也是造成创新失败的原因之一。按照上述三种风险来源分析提供的思路，那么就需要我们首先明确技术创新过程所处的阶段；其次，就此阶段分析创新风险影响因素是组织的、技术的、市场的还是其他的；最后，寻找解决不同特征风险所需的知识、技能，最终克服创新风险。

二 注重技术创新绩效评价

随着经济的快速发展和经营模式的调整，企业面临的竞争力也越来越大，企业必须不断地提升核心竞争力，才能在激烈的市场竞争中立于不败之地。企业的核心竞争力主要体现在其对关键技术的掌握，所以，企业技术研发和技术创新是保证企业拥有核心竞争力的关键和主要途径。技术创新是企业发展的动力，也是保持经济增长的发动机，基于技术创新下的企业产品，其附加值更高，获得的利润也更高，在提升企业核心竞争力的同时，还推动技术的发展。大型企业均具有自身的技术创新研发团队，如何全面、客观地对高新技术企业技术创新团队的绩效进行评价，是企业进行战略发展和战略调整面临的主要问题。

技术创新绩效评价研究一直是学者研究的重点问题，技术创新绩效评价体系是进行技术创新绩效考核的首要问题，在绩效评价指标研究方面，陈劲、陈钰芬分析了技术创新绩效评价体系中存在的问题，从技术创新和企业特点出发构建了一套评价指标，并指出技术创新绩效评价对促进企业技术创新战略规划，完善企业管理和创新机制，提升企业的技术创新能力具有重要的意义。[①] 刘铭、姚岳对技术创新绩效评价体系研究

---

① 陈劲、陈钰芬：《企业技术创新绩效评价指标体系研究》，《科学学与科学技术管理》2006年第3期。

成果进行综合和分析，并结合新时期对技术创新的要求，给出了一种新的技术创新绩效评价指标体系，并结合某企业的实际情况，实证分析了该企业的技术创新绩效评价效果，并有针对性地提出了技术创新绩效提升策略和指导意见。[1] 周彦莉、赵炳新分析了技术创新绩效评价对揭示企业技术创新存在的问题和拥有的优势具有重要的实际意义，着重从投入产出的角度分析了企业技术创新的本质，构建了技术创新绩效评价体系，并结合对山东某企业的实际企业技术创新绩效评价，从企业结构和技术改进等方面提出了整改意见。[2] 陈俊领则系统地研究了技术创新绩效评价在科技型中小企业中的重要性和必要性，文中从湖北科技型企业的实际出发，结合湖北科技型中小企业在发展过程中进行技术创新的实际情况，分析了提升科技型中小企业技术创新，保持企业核心竞争力的重要性，针对中小企业的技术创新绩效评价给出了评价体系和评价方法，最后有针对性地提出提升中小企业技术创新的建议。[3] 在技术创新绩效评价方法的研究上，王宗军、臧晓娟、杨娴雅则采用改进熵模型的评价方法进行绩效评价。[4] 赵淑珍结合知识管理和认知角度分析了影响技术创新绩效考核的主要因素，并给出了相应的评价方法和提升对策建议。[5] 和炳全、尹希、周薇采用DEA方法分析了影响绩效评价的主要因素，并构建了技术创新绩效评价方法。[6] 郝琦、罗亚非从系统的角度出发建立技术创新的系统模型，采用3E理论构建了技术创新绩效考核评价体系。[7]

---

[1] 刘铭、姚岳：《企业技术创新绩效评价指标体系研究》，《甘肃社会科学》2014年第4期。

[2] 周彦莉、赵炳新：《投入产出视角的企业技术创新绩效评价——以山东省某大企业和中小企业为例》，《理论学刊》2013年第8期。

[3] 陈俊领：《湖北省科技型中小企业技术创新绩效评价研究》，硕士学位论文，长江大学，2014年，第19页。

[4] 王宗军、臧晓娟、杨娴雅：《基于改进熵模型的企业技术创新绩效评价——以武汉市为例》，《技术经济》2013年第6期。

[5] 赵淑珍：《认知视角的中小企业技术创新绩效评价研究》，硕士学位论文，山东大学，2012年，第12页。

[6] 和炳全、尹希、周薇：《企业技术创新绩效评价及目标优化中的DEA方法》，《昆明理工大学学报（社会科学版）》2012年第1期。

[7] 郝琦、罗亚非：《基于软系统方法的企业技术创新绩效评价》，《科技管理研究》2012年第3期。

通过对学者关于技术创新绩效评价成果的分析可以看出，学者主要集中在评价指标体系的构建，不同目的和不同行业的技术创新绩效考评的影响因素各不相同，技术创新绩效评价指标应该根据实际情况进行选择；现有的学者在评价指标选择过程中，是通过分析企业技术创新管理过程中所面临的问题来构建评价指标体系，缺乏一定的数据和理论支撑，没有进行系统的理论统计分析；在对评价方法的选择上均是采用普通的层次分析法和模糊综合评价方法，不利于多个企业的技术创新绩效评价。本书从企业行业管理者的角度出发，对区域内多个企业的技术创新绩效进行评价，首先通过问卷调查和统计分析的方式，利用主成分分析法构建了影响企业技术创新绩效评价的综合性指标体系，接着根据现有的理想解评价方法中基于欧氏距离度量方式的不合理性，对其进行改进，采用加权会关联熵的度量方式以提升基于理想解评价方法的合理性和科学性，为区域管理者掌握区域内企业技术创新现状和绩效，从而有效提升区域内企业技术创新能力，调整相关政策作出必要的决策建议，以提升整个区域经济的总体竞争力。

（一）技术创新绩效评价指标体系

技术创新绩效评价指标体系一直是学者的研究热点，并从不同的角度得到不同的评价指标体系，本书从行业管理者的角度出发来构建高新技术企业技术创新绩效评价指标体系。行业管理者在对辖区内的企业技术创新绩效评价过程中，既要考虑技术创新对企业的促进作用，还要考虑技术创新对区域经济的促进作用和其他企业的技术促进作用，因此，不能简单地采用从企业经营者角度构建技术创新绩效评价指标体系。

为得到影响企业技术创新绩效评价指标体系，可以通过问卷调查和统计分析的方式来确定绩效评价指标集合。在设定问卷调查的时候，考虑到绩效评价影响因素众多，且要考虑各个方面的关联性，在设计问卷问题时是多方面进行的，最终导致所选择的企业技术创新绩效评价因素过多，不仅不利于绩效的评价，过多地消耗人力和物力，还会导致最终的绩效评价结果不合理。问卷调查中的各个问题之间具有一定的关联性，为了更好地构建企业技术创新评价指标体系，很自然地就应该考虑到，通过各影响因素之间的相关性关系，利用一定的变换方法，用几个具有独立代表性的综合变量来代替原有的多个影响因素，在降低影响因素个数的同时，要保证新的变量尽可能地保留原有影响因素所反映的信息。基于这样的思想，可以考虑采用主成分分析法来确定企业技术创新绩效评价指标体系。下面给出具体的基于主成分分析的企业技术创新绩效评价指标集合构建过程。

在企业技术创新绩效评价指标集合构建的过程中，应该综合相关专家、学者的意见，从而构建科学合理的评价体系。根据指标筛选原则和问卷调查设置规则，通过与相关学者和项目组人员探讨，初步设置影响高新技术企业技术创新绩效评价的 20 个方面，对应设置 20 个问题设计成调查问卷。问卷发放对象以技术产业集群内部企业员工、管理人员，以及高校从事企业技术管理研究人员，共发放问卷 380 份，回收并剔除不合理问卷后，经过统计，有效问卷为 354 份。通过对有效问卷的数据进行统计并录入，利用 PASW Statistics 18 对统计后的数据进行统计性描述，其描述见表 7-1。

表 7-1　高新技术企业技术创新绩效评价问卷调查数据统计性描述

	样本数	最小值	最大值	平均值		标准差
	统计量	统计量	统计量	统计量	标准误	统计量
VAR00001	354	50.47	99.73	75.5647	0.77567	14.59412
VAR00002	354	50.03	99.86	74.3428	0.73488	13.82674
VAR00003	354	50.01	99.98	75.4187	0.76097	14.31750
VAR00004	354	50.05	99.98	75.2924	0.79718	14.99892
VAR00005	354	50.05	99.89	75.1756	0.74414	14.00083
VAR00006	354	50.11	99.96	75.7340	0.78427	14.75589
VAR00007	354	50.11	99.40	73.9573	0.80679	15.17967
VAR00008	354	50.14	99.96	74.6875	0.78526	14.77459
VAR00009	354	50.05	99.77	74.3920	0.72915	13.71890
VAR00010	354	50.09	99.86	75.1538	0.82406	15.50455

续表

	样本数	最小值	最大值	平均值		标准差
	统计量	统计量	统计量	统计量	标准误	统计量
VAR00011	354	50.09	99.99	75.3414	0.73894	13.90307
VAR00012	354	50.08	99.91	74.8319	0.77362	14.55562
VAR00013	354	50.03	99.97	75.9256	0.78603	14.78907
VAR00014	354	50.15	99.90	74.8269	0.75958	14.29145
VAR00015	354	50.18	99.86	77.3991	0.77480	14.57778
VAR00016	354	50.03	99.84	74.7822	0.77701	14.61934
VAR00017	354	50.01	99.61	75.1003	0.77522	14.58559
VAR00018	354	50.25	99.98	74.4224	0.75650	14.23345
VAR00019	354	50.02	100.00	75.9530	0.78075	14.68970
VAR00020	354	50.10	99.84	74.2249	0.78610	14.79037
Valid N (listwise)	354					

为了利用主成分分析法来对影响因素个数降维，需要通过问卷样本数据来计算 20 个影响因素之间的相关性，利用软件计算得到 20 个影响因素之间的相关系数矩阵为。

对 20 个影响因素的相关系数矩阵计算其特征值向量，每个特征值对应一个主成分，通过特征值计算其各个主成分的贡献率和累计贡献率（见表 7-2）。

表 7-2　　　　　　特征值及主成分贡献率

主成分	特征值	贡献率（%）	累计贡献率（%）
01	3.4239	27.69	27.6900
02	3.3565	27.15	54.8400
03	2.3225	18.79	73.6300
04	1.9777	16.00	89.6300

续表

主成分	特征值	贡献率（%）	累计贡献率（%）
05	1.2343	9.98	99.6100
06	0.0075	0.06	99.6700
07	0.0073	0.06	99.7300
08	0.0063	0.05	99.7800
09	0.0063	0.05	99.8300
10	0.0050	0.04	99.8700
11	0.0046	0.04	99.9100
12	0.0045	0.04	99.9500
13	0.0038	0.03	99.9800
14	0.0016	0.01	99.9900
15	0.0009	0.01	100.0000
16	0.0005	0	100.0000
17	0.0003	0	100.0000
18	0	0	100.0000
19	0	0	100.0000
20	0	0	100.0000

通过表7-2各主成分的贡献率和累计贡献率数据可以看出，第一、第二、第三、第四、第五主成分的累计贡献率已高达99.61%，故选择前五个成分作为主成分集合，分别计算五个主成分对应特征值的特征向量，并利用特征向量计算原来20个技术创新绩效评价影响因素在五个主成分上的荷载量，利用矩阵乘法计算得到主成分荷载矩阵（见表7-3）。

表7-3　　　　　　技术创新绩效评价主成分荷载矩阵

因素编号	主成分				
	Z_1	Z_2	Z_3	Z_4	Z_5
VAR00001	1.4239	0.0410	-0.0907	-0.2006	0.0703
VAR00002	0.1008	1.5786	0.1099	-0.0513	-0.1039
VAR00003	-0.0952	1.0469	1.3565	0.0631	-0.1482
VAR00004	1.2160	-0.0224	0.0648	0.3225	0.0393

续表

因素编号	主成分				
	Z_1	Z_2	Z_3	Z_4	Z_5
VAR00005	0.0783	1.0471	-0.1574	0.0406	1.2777
VAR00006	1.1369	-0.0365	0.0390	0.0200	-0.0283
VAR00007	-0.1580	0.0176	1.0675	0.1068	-0.0046
VAR00008	1.2563	-0.0701	0.0443	0.2120	-0.0526
VAR00009	1.0636	-0.0047	-0.0093	-0.0593	-0.0033
VAR00010	-0.0085	0.0165	1.1830	0.0025	0.0201
VAR00011	1.1292	0.0117	-0.0044	-0.1151	-0.0733
VAR00012	-0.0299	0.0044	0.0272	-0.0235	1.1299
VAR00013	-0.0268	-0.0042	-0.0438	1.0686	-0.1028
VAR00014	-0.0835	0.0204	-0.0859	-0.0235	1.0281
VAR00015	0.0800	1.0222	-0.0451	-0.0473	0.0322
VAR00016	-0.0576	0.0102	1.0116	-0.0926	0.0578
VAR00017	0.0409	0.0209	0.0311	1.0042	-0.0468
VAR00018	0.0451	-0.0146	0.0871	1.0189	-0.0312
VAR00019	-0.0339	1.0449	0.0394	-0.0014	-0.0288
VAR00020	-0.0019	0.0038	0.0101	1.0045	-0.0544

通过对初步筛选出的20个影响企业技术创新绩效评价的因素在五个主成分上的荷载量进行分析，最后得到如下的指标体系构成本书的技术创新绩效评价指标体系（见表7-4）。

表7-4　　　高新技术企业技术创新绩效评价指标体系

指标体系	解释
研发能力提升（C1）	主要是考察企业在技术创新过程中，研发经费投入产出的比例，产品开发时间的长短，研发人员的综合素质的提升和研发相关设备的升级
技术产出成果（C2）	主要是考察企业在一个周期内的技术专利申请数量、技术突破数量、新技术或新产品的生产量，特别是新技术或新产品在市场的占有率
技术贡献能力（C3）	主要是技术创新或技术突破对相关技术的影响，技术创新对企业内部其他部门的技术支持和企业与企业之间的技术促进作用

续表

指标体系	解释
经济效益（C4）	技术创新产生的新技术或新产品在市场的占有率，销量和利润的大小，是否有效降低产品成本，提升产品的附加值
社会效益（C5）	新技术对节能减排的贡献度，社会发展技术的贡献能力，对解决或满足人民生活需要的贡献度

（二）灰色关联度和灰色理想熵关联度

灰色系统是我国学者邓聚龙教授提出的反映包含未知信息的系统，灰色关联度作为灰色系统中重要的成分主要用来刻画参考数列与给定比例数列之间的关联度，其主要计算过程为：对于有 n 个影响因素构成的参考数列 $x_0 = \{x_0(1), x_0(2), \cdots, x_0(n)\}$，选择比较数列为 $x_i = \{x_i(1), x_i(2), \cdots, x_i(n)\}, i = 1, 2, \cdots, n$。对于给定的任意系数 $\rho \in (0,1)$ 可以得到第 k 个影响因素下第 i 个数列 x_i 与参考 x_0 的灰色关联系数：

$$\xi_i(k) = \frac{\min_j \min_k |x_0(k) - x_j(k)| + \rho \max_j \max_k |x_0(k) - x_j(k)|}{|x_0(k) - x_i(k)| + \rho \max_j \max_k |x_0(k) - x_j(k)|}$$

对 n 个因素的灰色关联系数取平均值，即可得到第 i 个比较数列 x_i 与参考数列 x_0 的灰色关联度：

$$r(x_i, x_0) = \frac{1}{n} \sum_{k=1}^{n} \xi_i(k)$$

定义 1：设灰色内涵数列 $p = \{p_1, p_2, \cdots, p_n\}$ 满足 $p_i \geq 0, \sum_{i=1}^{n} p_i = 1$，则定义数列灰熵为：

$$H(p) = -\sum_{i=1}^{n} p_i \ln p_i$$

（三）高新技术企业技术创新绩效评价方法

作为企业行业管理者，需要对区域内的企业技术创新绩效进行评价，一般来说，区域内的企业数目很多，因此，在对企业技术创新能力进行评价的过程中，不仅要评价现状，还应该对该区域内的企业技术创新绩效进行排序。在排序过程中，一般是希望所有企业的技术创新绩效均是最优的，即会给定一个期望的标准，希望所有企业的创新绩效达到理想标准，与期望标准越近的企业技术创新绩效越好，因此可以采用理想解的方法来对企业绩效评价结果进行排序，在理想解的距离刻画过程中，常用的欧氏距离受到某一个单一数据的影响会较大，考虑到绩效评价过程中存在的不确定性和信息披露的不完全性，以及灰色关联度主要用来描述序列的贴近度，因此，在理想解法的距离刻画中选择灰色关联度，但是灰色关联度最后采用所有影响因素的均值作为最终的灰色关联度不能有效反映每个因素的影响能力，因此，本书对灰色关联度的计算进行改进，采用定义1中的灰熵来进行改进。基于以上的分析，下面给出基于加权灰理想熵关联度的技术创新绩效评价方法。

Step1：技术创新绩效评价数据获取。聘请专家组对辖区内 m 个企业进行考察，并根据技术创新绩效考核评价指标体系对企业的绩效进行评价，对异常值进行剔除后取群组专家的均值作为群组专家最终的评价值，获得 m 个企业的技术创新绩效评价矩阵为：$X = (x_{ij})_{m \times 5}$，其中 x_{ij} 表示第 i 个企业在第 j 个评价指标下的技术创新绩效评价值。

Step2：基于模糊层次分析法的评价指标权重确定。每个绩效评价指标对最终企业的技术创新绩效影响效果不一样，在绩效评价过程中，必须区分每个评价指标的重要性。指标权重确定方法很多，模糊层次分析法是最常用的指标权重确定方法，模糊层次分析法即利用了层次分析法的定性和定量分析优势，还能反映评价过程中的模糊性，因此，在对企业技术创新绩效评价指标权重确定过程中，可以采用模糊层次分析法确定指标权重。主要是通过对评价指标之间进行两两比较，确定某一个指标比另一个指标重要的隶属度，给出满足互补条件的判断矩阵，关于模糊互补判断矩阵的构造标度见表7-5。

表7-5　企业技术创新绩效评价指标模糊互补比较评价标度

标度	含义	备注
0.1	绩效评价指标 x_i 完全没有绩效评价指标 x_j 重要	0.2、0.4、0.6、0.8 为相邻两个判断的中值；若绩效评价指标 x_i 与 x_j 重要性相比较的标度值为 r_{ij}，则 x_j 与 x_i 重要性相比较的标度值 $r_{ji} = 1 - r_{ij}$
0.3	绩效评价指标 x_i 较明显没有绩效评价指标 x_j 重要	
0.5	绩效评价指标 x_i 与绩效评价指标 x_j 同样重要	
0.7	绩效评价指标 x_i 较明显重要于绩效评价指标 x_j	
0.9	绩效评价指标 x_i 完全重要于绩效评价指标 x_j	

最后根据构造的满足一致性要求的互补判断矩阵,利用权重导出计算公式即可得到最终的企业技术创新绩效评价指标的权重向量:

$$W = (w_1, w_2, \cdots, w_5)$$

Step3:评价信息加权并确定最优评价向量。将每个评价指标的重要性反映到评价信息中,需要对评价矩阵 $X = (x_{ij})_{m\times5}$ 加权,即得到加权评价矩阵为 $A = W \otimes X = (a_{ij})_{m\times5}$,其中 $a_{ij} = w_j x_{ij}$。为了实现对企业技术创新绩效的排序,主要根据各企业绩效评价向量与理想中的评价向量之间的关联度进行刻画,在确定理想评价向量时,一般是选择每个评价指标下的最优加权值构成理想评价向量,即 $Y = (y_1, y_2, \cdots, y_5)$,其中 $y_i = \max\limits_{k=1,2,\cdots,m}(a_{ki})$。

Step4:灰关联熵计算。计算在第 k 个绩效评价指标下,第 i 个企业的技术创新绩效评价向量 $A_i = (a_{i1}, a_{i2}, \cdots, a_{i6})$ 与理想评价向量 $Y = (y_1, y_2, \cdots, y_5)$ 的关联系数:

$$\xi_i(k) = \frac{\min\limits_j \min\limits_k |y_k - a_{jk}| + \rho \max\limits_j \max\limits_k |y_k - a_{jk}|}{|y_k - a_{ik}| + \rho \max\limits_j \max\limits_k |y_k - a_{jk}|} \quad \text{其中} \rho \in (0.1)$$

得到关联系数矩阵:

$$\xi = \begin{bmatrix} \xi_1(1) & \xi_1(2) & \cdots & \xi_1(5) \\ \xi_2(1) & \xi_2(2) & \cdots & \xi_2(5) \\ \vdots & \vdots & \vdots & \vdots \\ \xi_m(1) & \xi_m(2) & \cdots & \xi_m(5) \end{bmatrix}$$

对关联系数矩阵 ξ 按行归一化得:

$$P = \begin{bmatrix} p_1(1) & p_1(2) & \cdots & p_1(5) \\ p_2(1) & p_2(2) & \cdots & p_2(5) \\ \vdots & \vdots & \vdots & \vdots \\ p_m(1) & p_m(2) & \cdots & p_m(5) \end{bmatrix}$$

根据定义 1 所示,即可得到第 i 个企业与理想状态下的灰熵为:

$$H(p_i) = -\sum_{k=1}^{n} p_i(k) \ln(p_i(k))$$

在对企业技术创新绩效排序过程中,根据之前的分析,与最优理想状态越贴近,则相应的该企业的技术创新绩效越优,因此,最终的排序择优原则是：$H(p_i)$ 则绩效评价越优秀。

（四）算例分析

产业集群式发展是进行产业升级，提升区域经济发展的新模式，加强产业集群内企业的技术创新能力是产业集群快速发展的主要途径。为了对产业集群内各企业的技术创新绩效进行评价，聘请专家组对该产业集群内 10 个企业 $COMP_1, COMP_2, \cdots, COMP_{10}$ 的技术创新情况进行考察和评价，统计分析得到评价信息为（见表 7-6）。

表 7-6　　　　　　　高新技术企业技术创新绩效评价信息

	研发能力提升 (C_1)	技术产出成果 (C_2)	技术贡献能力 (C_3)	经济效益 (C_4)	社会效益 (C_5)
$COMP_1$	91.7267	78.0252	73.4780	54.7009	92.9386
$COMP_2$	54.9654	88.9739	85.3159	79.6321	77.5713
$COMP_3$	90.2716	74.1691	82.1194	74.4693	98.6792
$COMP_4$	94.4787	90.3912	51.5403	68.8955	93.5859
$COMP_5$	99.0864	59.6455	54.3024	68.6775	94.6784
$COMP_6$	98.9253	63.1973	66.8990	68.3511	80.6349
$COMP_7$	83.7719	94.2051	64.9115	86.8485	50.8509
$COMP_8$	90.0054	95.6135	73.1722	62.5619	51.0772
$COMP_9$	86.9247	57.5209	64.7746	78.0227	81.7628
$COMP_{10}$	61.1203	55.9780	95.0924	58.1126	79.4831

对技术创新绩效评价的五个评价指标根据重要性进行两两比较，采用模糊隶属度进行表达，通过不断地调整和验证，得到满足一致性的互补判断矩阵，根据互补判断矩阵最终确定影响企业技术创新绩效评价指标的权重向量为：

$W = (0.1828\quad 0.2350\quad 0.2141\quad 0.2041\quad 0.2089\quad 0.1593)$

则加权后的评价信息如表 7-7 所示。

表7-7　　　　　高新技术企业技术创新绩效加权评价信息

	研发能力提升 (C_1)	技术产出成果 (C_2)	技术贡献能力 (C_3)	经济效益 (C_4)	社会效益 (C_5)
$COMP_1$	16.7647	18.3349	15.7316	11.4258	14.8022
$COMP_2$	10.0459	20.9077	18.2661	16.6333	12.3547
$COMP_3$	16.4987	17.4288	17.5817	15.5549	15.7165
$COMP_4$	17.2677	21.2408	11.0347	14.3907	14.9053
$COMP_5$	18.1098	14.0159	11.6261	14.3452	15.0793
$COMP_6$	18.0803	14.8505	14.3230	14.2770	12.8426
$COMP_7$	15.3108	22.1370	13.8975	18.1407	8.0990
$COMP_8$	16.4501	22.4679	15.6661	13.0678	8.1350
$COMP_9$	15.8870	13.5167	13.8682	16.2972	13.0223
$COMP_{10}$	11.1708	13.1541	20.3592	12.1384	12.6592

确定出理想评价向量为：Y = (18.1098　22.4679　20.3592　18.1407　15.7165)，取 ρ = 0.7 计算得到相关系数矩阵（见表7—8）。

表7-8　　　　　高新技术企业技术创新绩效相关系数矩阵

	研发能力提升 (C_1)	技术产出成果 (C_2)	技术贡献能力 (C_3)	经济效益 (C_4)	社会效益 (C_5)
$COMP_1$	0.8291	0.6123	0.5851	0.4929	0.8771
$COMP_2$	0.4473	0.8071	0.7572	0.8124	0.6600
$COMP_3$	0.8020	0.5643	0.7015	0.7163	1.0000
$COMP_4$	0.8857	0.8417	0.4118	0.6351	0.8895
$COMP_5$	1.0000	0.4357	0.4277	0.6323	0.9111
$COMP_6$	0.9955	0.4615	0.5195	0.6282	0.6943
$COMP_7$	0.6999	0.9517	0.5025	1.0000	0.4615
$COMP_8$	0.7973	1.0000	0.5817	0.5627	0.4626
$COMP_9$	0.7460	0.4217	0.5014	0.7798	0.7078
$COMP_{10}$	0.4847	0.4120	1.0000	0.5209	0.6810

利用灰熵的计算公式，最终得到灰熵关联度向量为：

$$H(p) = (1.5858\ 1.5887\ 1.5918\ 1.5743\ 1.5486$$
$$1.5716\ 1.5617\ 1.5705\ 1.5827\ 1.5562)$$

对灰熵关联度的大小进行比较，得到 10 个企业的技术创新绩效评价排序顺序和分类（见表 7-9）。

表 7-9　10 个高新技术企业技术创新绩效综合评价值及其排序

企业编号	$COMP_1$	$COMP_2$	$COMP_3$	$COMP_4$	$COMP_5$
绩效综合评价值	1.5858	1.5887	1.5918	1.5743	1.5486
排序序号	3	2	1	5	10
分类	二类	二类	一类	三类	四类
企业编号	$COMP_6$	$COMP_7$	$COMP_8$	$COMP_9$	$COMP_{10}$
绩效综合评价值	1.5716	1.5617	1.5705	1.5827	1.5562
排序序号	6	8	7	4	9
分类	三类	四类	三类	二类	四类

通过对该产业集群内 10 个企业的技术创新绩效综合评价可以看出，$COMP_3$ 企业的技术创新绩效最高，遥遥领先于排序在第二位的 $COMP_2$，技术创新绩效最差的是 $COMP_5$。通过对技术创新绩效的综合评价值分析，总体来说，该区域内的 10 个企业的技术创新绩效分为四个层次，处于领先层次的是企业 $COMP_3$，其技术创新绩效较高；处于第二个层次的分别是：$COMP_1$，$COMP_2$，$COMP_9$，这三个企业的技术创新绩效相对较好，后劲很足；处于第三个层次的企业有 $COMP_4$，$COMP_6$，$COMP_8$，这三个企业的技术创新绩效处于中等水平，需要继续加大技术创新能力；最后层次的是 $COMP_5$，$COMP_7$，$COMP_{10}$，这三个企业的技术创新绩效相对落后，需要对其创新模式进行改进，同时加大技术研发人员的综合素质提升。

可以看出，本书所给出的方法不仅能对高新技术企业的技术创新绩效进行有效的评价，还能对产业集群内的高新技术企业根据技术创新绩效来进行分类，对于技术创新绩效较好的高新技术企业，可以称其成为产业集群的龙头企业，并让其进行经验总结和经验分享，共同提升产业集群的综合竞争力。对于技术创新绩效不理想的企业，结合绩效评价影响因素和企业实际评价数据，有针对性地来对高新技术企业的技术创新进行改进和提升。

企业技术创新绩效评价的最终目的是为了提升企业的技术创新能力，从而为企业提升核心竞争力提供持续的动力，保证企业的可持续发展。要发展企业的技术创新能力，首先在观念上要重视企业的技术创新，加强企业的科技创新意识，更新企业经营和管理思想，充分利用顾客知识来制定新的具有创新性的营销方式和技术创新管理模式，为企业制定战略性技术创新路线和技术人才培养；其次是要多与其他企业和科研团体进行交流、学习和技术合作，紧密结合市场需求为主导思想，与科研院所的技术团队合作，为本企业创新团队提供更多的技术创新和协同合作的平台和机会，这样，能更快地提升企业的自我技术创新能力，实现产品的快速技术革新，使企业产品能快速投入市场，并占领市场；最后是行政管理部门在对企业的管理上也要进行创新，在企业管理和组织上，要做好协调工作，为企业技术创新提供较好的技术交流与合作机会，制定完善的知识管理和监督政策，以法律法规来对知识产权和技术创新保驾护航，使得技术交流更流畅，有效提升整个区域内企业的技术创新能力。

三　构建可持续的技术研发投入机制

目前，世界各国越来越充分地认识到研发在经济增长中的重要作用，越来越多的经济体给予了研发充分的重视。研发投入的多少固然跟企业的经济实力有关，但是在很大程度上也取决于企业对研发的重视程度和企业的研发意识。近年来，我国也给予了研发越来越多地重视，并将研发提到了国家政策的高度。我国当前提出"新型工业化道路"，并将加强自主创新作为主要措施。"自主创新"已经上升为国家战略，高新技术企业的地位将会进一步提升。高新技术企业的技术创新将不仅对自身产生促进作用，也会带动整个产业甚至国家的技术发展。

一是制定合理的高新技术企业科技发展战略。虽然研发越来越多地受到社会各界的重视，但是仍有相当多的企业由于市场观念薄弱、管理水平不高、企业运作机制落后等原因，限制了原本就有限的研发费用资源效益的发挥,从而加大了企业的财务成本,降低了市场竞争力。因此企业要想作好研发,并使研发顺利转化为经济成果,那么企业制定一个合理的科技发展战略就更加重要了。所谓合理,就是要符合企业自身的情况,要有时间规划、人员规划、财力规划等,并且要为科技发展战略制定合理的资金支持,因为投入的费用过多会导致利润减少,甚至拖垮企业;投入的费用过少,研发活动无法进行下去,反而造成更大的浪费。

二是鼓励企业完善自己的研发机构。在笔者的调查中发现,目前我国没有自己健全的研发机构的企业占到全部企业的三分之一,研发机构的缺失导致企业缺乏专职的研发人员,因此企业的研发机构就不能开展日常性的、长期化的研发活动,这必然导致企业的研发活动无法产生长期持续的收益,进而影响企业 R&D 活动进行投入的积极性。[①] 因此,本书认为在企业财力能够承受的范围内,建立自己的研发机构其益处是显而易见的。

三是改善企业融资环境,拓宽企业研发经费的来源渠道。中小企业技术创新的风险更大,R&D 成本更高,对于资金的需求就会更高,但是由于中小板上市的高新技术企业大多设立时间较短,资金实力并不雄厚,不足以支撑庞大的研发费用,对外部资金支持的需求就会更大。但是银行等金融部门在同等情况下对高新技术企业贷款审核更严格,设置更多的信贷约束,为的是尽可能地回避风险,这就导致很多中小高新技术企业只能采用"滚雪球方式",依靠自有资金积累来发展,自主研发由于资金制约而缩减,不能满足产品更新换代需求,错失市场良机,很难发展壮大。因此高新技术企业需要改变创新活动对信贷资金的依赖,运用灵活多变的方式来筹资,充分利用国家对高新技术产业的政策扶持,采用多种多样的直接融资和间接融资方式来筹资,从而保证企业发展需要的研发资金。在世界经济一体化的背景下,各国家和地区间的资金流动越来越频繁,我国的高新技术企业在政策允许的条件下,要适当地引进外资,吸引国外的风投资金,来弥补自身研发资源的不足。

---

① 罗建华、宋新华:《基于知识产权战略的企业技术创新资源投入机制研究——以广西企业为例》,《科学学与科学技术管理》2010 年第 4 期。

第三节　生命周期不同阶段的创新静态匹配机制

面对复杂多变的市场竞争环境，高新技术企业如何在现有创新资源的支持下，实现真正的创新成功，这与有效解决创新活动中组织创新与技术创新的匹配问题分不开。在企业不同发展时期，企业管理者有效协调创新匹配关系、树立系统性的创新匹配管理理念则是推出静态创新匹配机制设计策略的重点内容。有关生命周期不同阶段的创新静态匹配机制设计策略整理如图 7-1 所示，并分别进行详述。

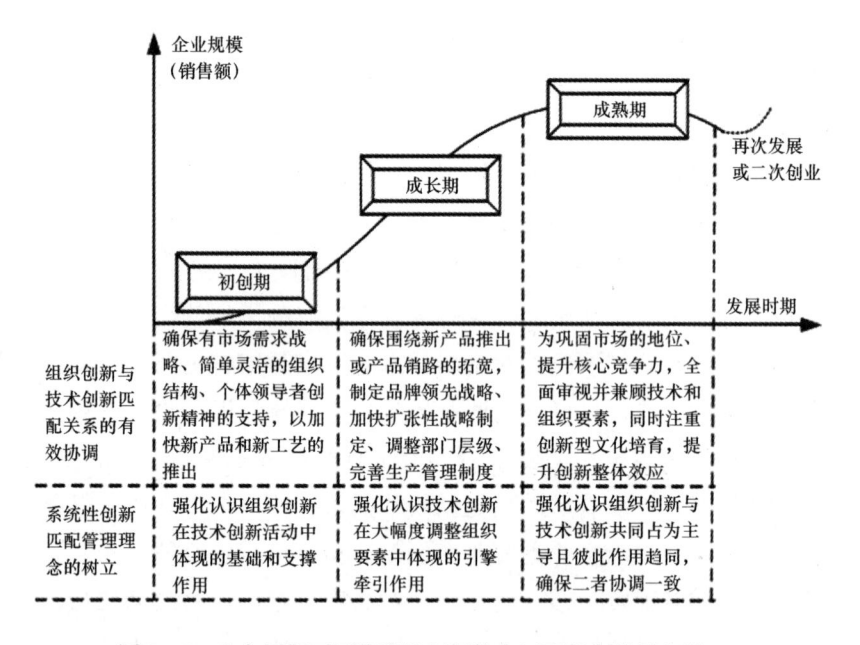

	初创期	成长期	成熟期
组织创新与技术创新匹配关系的有效协调	确保有市场需求战略、简单灵活的组织结构、个体领导者创新精神的支持，以加快新产品和新工艺的推出	确保围绕新产品推出或产品销路的拓宽，制定品牌领先战略、加快扩张性战略制定、调整部门层级、完善生产管理制度	为巩固市场的地位、提升核心竞争力，全面审视并兼顾技术和组织要素，同时注重创新型文化培育，提升创新整体效应
系统性创新匹配管理理念的树立	强化认识组织创新在技术创新活动中体现的基础和支撑作用	强化认识技术创新在大幅度调整组织要素中体现的引擎牵引作用	强化认识组织创新与技术创新共同占为主导且彼此作用趋同，确保二者协调一致

图 7-1　生命周期不同阶段的创新静态匹配机制设计架构

一　初创期

初创期，产品是企业生存与发展的基础，是决定企业能否在市场中立足的关键。因此，企业管理者协调组织创新与技术创新的匹配关系重点是将创新重点集中于新产品推出的同时，要紧紧围绕组织创新要素在产品设计、研发以及生产等一系列制造活动中所给予的支持情况，重点在把握市场需求的战略指导下，通过集结现有的技术、资金、人力、物力等有限资源，迅速组建一支高素质、稳定的产品研制队伍，运用所掌握的新技术、设计原理、设计结构、新材料等开展研制活动，尽快在短期内通过产品市场化获利生存。与技术创新相比，此阶段组织创新并不显著，但为支撑技术创新发展，组织要素的规划和安排应合理有序。简单灵活的组织结构要确保人员沟通交流顺畅有效、信息传递响应快速，在推出新产品时要做好制定企业未来发展战略的准备，这是技术创新分别对结构和战略方面的需求。产品质量管理、成本计划与控制等生产管理制度要不断健全，人员日常行为、工作等相关管理制度应逐步完善，以满足技术创新活动的要求。同时高层领导者要用积极正向的工作精神感染员工，通过自身魅力调动队伍人员工作的积极性，增强员工的协作能力，通过营造良好的创业氛围来推进技术创新活动的开展。

初创期，企业管理者所要树立的系统性创新匹配管理理念体现在，要用辩证思维来对创新匹配过程这一虚像系统进行强化认识，充分认识到初创期企业组织创新在开展技术创新活动中所起的基础和支撑作用，确保组织创新能够支持技术创新行为的大量发生，最终导致更好的创新效率产生。[①] 企业创新匹配系统是一个由技术因素和社会因素构成的复杂系统，不同要素在发生变革时本身体现出很多的不确定性，因此导致不同创新行为之间的冲突现象时常发生。企业管理者应该在系统性的创新匹配管理理念引导下，对企业进行的不同类型创新活动进行充分认识和总结，通过降低不确定性因素来确保组织要素与技术要素的相互适应。尤其要结合企业的初创阶段特点，面对企业市场立足、外界环境等因素条件，在倾向进行技术创新活动的过程中，企业管理者要及时预见并审视技术创新过程中现有组织要素的支持情况，着重从组织结构、战略、制度和文化等组织要素方面排查出不支持甚至阻碍技术创新活动开展的问题所在，并对其进行适当优化和调整，以进一步促进技术创新进行，避免技术创新活动开展的盲目性而造成初创时期有限资源的浪费乃至最终创新的失败。

---

① 董晓芳、袁燕：《企业创新、生命周期与聚集经济》，《经济学（季刊）》2014 年第 2 期。

二 成长期

成长期，企业已经在市场有了一席之地，并开始处于扩大企业规模、提高市场份额以增强企业实力的境况。企业管理者协调组织创新与技术创新的匹配关系重点是在技术创新实力明显增强的前提下，为确保产品质量、提升产品的品牌知名度，企业通过生产线改进来巩固和优化现有产品质量、提升产品生产效率；同时，面对企业规模扩张引起的较高的管理复杂程度，亟须大幅度开展组织创新活动，重点在组织结构、战略、制度与文化等组织要素上发生大规模、大范围地变革和调整，力求在技术创新的要求和牵引作用下，通过快速发展组织创新以更好地匹配技术创新。为拓宽产品销售渠道，企业产品领先、资源整合等多类型扩张性的战略制定与实施要配合技术创新，通过企业人员权责利的合理安排、部门层级与结构的有效调整、组织领导机构健全和完善等以实现信息传递高效率、沟通协调顺畅便捷，从而符合技术创新需要并确保两种创新在积极的相互作用下顺利进行。同时要不断健全和完善企业生产管理制度、合理设计人力资源激励制度，同时要集中精力打造企业的心智模式，最大限度地激发员工的积极性与创造性，以能够更好地与技术创新相适应。

成长期企业管理者所要树立的系统性创新匹配管理理念体现在，充分认识到该时期较高水平的技术创新在组织要素大幅度开展中所起的引擎牵引作用，确保技术创新能够促进组织创新行为的大量发生导致更好的创新效率产生。成长时期面临企业规模的迅速扩张，高效率创新活动的出现是由企业系统中的技术、管理、运营等多个子系统共同支持实现的，其创新效率的好坏与各子系统之间的相互适应、优势互补以及相互协调的结果密不可分，匹配不是体现在系统创新要素差异化的简单调节，而是体现在差异的有效整合或集成。因此管理者应该树立系统性的创新匹配管理理念，通过识别创新要素之间的差异化，将其差异有效整合，化分歧为合力，实现真正意义上的创新匹配。企业管理者正是基于这种创新匹配的大系统观念，多元化战略制定、制度改革、部门新增和设置等组织创新行为大规模发生的原因，是确保原有产品质量、产品型号新增、产品生产效率、产品形象维护等技术方面的需要，从而使得大量的组织创新行为发生有依据可循，力争做到这一阶段组织创新与技术创新的匹配。

三 成熟期

成熟期，企业规模已达到了较高程度，其整体运行也已步入了正规，企业整体创新实力有了较高水平的提升，其创新活动逐渐趋于平稳。企业管理者协调组织创新与技术创新的匹配关系重点在于，企业在营运过程中应更加强调稳定与效率兼顾，整个较高复杂性的组织运行稳定良好。充分意识到大刀阔斧的技术或组织要素变革在此阶段几乎不会发生，创新要素变化大部分都小幅度渐进式地发生着，如何巩固自身市场地位、提升自身核心竞争力，则是企业这一阶段的首要任务。这一任务的实现不仅得益于高端的产品或先进的工艺，而更需要企业战略、结构、制度与文化等一系列组织要素的支持，因而组织创新与技术创新共同主导着企业创新活动的进行，在改变一者的同时另一者也应紧随变化，确保两种创新维持相互促进、相互适应的互动情形。此阶段，企业要全面审视战略、组织结构和制度等组织要素与产品和工艺等技术创新要素之间的匹配性，并及时对二者进行改进和优化。已知文化为组织要素中的慢变量，因此应充分发挥管理者的影响力，通过虚心学习和借鉴优秀文化以不断加强创新型文化的培育。

成熟期企业管理者所要树立的系统性创新匹配管理理念体现在，充分认识到该时期组织创新与技术创新彼此作用强度等同且共同占据主导地位的重要性，在改变或调整任意创新要素的同时兼顾考虑另一创新要素，确保二者协调一致共同带动创新效率提升。系统性的创新匹配管理要求创新资源整合体现并行性、同步性和多角度性特点，创新资源的整合背后体现了多创新要素的有机组合与协调一致变化，从而也反映出一种全面创新的管理思想。企业管理者将系统性的创新管理理念转化成实际行动后，具体表现为，在组织内部应创建良好的氛围，搭建支持创新的平台以促进创新匹配过程系统中组织创新与技术创新的平衡与协调发展。这个平台包括了技术、制度、文化、人员、战略等诸多创新要素，这些要素在系统性的创新匹配思维驱使下，以并行交互作用的方式自觉地发生变化，最终形成了创新要素有效集成的协同过程。通过创新行动来强化系统性创新管理理念的另一举措则是构建创新性的学习型组织，这种组织强调了管理者的创新精神、系统性的思维方式、成员创造性的发挥、知识共享等等。这种组织的建立实质上就是搭建支持创新类型协同发展的平台，使组织创新与技术创新的并行交互发展成为创新活动的一种常态，成为一种实际的创新行为方式。

第四节　高新技术企业自主创新管理能力培养机制

要提升高新技术企业的自主创新管理能力，首先需要从组织战略层面开展自主创新管理能力成熟度的提升。组织战略层面自主创新管理能力成熟度提升可以通过开展对目前组织模式的变革，从而构建一种支持创新的组织结构，支持创新的组织文化，构建创新项目导向的组织战略，并通过组织机制保证组织学习和知识管理，最终构建一种促进创新的组织模式。

一　建立支持创新的组织结构

高新技术企业面临着环境的迅速变化以及很高的不确定性，在1970年，德鲁克认为面对技术创新为背景的高新技术企业，组织需要具有一些新的特征。通过分析企业任务的特征，以及主要活动的特征，包括组织中的任务是否有常规性、复杂性、独特性的特点以及组织中的决策方式、工作完成的方式，来确定组织需要具备的特征，如组织需要具备多元化、柔性化、有利于创新和学习等特征，从而进行组织模式变革。

首先，需要建立具有柔性化和多元化的组织结构。柔性化就是决定企业能否应对环境的变化，对不确定性作出反应，以及对外部信息等利用的一个关键因素，有机的柔性的组织主要表现在组织的开放程度，对于外界环境反应的程度，组织中决策、沟通协作方式等，降低组织决策反应的时间，提高组织的效率。其次，组织需要根据创新任务以及日常任务，构建主流组织结构以及创新组织结构，采取多元化的组织结构来完成组织的活动。组织需要具有一定的开放性，接受外部环境的各种变化，对信息和知识进行积累。再次，组织需要柔性化程度高的组织结构，使其具有灵活性，在创新的不同阶段，需要对组织沟通协调的方式进行调整。组织需要适应竞争环境和市场环境的变化,对组织结构进行适时的调整。组织设计的多元化使得高新技术企业可以应对所面临的组织任务不一致,以及组织中的效率和创新。可以通过构建新的事业部门、创新团队、永久性和临时性的组织并等的方式,保证组织多元化。另外,还需要建立保证分权化和集权化平衡的组织结构。在创新活动的开展过程中,需要采用集权化和分权化结合的方式,在战略决策中采取集权方式,在创意产生以及项目的具体实施中,就要赋予企业组织成员和项目组成员一定的权力,保证决策的效率和速率。

二 建立支持创新的组织文化

高新技术企业为了持续的发展,就需要构建支持创新活动开展的组织环境和组织文化,培养企业的创新性和学习型的组织文化,保证创新活动的开展以及创新战略的实施。[①] 组织中的创新氛围,企业家的创新精神,具有孕育创造力的工作环境,能够鼓励组织中创意的产生,同时也能够对创新活动进行很好的执行,保证组织的创新性和执行力的协调。因此,必须构建学习型组织文化。促进组织中个人的学习,促进互动的团队学习,促进全员学习,从而保证组织创新活动的开展。需要组织具有创新的文化,包括构建组织创新氛围,鼓励创新和容忍失败的文化以及建立促进创新的制度。在组织创新性文化培养的同时,也需要平衡组织的执行力。

三 建立支持创新的组织战略

在组织模式的构建中,还需要对目前的战略管理的机制进行调整,构建支持创新活动开展的组织战略。首先,建立对创新环境的监测机制,通过对创新环境的检查,对新的技术和市场需求进行预测,关注新的技术,以及市场中现有的和未来的需求,从而可以支持组织创新活动的长远和持续地开展,保证企业创新活动有战略指导。其次,在企业中需要具有创新精神的企业家,并且需要关注创新活动的开展,重视创新项目,

---

① 李相银、余莉莉:《高新技术企业中的组织学习与技术创新》,《科技管理研究》2012 年第 10 期。

并支持创新活动的开展，形成企业高层的创新战略管理机制。再次，建立组织高层与项目负责人沟通机制以及促进创新战略在组织中的共享机制，不仅保证创新战略的分解和实现，使各个部门明确组织创新战略，整个组织支持创新战略的实施。最后，建立保证创新项目的负责人能够参与创新战略制定的机制，使项目负责人与组织高层进行交流和沟通，了解技术创新的现状和未来的发展。

参考文献

一 专著

陈文案:《创新工程学》,立信会计出版社2002年版。

侯先荣、吴奕湖:《企业创新管理理论与实践》,电子工业出版社2003年版。

[美]约翰·P. 科特、[美]詹姆斯·L. 赫斯克特:《企业文化与经营业绩》,李晓涛译,中国人民大学出版社2004年版。

赵玉林:《高技术产业经济学》,中国经济出版社2004年版。

闫世平:《制度视野中的企业文化》,中国时代经济出版社2007年版。

耿海燕:《普通心理学》,北京大学出版社2010年版。

马永强:《轻松落地企业文化》,安徽人民出版社2013年版。

刘光明:《新编企业文化案例》,经济管理出版社2014年版。

[美]约瑟夫·熊彼特:《经济发展理论》,王永胜译,立信会计出版社2017年版。

二 期刊论文

厉以宁:《企业家与市场经济》,《财贸经济》1993年第4期。

金玲娣、陈国宏:《企业规模与R&D关系实证研究》,《科研管理》2001年第1期。

郑小平:《高新技术企业的经济学特征》,《西南民族大学学报(人文社科版)》2004年第2期。

向刚、汪应洛:《企业持续创新能力:要素构成与评价模型》,《中国管理科学》2004年第12期。

陈婷、吴相林：《绩效管理中 360 度量化评估模型的研究》，《土木工程与管理学报》2005 年第 s1 期。

喻子达、李垣、许庆瑞、王海威：《全员创新能力构成要素及其实证研究》，《管理工程学报》2006 年第 2 期。

许庆瑞、郑刚、陈劲：《全面创新管理：创新管理新范式初探——理论溯源与框架》，《管理学报》2006 年第 3 期。

陈劲、陈钰芬：《企业技术创新绩效评价指标体系研究》，《科学学与科学技术管理》2006 年第 3 期。

郑长娟、鞠芳辉、谢子远：《中国家电市场营销渠道变革与家电制造企业的渠道关系选择》，《财贸经济》2006 年第 9 期。

陈海声、周维参：《高新技术企业研发投入与内部资金相关性的实证分析》，《财会通讯（学术版）》2007 年第 3 期。

盛亚、单航英、陶锐：《基于利益相关者的企业创新管理模式：案例研究》，《科学学研究》2007 年第 6 期。

贾小妹：《日本企业文化特征及对中国的启示》，《社科纵横》2008 年第 1 期。

杨志蓉、谢章澍：《企业全员创新运作机理的结构方程分析》，《科研管理》2008 年第 4 期。

刘智全、冯英浚：《科学评价企业全要素创新管理绩效的理论与方法研究》，《自然辩证法研究》2009 年第 2 期。

罗建华、宋新华：《基于知识产权战略的企业技术创新资源投入机制研究——以广西企业为例》，《科学学与科学技术管理》2010 年第 4 期。

叶莉、张晓云、周砚青：《高新技术企业决策风险的影响因素研究》，《企业经济》2011 年第 8 期。

和炳全、尹希、周薇：《企业技术创新绩效评价及目标优化中的 DEA 方法》，《昆明理工大学学报（社会科学版）》2012 年第 1 期。

郝琦、罗亚非：《基于软系统方法的企业技术创新绩效评价》，《科技管理研究》2012 年第 3 期。

陈国卫、金家善、耿俊豹：《系统动力学应用研究综述》，《控制工程》2012 年第 6 期。

李相银、余莉莉：《高新技术企业中的组织学习与技术创新》，《科技管理研究》2012 年第 10 期。

蒋丽丽、梅姝娥、仲伟俊：《双边市场中移动网络运营商的定价策略分析》，《软科学》2012 年第 12 期。

陆浩东：《基于波特五力分析模型的四维动态知识创新信息服务模式研究》，《图书馆学研究》2012 年第 13 期。

杨百寅、高昂：《企业创新管理方式选择与创新绩效研究》，《科研管理》2013 年第 3 期。

彭本红、段一群：《制造企业服务增强战略转型研究——以波音公司为例》，《管理现代化》2013 年第 5 期。

陈劲：《创新管理及未来展望》，《技术经济》2013 年第 6 期。

王宗军、臧晓娟、杨娴雅：《基于改进熵模型的企业技术创新绩效评价——以武汉市为例》，《技术经济》2013 年第 6 期。

周彦莉、赵炳新：《投入产出视角的企业技术创新绩效评价——以山东省某大企业和中小企业为例》，《理论学刊》2013 年第 8 期。

包玉泽、谭力文、王璐：《管理创新研究现状评析与未来展望》，《外国经济与管理》2013 年第 10 期。

徐礼伯、施建军、张雪平：《企业战略转型的思维突破与路径依赖超越》，《江海学刊》2014 年第 2 期。

吴延兵：《不同所有制企业技术创新能力考察》，《产业经济研究》2014 年第 2 期。

董晓芳、袁燕：《企业创新、生命周期与聚集经济》，《经济学（季刊）》2014 年第 2 期。

霍艾湘、赵常兴：《基于第三方管理模式的协同创新机制研究》，《科学管理研究》2014 年第 4 期。

徐文、刘铭、姚岳：《企业技术创新绩效评价指标体系研究》，《甘肃社会科学》2014 年第 4 期。

徐文慧、李庆祥、杨溯、许艳：《近百年全球地表月气温数据的概况与初步整合》，《气候变化研究进展》2014 年第 5 期。

唐未兵、傅元海、王展祥：《技术创新、技术引进与经济增长方式转变》，《经济研究》2014 年第 7 期。

陈海明、顾良智、演克武：《基于 PEST 分析法和平衡计分卡的澳门旅游发展因素测定》,《企业经济》2014 年第 8 期。

魏江、张妍、龚丽敏:《基于战略导向的企业产品创新绩效研究——研发网络的视角》,《科学学研究》2014 年第 10 期。

陈艳艳、罗党论:《宏观环境变化、政治关联与现金持有》,《财贸研究》2015 年第 4 期。

吕铁、韩娜:《智能制造:全球趋势与中国战略》,《人民论坛·学术前沿》2015 年第 11 期。

龚刚:《论新常态下的供给侧改革》,《南开学报(哲学社会科学版)》2016 年第 2 期。

辜胜阻、曹冬梅、李睿:《让"互联网+"行动计划引领新一轮创业浪潮》,《科学学研究》2016 年第 2 期。

蒋文怀:《三四线家电市场创新营销案例分析》,《商业经济研究》2016 年第 5 期。

张越、余江:《新一代信息技术产业发展模式转变的演进机理——以中国蜂窝移动通信产业为例》,《科学学研究》2016 年第 12 期。

张少杰、张雷:《中国信息技术与信息服务业国际竞争力多维分析》,《情报科学》2018 年第 6 期。

三 学位论文

李莉:《东风公司员工忠诚度研究》,硕士学位论文,华中科技大学,2008 年。

陆东升:《试论国企党组织推进企业文化建设的基本路径》,硕士学位论文,中共中央党校,2010 年。

邱俊铭:《竞合模式下华为公司服务营销策略分析》,硕士学位论文,北京邮电大学,2011 年。

赵淑珍:《认知视角的中小企业技术创新绩效评价研究》,硕士学位论文,山东大学,2012 年。

冯凯:《Multi-SKU 分类系统的设计与实现》,硕士学位论文,南京大学,2012 年。

陈俊领:《湖北省科技型中小企业技术创新绩效评价研究》,硕士学位论文,长江大学,2014 年。

洪亮：《烽火公司中国市场的营销战略研究》，硕士学位论文，华中科技大学，2014年。

金家德：《烽火通信公司国际市场竞争力提升策略研究》，硕士学位论文，华中科技大学，2015年。

张晓磊：《空调供应链系统可靠性研究》，硕士学位论文，中国矿业大学，2016年。

于欢欢：《区域高端装备制造业技术模块化创新机制研究》，硕士学位论文，哈尔滨理工大学，2017年。

张荣：《美的电器投资价值分析》，硕士学位论文，对外经济贸易大学，2017年。

林笑晨：《高新技术企业价值评估方法的应用研究——以华为投资控股有限公司为例》，硕士学位论文，青岛理工大学，2017年。

吴令：《华为企业品牌国际传播策略研究》，硕士学位论文，四川外国语大学，2018年。

李济航：《华为公司研发国际化的区位选择研究》，硕士学位论文，天津商业大学，2018年。

四 网络资料

《七问供给侧结构性改革》，人民网（http：//politics.people.com.cn/n1/2016/0104/c1001-28006577-2.html）。

《国家高新技术开发区高新技术企业认定条件和办法的通知》（http：//www.fdi.gov.cn/1800000121_23_68185_0_7.html）。

《烽火通信科技股份有限公司2014年年度报告》，东方财富网（http：//data.eastmoney.com/notices/detail/600498/AN201504240009356053，JUU3JTgzJUJEJUU3JTgxJUFCJUU5JTgwJTlBJUU0JUJGGJUEx.html）。

《2016年中国人口总数统计及出生率、死亡率、自然增长率分析》，中国产业信息网（http：//www.chyxx.com/industry/201702/491924.html）。

《科大讯飞（002230）业绩报表》，东方财富网（http：//data.eastmoney.com/bbsj/002230.html）。

《华为2017年研发投入104亿欧元 超苹果排名全球第六》，凤凰网（http：//tech.ifeng.com/a/20171214/44804581_0.shtml）。

五 外文文献

F. Damanpour, "Organizational Innovation: A meta-analysis of effects of determinants and moderators", *Academy of Management Journal*, 1991.

H. Picker, R. R. Nelson, High-Technology*Policies-A five Nation Comparison*, *American Enterprise Institute*, 2004.

Nigel Bristow, *The Corporate Culture Audit*, Cambridge Strategy Publications Ltd, 2010.